Die Straflosigkeit der actio libera in causa.

Inaugural-Dissertation

zur

Erlangung der Doktorwürde.

Genehmigt

von der juristischen Fakultät

der

Königl. Friedrich-Wilhelms-Universität zu Berlin

und zugleich

mit den anhängenden Thesen öffentlich zu verteidigen

am 2. Mai 1901, nachmittags 1 Uhr

von

Richard Katzenstein,

Referendar.

Opponenten:

Herr Dr. med. Israel.

Herr Dr. jur. Nussbaum.

Herr Dr. jur. Wliamos.

Berlin.

Druck von Georg Reimer.

1901.

Die Straflosigkeit der actio libera in causa.

Meinen Eltern

in Liebe gewidmet.

Lebenslauf.

Ich, Richard Katzenstein, jüdischer Religion, bin am 17. Dezember 1878 als Sohn des Kaufmanns (jetzt Rentners) Katzenstein zu Hannover geboren. Von 1888—1897 besuchte ich das Lyceum I (Gymnasium) meiner Vaterstadt. Von Ostern 1897 bis Ostern 1900 widmete ich mich dem Studium der Rechte auf den Universitäten Freiburg i. B., Halle und Berlin. Hierbei hörte ich die Herren Professoren Eisele, Stutz, Schmidt, v. Liszt, Löning, Stammler, Stein, Brunner, Gierke, Kohler, Bornhack und Oertmann. Allen meinen Lehrern möchte ich an dieser Stelle meinen ergebensten Dank aussprechen, besonders Herrn Professor v. Liszt, dem ich auch die Anregung zu dieser Arbeit verdanke.

Am 6. Juni 1900 bestand ich am Oberlandesgericht Celle die erste juristische Prüfung und wurde am 14. Juni bei dem Königl. Amtsgericht Peine in den Vorbereitungsdienst eingeführt.

Am 27. November 1900 bestand ich das Rigorosum vor der juristischen Fakultät der Berliner Universität.

Thesen.

I. Der ärztliche operative Eingriff kann niemals als Körper verletzung bestraft werden.

II. Die rechtliche Natur der Konkordate ist der der Staatsverträge analog.

III. Der Vorsatz des Anstifters geht auch nach geltendem Recht auf die Vollendung der That, zu welcher er anstiftet.

IV. Animus possidendi ist nach dem bürgerlichen Gesetzbuche zum Besitzerwerbe nicht erforderlich.

V. Die Anstellung eines Beamten gründet sich nicht auf einen öffentlich-rechtlichen Vertrag.

VI. Für Verzugszinsen bleibt, wenn der Verzug vor dem 1. Januar 1900 eingetreten ist, das bisherige Recht massgebend.

§ 1. Einleitung.

Wenn ich als ein Anfänger den Versuch machen will, mit den folgenden Ausführungen die Straflosigkeit der sog. actiones liberae in causa de lege lata zu begründen, so könnte dieses Unterfangen von den einen vielleicht a priori als völlig vergeblich, von den anderen sogar als geradezu anmasslich zurückgewiesen werden. »Denn«, so liesse sich einwerfen, »ist nicht die völlig entgegengesetzte Ansicht, also die von der unbedingten Strafbarkeit der actiones liberae in causa, fas tals eine communis opinio doctorum zu bezeichnen? Der Verfasser dieser Abhandlung würde daher besser gethan haben, die Ausführungen irgend eines der gangbarsten Lehr- und Handbücher über die actiones liberae in causa gründlich zu studieren, dann hätte er wohl in jedem derselben solch triftige Gründe für die Strafbarkeit der ersteren nicht bloss de lega ferenda, sondern auch de lege lata gefunden, dass er sicherlich die Abfassung seines Aufsatzes unterlassen hätte.« — Auf diesen Einwand möchte ich folgendes erwidern: Einmal wird meine Abhandlung den Beweis dafür erbringen, dass ich auch eine Auseinandersetzung mit den mir so überlegenen Gegnern nicht gescheut habe, und andererseits darlegen, dass die Ansicht von der Strafbarkeit der actiones liberae in causa in Wahrheit gar nicht so unbestritten ist, wie die Vertreter der herrschenden Lehre regelmässig annehmen, dass vielmehr eine ziemlich bedeutende Anzahl juristischer Schriftsteller und darunter einige, deren Namen für alle Zeiten in unserer Wissenschaft fortleben wird, die Strafbarkeit der actiones liberae in causa entweder unbedingt geleugnet oder doch nur mit oft sehr tief greifenden Modifikationen vertreten haben. Bei der Bekämpfung der herrschenden Ansicht werde ich nun auch selbstverständlich auf diejenigen dogmatischen Erwägungen hinweisen, welche mir für die Richtigkeit der hier vertretenen Auffassung zu sprechen scheinen, doch muss ich von vornherein betonen, dass ich auf jene Betrachtungen in meiner Darstellung durchaus nicht das entscheidende Gewicht lege, sondern im Gegenteil auf einen Gesichtspunkt, den die herrschende Lehre so gut wie völlig ausser Acht gelassen hat, nämlich auf die historische Entwicklung, welche die legislativ-politische Behandlung der actiones liberae in causa im Laufe der einzelnen deutschen Partikulargesetzgebungen durchgemacht hat. Denn nur aus einer derartigen geschichtlichen Betrachtung ergiebt sich meiner Ansicht mit voller Klarheit die Stellung, welche das Reichsstrafgesetzbuch zu den actiones liberae in causa einnimmt. Doch davon später. Zunächst wollen wir in dem folgenden Übergangsparagraphen den Begriff der letzteren, welcher unsern weitern Ausführungen zu Grunde gelegt werden soll, bestimmen und ihn, soweit wir dies vermögen, zu rechtfertigen versuchen.

I. Dogmatische Abteilung.

1. § 2. Begriff der actiones liberae in causa.

Eine Auseinandersetzung über den Begriff der actiones liberae in causa! Bedarf es denn wirklich einer solchen noch? Ist nicht vielmehr der erstere schon längst in der Wissenschaft einheitlich festgestellt? — Durchaus nicht. Nein, selbst in diesem fundamentalen Punkte finden sich bei den einzelnen Autoren Verschiedenheiten, ohne dass jedoch — soweit ich wenigstens die in Betracht kommenden Ausführungen derselben durchgesehen habe — irgend einer von ihnen auf jene aufmerksam macht. Die eine Ansicht nämlich, welche man wohl als die moderne bezeichnen kann, fasst unter dem Terminus »actio libera in causa [sive ad libertatem relata]« alle diejenigen Fälle zusammen, in denen jemand im Zustande vorübergehender Unzurechnungsfähigkeit den Thatbestand einer Strafthat äusserlich verwirklicht, sofern er nur jenen Zustand entweder in der Absicht, gerade diesen Erfolg hervorzurufen, oder ohne eine solche Absicht, aber trotz der Voraussehbarkeit des letztern herbeigeführt hat. Nach dieser Ansicht, welche unter anderen von v. Liszt S. 158f., Meyer S. 156, Binding, Normen II S. 195f., Olshausen § 51 Note 11a, Frank § 51 Note V vertreten wird, liegt also eine actio libera in causa immer dann vor, wenn z. B. ein Eisenbahnwächter sich durch starke Getränke, Narkotika oder irgend welche andere Mittel in den Zustand temporärer Unzurechnungsfähigkeit versetzt und zwar

a) entweder in der Absicht, sich solchergestalt zum Dienste unfähig zu machen und auf diese Weise die

Entgleisung eines Eisenbahnzuges herbeizuführen, — oder

b) ohne eine derartige Absicht, aber obwohl er jenen Erfolg seines Thuns hätte voraussehen können und sollen.

Dagegen fasst eine andere Gruppe von Schriftstellern nur die dem unter a genannten Thatbestand analogen Fälle als actiones liberae in causa zusammen. Allerdings wird die letzt erwähnte Auffassung in der neuern Litteratur im wesentlichen nur noch von Oppenhoff § 51 Note 4 und Schwarze, G. S. 33 S. 446 vertreten, und auch ich glaube, mich derselben nicht anschliessen zu dürfen. Denn einmal ist schon vom dogmatischen Standpunkte aus nicht einzusehen, weshalb jene beiden von der Mehrzahl der neuern Autoren mit Fug und Recht als wesensgleich zusammengefassten Fälle auseinandergerissen und getrennt betrachtet werden sollen, und ausserdem nötigen mich auch gewissermassen praktische Erwägungen zur Annahme der von der herrschenden Meinung aufgestellten Definition; denn andernfalls müssten meine Ausführungen entweder durch Nichtberücksichtigung der völlig gleich gearteten fahrlässigen Versetzung in den Zustand der Unzurechnungsfähigkeit[1]) unvollständig oder durch nachträgliche Anfügung derselben unnötigerweise schleppend und weitschweifig werden.

2. Stand der gegenwärtigen Litteratur.

§ 3. Allgemeines.

Nachdem wir somit in den vorhergehenden Paragraphen die Präliminarien erledigt haben, müssen wir uns jetzt mit dem gegenwärtigen Stand der Litteratur auseinandersetzen; und hierbei haben wir — wie schon eingangs der Arbeit angedeutet — von vornherein zu konstatieren, dass von einer communis opinio hinsichtlich der Behandlung der actio libera

[1]) Ich weiss wohl, dass der hier und im fernern Verlaufe meiner Arbeit wiederholt noch benutzte Ausdruck »fahrlässige« bezw. »vorsätzliche Versetzung in d. Zust. d. Unzurechnungsf.« nicht ganz genau ist, doch glaubte ich ihn wählen zu müssen, weil er verhältnismässig kurz ist und die richtige Bedeutung desselben sich aus den obigen Ausführungen wohl ergiebt.

in causa nicht die Rede sein kann, vielmehr fast alle überhaupt nur denkbaren Auffassungen in Bezug auf das fragliche Problem von den einzelnen Autoren aufgestellt sind. Wollen wir uns nunmehr eine einigermassen befriedigende Übersicht über diese so mannigfachen Ansichten verschaffen, so wird es zweckmässig sein, wenn wir dieselben in drei grosse Gruppen einordnen: In der ersten sollen diejenigen Autoren zusammengefasst werden, welche die unbedingte Strafbarkeit der actiones liberae in causa vertreten, ihr folgen als zweite die Verfechter der gerade entgegengesetzten Ansicht; den Schluss unserer Übersicht wird dann eine Mischgruppe bilden, in welcher alle diejenigen Schriftsteller vereinigt sind, welche Modifikationen der ersten bezw. der zweiten Meinung vertreten. In jeder dieser Abteilungen werde ich nun selbstverständlich mein Hauptaugenmerk auf eine thunlichst vollständige Übersicht über die an das RStGB. anknüpfende Litteratur richten, doch werde ich mich durchaus nicht strenge an die hierdurch gegebenen Schranken binden. Denn kaum bei irgend einem andern strafrechtlichen Problem lässt sich gerade im neunzehnten Jahrhundert ein solches Schwanken der Ansichten oft sogar in den einzelnen Werken derselben Autoren konstatieren wie bezüglich der actio libera in causa. Ein kurzer historischer Rückblick zeigt aber auch wenigstens hinsichtlich der ersten und wichtigsten Gruppe, dass selbst solche Schriftsteller, welche äusserlich den gleichen Standpunkt zur actio libera in causa einnehmen, doch innerlich, d. h. in Bezug auf die systematische Auffassung der letztern, völlig voneinander abweichen, dass namentlich — und dieser Punkt wird im weitern Verlauf unserer Darstellung von besonderer Wichtigkeit für die Ermittlung der Stellung des RStGB.'s zur actio libera in causa werden — die ältern, gemein- und partikularrechtlichen Vertreter der Strafbarkeit derselben hinsichtlich der dogmatischen Begründung ihrer Ansicht zum grössten Teile in einem scharfen Gegensatz zu der Mehrzahl der heutigen Anhänger jener ersten Gruppe stehen.

§ 4. Die herrschende Ansicht.

I. Haben wir auch bereits am Eingange des vorigen Paragraphen bemerkt, dass die Ansicht von der unbedingten Strafbarkeit der actio libera in causa durchaus nicht den Charakter einer communis opinio doctorum besitzt, so muss sie nichtsdestoweniger als die namentlich seit dem letzten Viertel des neunzehnten Jahrhunderts zweifellos herrschende Lehre betrachtet werden. Wollen wir nunmehr eingehend uns mit den Vertretern dieser Ansicht befassen, so sei zunächst einleitend bemerkt, dass die alte gemeinrechtliche Doktrin ganz regelmässig[2]) den hier behandelten Standpunkt vertrat. Vgl. Engau, Elementa juris criminalis, Jenae 1713, § 41:

»— — qui somnum capturi omnem curam defixerunt in eo facinore, quod somno dati peregerunt, — — vix carent dolo nec sunt extra crimen positi.«

Bekannter sind vielleicht noch die Ausführungen J. S. F. Böhmers über den für die Lehre von der actio libera in causa wichtigsten Zustand vorübergehender Unzurechnungsfähigkeit, und zwar die Trunkenheit. Jener Autor führt nämlich in seinen observ. ad Carpz., obs. 1 ad quaest. 146 folgendes aus:

— — »Utilior est [distinctio] inter ebrietatem plenam et leviorem. — — Circa illam distinguo inter voluntariam et involuntariam. Haec — — — delinquentem ab omni poena absolvit, quia actio tum ob defectum intellectus ignorata, tum ob voluntatis absentiam invita est. Illa nonnumquam cum dolo conjuncta, veluti si quis data opera ad nocendum se inebriavit aut stolida aemulatione vino in legum contemtum obruitur, quo casu poenam ordinariam facti scelesti non effugit, quia tunc de voluntate et exitu satis constat. Sin, ut plerumque fit, ex sola culpa contracta pro gradu culpae latioris poenam extraordinariam modo majorem modo minorem delinquenti conciliat et sic hoc solo respectu ad leniendam poenam conducit.«

II. Von den neuern gemeinrechtlichen Schriftstellern sollen an dieser Stelle vorläufig nur Luden und Bekker erwähnt werden. Der erstere äussert sich in seinem »Thatbestand des Verbrechens« S. 544f. folgendermassen:

»[Es] kann gar nichts darauf ankommen, zwischen verschuldeter und nicht verschuldeter Trunkenheit zu unterscheiden. — — Daneben ist aber nicht zu verkennen, dass eine

---

[2]) Eine gewichtige Ausnahme siehe jedoch § 6.

Handlung begeht, wer sich betrinkt, und dass diese Handlung nach den Gesetzen des Kausalzusammenhanges zu bestimmten Erfolgen führen kann. Und dieses Kausalzusammenhanges kann sich der Trinkende entweder in der einen oder der andern Weise bewusst werden, so dass diese Erfolge möglicherweise seinem Dolus sowohl als seiner Culpa zugerechnet werden können. Es ist aber klar, dass man die Strafbarkeit, welche auf diese Weise begründet werden kann, nicht daraus herleiten darf, dass sich der Handelnde durch eigenes Verschulden in einen Zustand versetzt habe, in welchem an und für sich Zurechnungslosigkeit stattfinde, sondern nur daraus, dass er mit dem Bewusstsein des Kausalzusammenhanges gehandelt habe.«

Mit den eben citierten Darlegungen stimmen auch wohl die Ausführungen Bekkers, Theorie B. I S. 373f. im Grundgedanken überein.

»Dass das selbstverschuldete Versetzen in den Zustand des Rausches nach Umständen als Fahrlässigkeit gestraft wird, scheint mit guten Gründen kaum angefochten werden zu können. — — — [Ferner] scheint für die Strafe des dolus [im Falle einer in Absicht auf das zu begehende Verbrechen herbeigeführten Trunkenheit] zweierlei zu sprechen. Zuvörderst, dass, wo ein Mensch sich berauscht hat, im Rausch aber so viel innere Konsequenz und Herrschaft über sich selber behält, um den vorher in der Nüchternheit gefassten Entschluss auszuführen, überall nicht anzunehmen ist, dass dieser Rausch das Vermögen zum Wollen und Erkennen unterdrückt und den Zustand der Unzurechnungsfähigkeit herbeigeführt habe. Sodann, selbst wenn es möglich wäre, dass der Rausch, welcher die Ausführung des vorher entwickelten Planes vermittelt, wirklich Urteil und Willen zeitweilig ganz aufhöbe, dennoch ein vorsätzliches, im zurechnungsfähigen Zustande verübtes Verbrechen vorliegen würde, verübt in dem Augenblick, wo der Thäter absichtlich, also noch erkennend und mithin zurechnungsfähig sich berauscht.«

III. Ähnliche Gedanken werden aber auch von der Mehrzahl der neuern Vertreter der herrschenden Lehre ausgesprochen. Zum Belege hierfür möchte ich zunächst auf die sehr ausführlichen Darlegungen Hälschners in seinem deutschen Strafrecht hinweisen, welche allerdings bei einer genauern Betrachtung ein gewisses Zögern, eine Art Unsicherheit in der Verfechtung der herrschenden Ansicht deutlich erkennen lassen. Und der letztere Umstand ist leicht erklärlich; denn Hälschner ist einer von denjenigen Schriftstellern, welche — ohne auf diesen Gesinnungswechsel näher einzugehen — im Laufe ihrer litterarischen Thätigkeit ihre Stellung zur actio libera in causa völlig geändert haben. Denn während Hälschner noch in seinem preussischen Strafrecht die herrschende Lehre wenigstens hinsichtlich der poena doli auf das schärfste bekämpft [vergl. § 17 unten], schreibt er in seinem oben citierten Werke B. I S. 212f.:

»Die Möglichkeit, dass jemanden das, was er im Zustande verschuldeter Zurechnungsunfähigkeit thut, als vorsätzlich verübt zuzurechnen sei, wird immerhin in beschränktem Masse und unter ganz besondern Bedingungen zuzugeben sein. Wenn jemand in der Absicht, durch Unterlassen etwas Strafbares zu begehen, sich trunken macht und im Zustande der Bewusstlosigkeit wirklich unterlässt, was er zu thun verpflichtet war, wird er den Erfolg als vorsätzlich verursacht zu verantworten haben. Wenn ferner jemand in der Voraussetzung und Hoffnung, dass er im Zustande der Trunkenheit oder einem andern Zustande der Bewusstlosigkeit — — eine bestimmte Wirksamkeit zufällig ausüben werde, absichtlich sich in einen solchen Zustand versetzt, der wird, wenn der im voraus in Rechnung gezogene Zufall wirklich eintritt, den Erfolg als einen vorsätzlich verursachten hier ebenso zu verantworten haben, wie da, wo er den beabsichtigten Erfolg seines Thuns von der Mitwirkung eines irgendwie anders gearteten Zufalles abhängig macht. Praktisch bedeutsamer ist die Frage, inwieweit der Trunkene das von ihm im Zustande der Zurechnungsunfähigkeit Gethane als durch Fahrlässigkeit verursacht zu verantworten habe. Ohne Zweifel vernachlässigt der Zurechnungsfähige die ihm obliegende Pflicht der Vorsicht, wenn er schuldhaft in einen Zustand sich versetzt, in welchem er, seiner selbst nicht mächtig, vollbringt, was nicht in seinem Willen lag. Gleichwohl kann auch der Trunkene nicht unbedingt für alles, was er im Zustande der Zurechnungsunfähigkeit verursachte, verantwortlich gemacht werden, und auch dem Trunkenen gegenüber kommt es, wenn ihm das Verursachte zur Fahrlässigkeit zugerechnet werden soll, darauf an, im konkreten Falle und in Rücksicht auf seine Individualität zu unterscheiden, ob er den nicht beabsichtigten Erfolg als möglich vorherzusehen vermochte oder nicht. — Der Unterschied der verschuldeten und schuldlosen Trunkenheit ist also gleichgiltig, sofern es sich darum handelt, die in einem bestimmten Zeitpunkt stattgehabte Zurechnungsunfähigkeit des Trunkenen und damit seine Unfähigkeit, in solchem Zustande eine strafbare Handlung zu verüben, festzustellen. Er ist von entscheidender Bedeutung nur dann, wenn es sich darum handelt, jemanden für einen Erfolg strafrechtlich verantwortlich zu machen, der zwar eintrat, als er sich im Zustande der Zurechnungsunfähigkeit befand, den er aber frei handelnd dadurch herbeiführte, dass er als Zurechnungsfähiger durch Trunk sich schuldhaft in den Zustand der Zurechnungsunfähigkeit versetzte.«

Viel kürzer spricht Hugo Meyer, Lehrbuch S. 156 die herrschende Ansicht aus:

»Mittelbar kann der Thäter verantwortlich sein und zwar a) wegen Fahrlässigkeit, wenn der Thäter sich selbst in jenen Zustand geraten liess und sich dies unter den vorliegenden Umständen und mit Rücksicht auf den herbeigeführten Erfolg als eine Fahrlässigkeit darstellt, und b) sogar wegen Vorsatzes, wenn der Thäter sich absichtlich in jenen Zustand versetzte, um in demselben den betreffenden Erfolg zu bewirken, da und sofern die Herbeiführung eines Erfolges auch auf diesem Wege als möglich erscheint.«

Ähnlich äussert sich Frank § 51 Note V:

»Mit der Straflosigkeit der im unzurechnungsfähigen Zustande begangenen Handlung ist sehr wohl zu vereinigen die Strafbarkeit der Handlung, zu welcher der Thäter im zurechnungsfähigen Zustand schuldhaft eine Ursache gesetzt hat, und die er im unzurechnungsfähigen Zustande nur fortsetzt.«

Nunmehr kommen wir zu einem Schriftsteller, dessen Werke mit besonderer Klarheit das Schwanken der deutschen Rechtswissenschaft bezüglich der actio libera in causa erkennen lassen, und zwar ist dies Berner. Doch wollen wir uns vorläufig nur mit seinem Lehrbuche befassen und erst im weiteren Verlaufe unserer Darstellung auf seine übrigen Werke eingehen; denn selbst in den verschiedenen Auflagen des ersteren lässt sich ein — wenn auch geringfügiges — Schwanken in der Stellung zur actio libera in causa durchaus nicht verkennen. Allerdings wurde auch in den früheren Auflagen die Möglichkeit der poena doli für den Fall einer verschuldeten Trunkenheit — bei den übrigen für die actio libera in causa in Betracht kommenden Zuständen, z. B. dem Nachtwandeln, wird derselben weder in der 1. noch in der 18. Auflage gedacht — zugestanden, aber trotzdem prinzipiell der Satz aufgestellt (1. Aufl. S. 115): »Ist das in der verschuldeten völligen Trunkenheit begangene Verbrechen nur als ein doloses bedroht, so kann der Thäter nur wegen der Trunkenheit selbst, also nur polizeilich gerügt werden.« — Dagegen stimmt die 18. Auflage S. 89 inhaltlich vollkommen mit den bisher citierten Autoren überein:

»Hat jemand in verschuldeter Trunkenheit ein Strafgesetz verletzt, so kommt es darauf an, ob seine Handlung schon vor dem trunkenen Zustande liegt und nur ihre Wirkung während des trunkenen Zustandes eingetreten ist. Muss dies bejaht werden, so ist die Handlung nicht in der Bewusstlosigkeit begangen. So vor allem in denjenigen Fällen, wo der Thäter sich dolo malo trunken macht, damit sein trunkener Leib dann als Werkzeug seines verbrecherischen Entschlusses diene. — Ja, selbst bei fahrlässig herbeigeführter Trunkenheit kann die strafbare Handlung schon vor dem trunkenen Zustande liegen und deshalb wenigstens als Fahrlässigkeit zuzurechnen sein, sobald der Thäter die Möglichkeit der verbrecherischen Wirkung vorhergesehen hat, oder doch hätte vorhersehen können und sollen.«

Gleicher Ansicht ist aber auch mein hochverehrter Lehrer v. Liszt, wenn er S. 158f. ausführt:

»Wir haben nur die allgemeine Regel [dass die Zurechnungsfähigkeit bei Begehung der That, d. h. bei Vornahme der willkürlichen Körperbewegung, vorhanden sein muss] folgerichtig zur Anwendung zu bringen, um die berühmte Schulstreitfrage nach der Beurteilung der sog. actiones liberae in causa seu ad libertatem relatae zu entscheiden. — Im entscheidenden Augenblicke — und das ist nicht der Eintritt des Erfolges, sondern der Anstoss zum Abrollen der Kausalkette — war Zurechnungsfähigkeit vorhanden. Im nüchternen Zustande hat der Wächter [es handelt sich um das S. 3f. citierte Beispiel] die Ursache zu dem eingetretenen Erfolge gesetzt. Seiner Zurechnung steht nichts im Wege.«

IV. Schliesslich sei noch erwähnt, dass die gleiche Ansicht anscheinend wenigstens auch in dem sehr unklaren Urteil des II. Strafsenats des Reichsgerichts vom 13./10. 1882 vertreten wird. Hier heisst es nämlich (vergl. Annalen B. 6 S. 270f.):

»Wenn die Motive (des erstinstanzlichen Erkenntnisses) das Verhalten des Angeklagten deshalb nicht glauben auf Fahrlässigkeit zurückführen zu sollen, weil zur Zeit desselben Angeklagter sich durch Trunkenheit in einem Zustande von Bewusstlosigkeit, durch welchen seine freie Willensbestimmung ausgeschlossen war, befunden hat, so wird die Zurechnung des strafbaren Erfolges einer Handlung oder Unterlassung zur Fahrlässigkeit [auch zum Vorsatze?] nicht ausschliesslich dadurch bedingt, dass die äussere That eine bewusste gewesen ist. Der geistige Zustand, in welchem eine That verübt wurde, die Möglichkeit oder Unmöglichkeit, dieselbe in ihren Folgen zu ermessen, gehört in den zu beurteilenden Bereich derselben, und wenn der Kausalnexus zwischen ihr und dem eingetretenen Erfolge feststeht, so hat die Beurteilung sich nicht darauf zu beschränken, die That in ihrer Objektivität und losgelöst von ihren subjektiven Beziehungen — — zu untersuchen, sondern es muss die Untersuchung sich darauf richten, ob nicht auch die fehlende freie Willensbestimmung die Annahme eines Kausalzusammenhanges mit dem Erfolge zulässt und bezüglich ihrer (?) die Voraussetzungen krimineller Fahrlässigkeit vorliegen.«

Klar und bestimmt hat sich dagegen das Reichsgericht in einer Entscheidung des gleichen Strafsenates vom 8./3. 1892, einem Erkenntnis, von dem Beling Z. 18, 267f. sagt: »Mit dieser Entscheidung schliesst sich das Reichsgericht der in der Doktrin immer mehr zum Durchbruch gekommenen, auch unseres Dafürhaltens richtigen Ansicht an«, — auf denselben Standpunkt gegenüber der actio libera in causa gestellt, den auch die bisher besprochenen Schriftsteller eingenommen haben. Vergl. E. 22, 414f.:

»Nicht darauf kommt es an, ob der Thäter in dem Augenblicke, in welchem der rechtswidrige Erfolg eintritt, handlungsfähig ist, sondern darauf, ob er zurechnungsfähig war, als er die Handlung vornahm, welche den Erfolg gehabt hat. Je nachdem er den später eingetretenen Erfolg seiner Handlung wollte oder zwar nicht wollte, aber doch als möglich voraussehen konnte, hat er denselben vorsätzlich oder aus Fahrlässigkeit verursacht, und er ist deshalb verantwortlich, mag er auch zur Zeit, als der Erfolg eintrat, in einem Zustande von Bewusstlosigkeit sich befunden haben, durch welchen seine freie Willensbestimmung ausgeschlossen war.« —

V. Ziehen wir nunmehr aus den hier angeführten Citaten die Summe, so ergiebt sich, dass die bis jetzt erwähnten Vertreter der herrschenden Lehre ihre Auffassung etwa dahin präzisieren: Da das RStGB. eine besondere Vorschrift über die actio libera in causa nicht enthält, so muss angenommen werden, dass dieses die ganze Frage hat offen lassen und ihre Entscheidung den selbstverständlich nur von der Wissenschaft zu ermittelnden allgemeinen Regeln der Zurechnungslehre hat anheimstellen wollen. Aus diesen allgemeinen Regeln ergiebt sich aber die Zurechenbarkeit der actiones liberae in causa — sei es zum Vorsatze oder zur Fahrlässigkeit — und zwar um dessentwillen, weil bei ihnen auf seiten des Thäters im Zustande der Zurechnungsfähigkeit einmal Dolus bezw. Culpa und ausserdem eine verbrecherische Willensbethätigung, im Zustande der Unzurechnungsfähigkeit dagegen nur der Eintritt des Erfolges der letztern gegeben ist. Nun muss ich ja selbst zugeben, dass diese Argumentation auf den ersten Blick ganz plausibel erscheint, doch hoffe ich, im weitern Verlaufe meiner Abhandlung den Beweis dafür zu erbringen, dass sie, dogmatisch betrachtet, zum mindesten sehr bedenklich, ja dass sie vollends gegenüber dem historischen Gange hinsichtlich der legislativ-politischen Behandlung unseres Problems absolut unrichtig ist. Nur auf eine höchst eigentümliche Erscheinung sei gleich an dieser Stelle aufmerksam gemacht: Sämtliche ältere Vertreter der herrschenden Lehre mit fast alleiniger Ausnahme[3]) der oben genannten Autoren Luden und Bekker und ein gut Teil der neuern teilen überhaupt nicht die oben skizzierte Auffassung der actio libera in causa. Vielmehr nehmen diese Schriftsteller an, dass bei einer solchen die strafbare Handlung erst im Zustande der Unzurechnungsfähigkeit begangen würde, und im Zustande der Zurechnungsfähigkeit lediglich ein verbrecherischer Wille vorhanden sei. Zum Beweise dieser Behauptung möchte ich nur auf folgende gemeinrechtliche Autoren aufmerksam machen: v. Quistorp, Grundsätze des peinlichen Rechts, wo es I S. 70f. folgendermassen heisst:

»Wenn ein Verbrecher sich die Trunkenheit freiwillig erworben hat und zwar in der Absicht, um solchergestalt das vorhabende (sic!) Verbrechen mit desto dreisterem Mute und mit Sicherstellung vor Strafe zu begehen, so kann dieselbe, sie mag so gross gewesen sein, als sie wolle, keineswegs zur Entschuldigung dienen, indem die Missethat unter solchen Umständen noch grösser und strafbarer ist, als wenn sie bei nüchternem Mute wäre begangen worden. [Dagegen soll nach v. Quistorp bei jeder sonstigen freiwilligen, aber absichtslosen Volltrunkenheit nur für den Fall, dass der Thäter nachher die That bereut, ‚die Völlerei wenigstens zur Abwendung der ordentlichen Strafe zu einiger Entschuldigung dienen'.]«

Dieselbe Grundanschauung vertritt auch Salchow, peinliches Recht S. 53 und neben ihm Bauer, Lehrbuch S. 156. Sie wird scharf betont von Grolman, Grundsätze S. 48:

»Es genügt zur Imputabilität, wenn der Zustand [der Unzurechnungsfähigkeit] willkürlich herbeigeführt wurde, mithin die unmittelbar nicht auf Willkür zu beziehende Rechtsverletzung als Folge einer willkürlichen illegalen Bestimmung des Willens (mithin zwar nicht als actio libera, aber doch als libera in causa s. ad libert. rel.) erscheint.«

Noch krasser aber tritt die hier behandelte Auffassung der

---

[3]) Weitere, ganz verschwindende Ausnahmen werden in der historischen Abteilung erwähnt werden.

actio libera in causa in Tittmann, Handbuch B. I S. 59—60 zu Tage:

»Die Willensfähigkeit und Willensfreiheit muss aber in der Regel nicht nur der Handlung vorhergehen (den Entschluss begleiten), sondern auch bei der Ausführung derselben vorhanden sein, weil die Wirksamkeit des Menschen erst durch die Freiheit, mit der sie geschieht, den Charakter einer Handlung erhält, da sie ohne jene bloss Thätigkeit (mechanische Kraft) sein würde und der Entschluss, sei er auch noch so frei, ohne Ausführung, wo er bloss Gedanke bleibt, garnicht in Betracht kommen kann. Eine Ausnahme tritt aber bei der sog. auf die Freiheit sich beziehenden Handlung ein, wo der Handelnde die Abwesenheit seiner Willensfreiheit in der Absicht bewirkt, um während derselben die beschlossene That auszuführen. In diesem Falle nämlich geschieht die Ausführung, wenn auch nicht bei, doch mit völliger Willensfreiheit und die Hervorbringung des unfreien Zustandes ist nichts Anderes als der höchste Grad der Sorgfalt für die ungestörte Ausübung des frei gefassten Entschlusses, weil kein Mittel fähiger war, den festen Willen gegen Eindrücke, die ihn abändern könnten, zu sichern. [Ebenso für Schlaf, Nachtwandeln und die fahrlässige Versetzung in den Zustand der Unzurechnungsfähigkeit. S. 167f.]«

Mit ähnlicher Schärfe äussert sich auch Henke, Handbuch T. I S. 322f.

»Ob der Zustand des Rausches an und für sich schon strafbar sei und die in demselben begangene That daher wenigstens mittelbar zugerechnet werden könne, darüber sind freilich die Ansichten geteilt. Es hängt die Beantwortung dieser Frage auch von den gegebenen Verhältnissen ab, namentlich von der ganzen Beschaffenheit der Strafgesetzgebung eines Staates, die entweder sich von dem Grundsatze leiten lassen kann, nur die wirkliche Rechtsverletzung einer Strafe zu unterwerfen oder auch blosse Unsittlichkeiten und alles, was zu Rechtsverletzungen Veranlassung geben kann, zur Ahndung zu ziehen. — — — Nur da, wo solche entschuldigende Gründe [d. h. Umstände, welche die Trunkenheit als unverschuldet erscheinen lassen] nicht vorhanden sind, würde demnach eine mittelbare Zurechnung der im Zustande des Rausches begangenen verbrecherischen That stattfinden. Wer es also voraussieht, dass ihn der Rausch vielleicht zu gesetzwidrigen Handlungen hinreissen wird, oder wer sich gar in der Absicht berauscht, um ein Verbrechen mit desto grösserer Unerschrockenheit zu begehen, dem kann seine That mittelbar vollkommen zugerechnet werden, selbst wenn er im Augenblicke der Begehung das Bewusstsein verloren hätte.«

Ich übergehe nunmehr den auch in diese Unterabteilung gehörigen Martin, Lehrbuch S. 79f. und wende mich unmittelbar zu Zachariae, welcher in seinem Strafgesetzbuch-Entwurf die zuletzt besprochene Auffassung der actio libera in causa legislativ zu verwenden versucht hat. Er schlägt nämlich folgende Bestimmungen vor:

»S. 122: Diejenigen können nicht bestraft werden, welche in dem Zustand einer vorübergehenden und unverschuldeten Geistesabwesenheit oder eines vorübergehenden und unverschuldeten Mangels an Herrschaft über ihren Willen ein Vergehen verübt haben.

S. 125: Die, welche in einem unverschuldeten Rausche, der sie des Gebrauches des Verstandes beraubte, ein Vergehen verübt haben, sind unter den Vorschriften des S. 122 begriffen.

Vergehen, welche in einem verschuldeten, den Thäter des Gebrauches seiner Vernunft beraubenden Rausche verübt worden, sind, gleich als ob das unmässige Trinken ein Vergehen wäre, als die nicht beabsichtigte Folge dieses Vergehens zu bestrafen. Wer sich jedoch in der Absicht, ein Vergehen zu verüben, berauscht, ist, wenn er das Vergehen im Rausche verübt, wegen dieser vorher bedachten That, gleich als hätte er sie nüchtern begangen, zu bestrafen.«

In der historischen Reihenfolge unserer Übersicht würden nunmehr zwei Mediziner, Clarus, Seelenzustände S. 115 und Heinroth in Hitzigs Zeitschrift Heft 15 S. 136, zu erwähnen sein. Da aber ihre juristischen Darlegungen als von Nichtfachmännern herrührend wohl ein geringeres Interesse beanspruchen dürften, so glaube ich, auf sie nicht näher eingehen zu brauchen. Nächstdem habe ich wieder auf einen Versuch, die hier geschilderte Auffassung der actio libera in causa in Gesetzesvorschriften zu formulieren, hinzuweisen, und zwar meine ich Strombecks Strafgesetzentwurf:

Vgl. »Art. 118: Die Strafbarkeit wird durch eine Gesetzwidrigkeit des Willens als Ursache des Verbrechens bedingt. Sie wird mithin ausgeschlossen durch das Vorhandensein eines Zustandes der Person, in welchem für sie die Möglichkeit aufgehoben war, entweder überhaupt nach Willkür und also frei zu handeln oder ihre Willkür den Strafgesetzen gemäss zu bestimmen.

Hierbei ist jedoch notwendig erforderlich, dass dem die unmittelbare Zurechnung ausschliessenden Zustande nicht selbst ein gesetzwidriger Wille als Vorsatz oder Fahrlässigkeit zum Grunde liegt.«

Die gleiche Ansicht verficht auch einer der bedeutendsten Vertreter der gemeinrechtlichen Wissenschaft, nämlich Abegg, Lehrbuch S. 144:

»— Auch gehört hierher [d. h. zu den Schuldausschliessungsgründen] der Zustand der Nachtwandler, Schlaftrunkenen und plötzlich Erwachenden, nicht immer aber der total Betrunkenen und selbst nicht der Schlafenden [und auch nicht der Nachtwandler?], denen zwar die in diesem Zustande bewirkten gesetzwidrigen Erfolge nicht als verbrecherische Handlungen, aber unter Umständen insofern mittelbar mindestens zur Culpa zugerechnet werden, wenn die Versetzung in einen solchen Zustand — — eine schuldhafte und selbst Verletzung einer Pflicht ist; vollends wenn der Thäter z. B. die Trunkenheit vorsätzlich und gerade in der Absicht, das Verbrechen zu verüben, herbeigeführt hat, wo sogar eine Zurechnung zum Dolus möglich ist.«

Mit klaren Worten stellt sich auch Haeberlin, Grundsätze B. I S. 26f. auf den hier behandelten Standpunkt; bestimmt spricht er es aus, dass im Falle einer actio libera in causa die Strafthat erst im Zustande der Unzurechnungsfähigkeit begangen würde und folgeweise die Poenalisierung der erstern eine Ausnahme, nicht aber eine Konsequenz der allgemeinen Regeln der Zurechnungslehre sei. Vergl. S. 26f. l. c.:

»Als einzelne Gründe der Unzurechnungsfähigkeit werden von den neuern Gesetzbüchern folgende aufgeführt: — — 3. Eine vorübergehende völlige Sinnenverwirrung oder Bewusstlosigkeit — für die in diesem Zustande ausgeübten Verbrechen. Jedoch schliesst ein solcher Zustand die Zurechnung zur Strafe nicht aus, wenn der Thäter sich durch Trunk oder andere Mittel absichtlich in denselben versetzte, um ein im zurechnungsfähigen Zustande beschlossenes Verbrechen auszuführen. Auch dann, wenn er jenen Zustand zwar nicht absichtlich, aber doch aus Fahrlässigkeit herbeiführte und in demselben ein Verbrechen beging, bei welchem auch die Fahrlässigkeit bestraft wird, findet Zurechnung zur Strafe statt.«

In diesem Zusammenhange ist fernerhin eine der frühern Arbeiten Berners, nämlich seine Lehre von der Teilnahme zu erwähnen, in welcher dieser hervorragende Kriminalist die Poenalisierung der actio libera in causa — obwohl die Strafthat nach seiner damaligen Auffassung wenigstens erst in die Zeit der Unzurechnungsfähigkeit fiel — mit einer eigenartigen, wohl nicht ganz bedenkenfreien Motivierung zu begründen sucht. Er führt nämlich S. 158f. aus:

Schwieriger ist die Entscheidung, sobald wir voraussetzen, dass die vorher beschlossene That in völliger, also das Bewusstsein aufhebender Trunkenheit begangen wurde. Ich habe zwar S. 130 und 131 meiner Imputationslehre behauptet, dass der Thäter, wenn er im Augenblicke der That gar nicht bei Bewusstsein war, keine Erinnerung an die vorher gefasste Absicht haben könne, dass es also ein blosses Spiel des Zufalls sei, wenn in der völligen Trunkenheit die der Absicht entsprechende That begangen werde. Hierbei übersah ich indes eine psychologische Kombination, welche den Zusammenhang zwischen der frühern Absicht und dem spätern Erfolge auch ohne Vermittlung der Erinnerung denkbar macht. Ich übersah, dass jeder Gedanke auch in das bewusstlose, substantielle, unmittelbare Seelenleben niedergeht und sich auf diese Weise seelisch durch die verschiedenartigsten Zustände kontinuiert und fixiert. — — Da nun der Fall, dass ein völlig Trunkener, ein Mensch, der sich durch Trunkenheit in einen ganz traumähnlichen Zustand versetzt hat, dennoch seine vorher gefasste Absicht ausführt, wohl so selten ist, dass man das Zusammentreffen von Absicht und Ausführung als ein durch den launischen Zufall (!) herbeigeführtes betrachten könnte, so bleibt nichts übrig, als hier eine seelische Fortwirkung des Gedankens anzunehmen [immer?]. Dann aber ist auch die That dem Individuum ebenso zum Dolus zu imputieren [trotz des »launischen Zufalls« !], als ich es meiner Absicht zum Verdienst zurechne, wenn ich mittels des auf seelischem Wege durch den Schlaf hindurch wirkenden Gedankens mich selbst zu einer bestimmten Stunde der Nacht geweckt habe. [Ebenso auch für die Begründung der poena culpae im Falle einer fahrlässigen Versetzung in den Zustand der Unzurechnungsfähigkeit.]«

In das Jahr 1847 fällt neben dem eben besprochenen Werke Berners auch die von Mittermaier herausgegebene 14. Auflage des Feuerbachschen Lehrbuches. Und zwar möchte ich auf den in dasselbe von Mittermaier eingeschalteten § 90a, welcher die actio libera in causa behandelt, um dessentwillen näher eingehen, weil eine Vergleichung des letztern mit einem früheren Aufsatze dieses Autors im Archiv des Kriminalrechts B. 12 S. 1 ff. deutlich zeigt, wie auch Mittermaier während seiner litterarischen Thätigkeit in der Behandlung der actio libera in causa geschwankt hat. Im Archive B. 12 schreibt derselbe S. 41:

»Wer gewisse Mittel auf gewisse Art gebraucht, von welchen er wissen kann, dass die schwersten, wie die gelindern Folgen eintreten können, und wer sich vorsätzlich durch Trunk in einen Zustand versetzt, in welchem er nicht Herr seiner selbst ist und daher seine Handlungsweise nicht mehr sicher bemessen kann, erscheint als einwilligend in die schwersten Folgen seiner Handlung.«

Während also Mittermaier in den eben citierten Ausführungen die Strafbarkeit der im Zustande der Unzurechnungsfähigkeit begangenen Rechtsverletzungen noch weit über die als actiones liberae in causa gemeiniglich zusammengefassten Thatbestände ausdehnt, so dass die Bemerkung Wächters S. 401

Note 10: »Dieser exorbitante Satz, der an den dolus indirectus der Älteren erinnert, ist freilich in keiner Weise zu rechtfertigen«, — wohl begründet ist, schreibt er im vollen Gegensatze zu den oben angeführten Darlegungen in jenem § 90a S. 168 folgendes:

»Hat sich jemand absichtlich in den Zustand [der Trunkenheit] versetzt, um darin ein im zurechnungsfähigen Zustande beschlossenes Verbrechen auszuführen, so kommt die Trunkenheit ihm gar nicht zu statten. — [Dazu Note 44]: Dies sprechen aus — — das bayrische Gesetzbuch etc. etc. Allein mit Recht bezweifelt Hufnagel I S. 210[4]), dass die Bestimmung praktisch ist, und noch mehr lässt sich an ihrer Gerechtigkeit zweifeln. Die Gesetzgeber bedenken dabei nicht, dass ein Kausalzusammenhang zwischen Entschluss und Verbrechen hier wohl nie oder doch sehr schwer erweislich sein wird. [Hingegen erkennt Mittermaier die poena culpae im Falle einer actio libera in causa unbedingt an.]«

Hat also Mittermaier in der hier citierten Stelle seine Ansicht über die actio libera in causa — und zwar auch wiederum, ohne diesen Gesinnungswechsel irgendwie zu erwähnen — so geändert, dass wir fast Bedenken tragen müssen, ihn noch unter die Vertreter der herrschenden Lehre zu zählen, so steht dagegen der nunmehr zu besprechende Schriftsteller, Heffter, in seinem Lehrbuche zweifellos auf dem Standpunkt einer unbedingten Strafbarkeit der actio libera in causa, obwohl auch er, von dem Gedanken ausgehend, dass die verbrecherische That erst im unzurechnungsfähigen Zustande begangen würde, die Poenalisierung der erstern als eine Ausnahme von den elementarsten Grundsätzen der Strafrechtswissenschaft betrachtet:

»§ 70. Ist eine rechtswidrige Handlung — sog. actio libera in causa — begangen in einem selbstverschuldeten Zustande, in welchem für sich betrachtet Zurechnungslosigkeit stattfindet, so ist das im zurechnungsfähigen Zustande beschlossene, demnächst aber in dem absichtlich herbeigeführten entgegengesetzten Zustande ausgeführte Verbrechen nicht weniger ein doloses, während in einem bloss durch Culpa

---

[4]) Vergl. Citat im § 29 unserer Arbeit.

herbeigeführten Zustande auch das Verbrechen nur ein culposes sein kann.«

Schliesslich möchte ich aus der Zahl der älteren Schriftsteller vor allem noch auf Geib, Lehrbuch B. II S. 75 f. aufmerksam machen, welcher gleichfalls klar und bestimmt die hier besprochene Auffassung der actio libera in causa vertritt, und der auch — wie wenigstens aus den Eingangsworten des gleich folgenden Citates zu entnehmen ist — die Konsequenz aus einer Ansicht zieht, indem er die Bestrafung der erstern als eine schroffe Ausnahme von den allgemeinen Regeln der Zurechnungslehre betrachtet:

»Bloss dann, wenn nicht die Versetzung in den Zustand der Trunkenheit, sondern die Vornahme der in derselben begangenen Handlungen als verschuldet erscheint (sog. act. lib. i. c.) d. h. bloss dann, wenn der Trunkene wusste, dass sein Zustand entweder mit Notwendigkeit oder wenigstens mit grösserer oder geringerer Wahrscheinlichkeit die Herbeiführung von Verbrechen nach sich ziehen werde, und dessen ungeachtet in diesen Zustand sich versetzt hat, findet Zurechnung desselben statt und zwar unter der ersten Voraussetzung zum Dolus, unter der zweiten zur Culpa. — Hat sich der Handelnde gerade in der Absicht in den Zustand der Trunkenheit versetzt, um ein bestimmtes Verbrechen zu begehen, und hat er dies dann auch seinem ursprünglichen Entschluss gemäss und kraft desselben wirklich begangen, so ist natürlich [sic!] volle Zurechnungsfähigkeit anzunehmen. [Ebenso S. 77 für Schlaf und Nachtwandeln.]«

VI. Von neuern Autoren, welche die Strafthat im Falle einer actio libera in causa erst in die Zeit der Unzurechnungsfähigkeit setzen, möchte ich zunächst Geyer erwähnen. Dieser äussert sich in seinem Aufsatze »Zur Lehre vom dolus generalis und vom Kausalzusammenhange« in GA. 13, 239 ff. über die actio libera in causa folgendermassen:

S. 242. »Derjenige, welcher sich vorsätzlich in den Zustand der Unzurechnungsfähigkeit versetzt, um in diesem ein bestimmtes Verbrechen zu begehen, verursacht diesen Zustand, damit er als ein Mittel zur Verwirklichung seiner verbrecherischen Absicht diene. Wenn nun das Mittel auch wirklich den gewollten Erfolg herbeiführt, also nicht seinen Dienst versagt hat, so hat der Thäter, was er thun wollte, auch wirklich gerade in der Weise, wie er es wollte, gethan und dadurch den verbrecherischen Erfolg bewirkt. Wille und That decken sich vollständig, und es muss, was geschehen ist, zum Dolus zugerechnet werden.«

Nun aber sind gewiss diese Ausführungen Geyers bei näherer Prüfung nicht als stichhaltig anzusehen. Denn deckt sich nicht auch »Wille und That vollständig«, wenn jemand, der schon längst die Ermordung seines Todfeindes beschlossen hat, im Zustand einer unverschuldeten Bewusstlosigkeit seinen Entschluss zufällig verwirklicht? Und sollte auch ihm etwa das, was er in jenem Zustande that, »zum Dolus zugerechnet werden«? Ja, ist es denn nicht ein innerer Widerspruch, anzunehmen, dass im Falle einer actio libera in causa die verbrecherische That erst im Zustande der Unzurechnungsfähigkeit begangen würde, und trotzdem die Strafbarkeit jener aus den allgemeinen Grundsätzen der Zurechnungslehre deduzieren zu wollen? Kann man nicht vielmehr von der hier behandelten prinzipiellen Auffassung der actio libera in causa aus die Strafbarkeit derselben — wie dies doch auch z. B. Tittmann, Henke und Haeberlin in ihren oben citierten Werken thun — nur als eine Ausnahme von jenen allgemeinen Lehren ansehen und rechtfertigen? Und einer der modernen Autoren, welche einerseits die unbedingte Strafbarkeit der actio libera in causa vertreten, andernteils dieselbe aber doch als erst im unzurechnungsfähigen Zustande begangen ansehen, hat auch die Unmöglichkeit erkannt, diesen Standpunkt mit einer konsequenten Anwendung der Grundregeln der Zurechnungslehre in Einklang zu bringen. In einem Aufsatze im GS. 26 S. 1 ff. führt nämlich Röder aus:

»Wenn man dies letztere [d. h. Zurechnungsfähigkeit zur Zeit der That] heute noch fast [sic!] allgemein zur Zurechenbarkeit zu fordern pflegt, so würde daraus in aller Strenge folgen, dass z. B. derjenige, der sich in der Absicht vollständig betrunken oder in Schlaf versetzt hätte, um in diesem Zustand ein Verbrechen zu begehen, höchstens für das geflissentliche Versetzen in diesen Zustand, nicht aber für das durch denselben Herbeigeführte bestraft werden könne.« [l. c. S. 3 Note **]

Doch diese Ausführungen Röders verhallten ungehört! Namentlich blieb auch Geyer in seinen späteren Schriften auf dem in der oben citierten Abhandlung eingenommenen Standpunkt stehen. Zum Beweise hierfür wollen wir neben seinen Ausführungen in H. H. IV, S. 106 vor allem auf seine Darstellung des Strafrechts in H. E. hinweisen, wo er S. 925 f. schreibt:

»Es kann vorkommen — was sich übrigens auch bei Schlafzuständen denken lässt —, dass der Zustand der Berauschung nicht ohne Verschulden des Thäters eingetreten ist, und in einem solchen Falle ist die Zurechnung der im Rausch verübten Verletzung zur Fahrlässigkeit nicht von vornherein ausgeschlossen. Ja, man muss noch weitergehen. Wenn sich nämlich jemand absichtlich in den Zustand der vollen Berauschung oder in einen Schlafzustand versetzt, um in demselben einen verbrecherischen Erfolg herbeizuführen, und wenn er auch seine Absicht in der angestrebten Weise verwirklicht, so ist ihm das Gethane zur Absicht zuzurechnen, da hier unleugbar ein Kausalzusammenhang zwischen der Absicht und der That vorliegt.«

VII. Schliesslich will ich noch auf zwei neuere Vertreter der herrschenden Lehre eingehen, von denen sich vielleicht nicht mit Bestimmtheit behaupten lässt, dass auch sie im Falle einer actio libera in causa die verbrecherische Willensbethätigung in die Zeit der Unzurechnungsfähigkeit verlegten, deren Darstellung aber unzweifelhaft starke Anklänge an eine derartige Auffassung verrät. Und zwar treten dieselben besonders deutlich bei dem ersten dieser beiden Autoren, bei Binding II S. 196ff, weniger scharf bei Olshausen § 51 Note 11a hervor. Namentlich sucht jener die Strafbarkeit der actio libera in causa mit dem Hinweise auf die »Ursache der Ursache« zu rechtfertigen, ähnlich wie die von uns erwähnten gemeinrechtlichen Autoren oft (z. B. Abegg, Grolman, Henke, Martin und Bauer — vergl. S. 13ff —) die Poenalisierung der erstern auf eine »mittelbare« Zurechenbarkeit zu gründen gesucht haben. Doch ich will dem geneigten Leser selbst die Entscheidung darüber überlassen, in welche der beiden Unterabteilungen der herrschenden Lehre Binding rubriciert werden muss, und daher seine in Betracht kommenden Ausführungen in thunlichster Vollständigkeit bringen:

»Bei der actio libera in causa steht man nun vor folgender Alternative: entweder die Ursache zum verbrecherischen Erfolge oder zur widerrechtlichen Unterlassung wird noch im Zustande der Handlungsfähigkeit gesetzt: es liegt dann im kritischen Zeitpunkt Schuld vor, die selbstverständlich ebenso gut Vorsatz als Fahrlässigkeit sein kann, oder aber jene Ursache wird erst lebendig durch die Thätigkeit des Unzurechnungsfähigen; dann kann die geschehene Widerrechtlichkeit zur Schuld überhaupt nicht zugerechnet werden.

Die erste Ansicht stimmt mit der zweiten in einem wichtigen Punkte überein. Das in der Trunkenheit oder im Schlaf Vollführte ist, isoliert und von dem frühern Verhalten des jetzt unzurechnungsfähig Gewordenen gelöst betrachtet, nicht Handlung, weil der schuldhafte Entschluss mit dem Eintritt der Unzurechnungsfähigkeit unterging, ganz einerlei, ob dieser Eintritt ein »verschuldeter ist oder nicht«. Die Brandstiftung oder die Tötung, verübt während der Trunkenheit, sind Ereignisse der äussern Natur, wie alle andern Thaten der Handlungsunfähigen. — [Von diesem Standpunkte aus müsste doch B. eigentlich zu einer Straflosigkeit der actio libera in causa gelangen, aber hören wir nur, wie er die entgegengesetzte Ansicht trotz jenes Vordersatzes zu rechtfertigen unternimmt.] — — Der Unterschied der beiden Ansichten liegt nur darin, dass die erste sagt: »Da und soweit wir überhaupt Wirkungen der unvernünftigen Naturkräfte als Bestandteile menschlicher Handlungen auffassen können, liegt bei den actiones liberae in causa kein Grund vor, von dieser Regel abzuweichen«. — — [Wohl wahr! Aber die Strafbarkeit der ersteren annehmen, obwohl man das Setzen des deliktischen Thatbestandes völlig in die Zeit der Unzurechnungsfähigkeit verlegt, heisst doch, »Wirkungen unvernünftiger Naturkräfte« nicht als »Bestandteile«, sondern als Substitute menschlicher Handlungen auffassen.] — — Die andere Ansicht aber kann zwar nicht leugnen, dass in unzähligen Fällen Wirkungen der Naturkräfte als Teile menschlicher Handlungen erscheinen; — — sie kann demgemäss die Unzurechenbarkeit des im Trunke Verübten nur auf einen von zwei Gründen stützen.

1. Sie muss entweder behaupten: Keine Wirkung der Naturkräfte kann einem Menschen zur Schuld zugerechnet werden, wenn sie eintritt während seiner Handlungsunfähigkeit. Diese Behauptung wäre aber evident falsch. — [Hierin stimme ich B. unbedingt bei, es ist mir aber auch nicht bekannt, dass irgend ein Vertreter der Straflosigkeit der actio libera in causa diese »evident falsche Behauptung« aufgestellt hat.] — —

2. Oder aber sie muss behaupten, die Ursache zum verbrecherischen Erfolge oder zur widerrechtlichen Unterlassung sei nicht zur Zeit der Handlungsfähigkeit gesetzt worden. — [Ich hoffe, unten (§ 7 S. 48ff.) den Nachweis erbringen zu können, dass die Straflosigkeit der actio libera in causa auch ohne dieses Argument dargethan werden kann; hier interessiert es uns vor allem, wie B. dasselbe zu widerlegen sucht, weil diese Widerlegung fast den Charakter einer Bestätigung des erstern annimmt. B. führt nämlich aus:] — — Die Ursache des schädlichen Erfolges ist, wenn ich so sagen darf, die automatische Bewegung des Unzurechnungsfähigen, vorgenommen in einer bestimmten Umgebung. Dass die Unzurechnungsfähigkeit und zwar gerade unter dieser Umgebung eintritt, dies verursacht der Handlungsfähige, sei es vorsätzlich, sei es fahrlässig: »er setzt also schuldhaft die Ursache der Ursache« [sic!] [l. c. II S. 196ff.; ferner heisst es S. 200 eod.:]

»Aber freilich nur dann ist die Zurechenbarkeit des im Trunke oder Schlafe Vollführten zur Schuld zu rechtfertigen, wenn der Eintritt in diesen Zustand entweder absichtlich geschah, um ein bestimmtes Verbrechen darin zu vollbringen, und dieses nun wirklich vollbracht worden ist, oder aber wenn er unter solchen Umständen bewirkt wurde, dass die bevorstehende Unzurechnungsfähigkeit als Quelle von Delikten hätte erkannt werden müssen, und entweder der Eintritt jenes Zustandes oder aber die gefährlichen Umstände, unter welchen er geschah, hätten abgewendet werden können. Dort wird zum Vorsatz, hier zur Fahrlässigkeit zugerechnet.«

Um nunmehr meine Übersicht über die Vertreter der

herrschenden Lehre zum Abschluss zu bringen, will ich endlich auf die Darlegungen Olshausens § 51 Note 11a hinweisen:

»Die Zurechnung fällt weg im Falle einer sog. act. lib. i. c. — —: soweit die Ursache zu dem verbrecherischen Erfolge bei einem Kommissivdelikte oder zu der mit Strafe bedrohten Unterlassung bei einem Omissivdelikte durch eine im Zustande der Willensfreiheit vorgenommene Thätigkeit gesetzt ist, liegt eine — je nach den Umständen vorsätzlich oder fahrlässig — schuldvolle Verursachung seitens des Thäters vor. Wer eine strafbare Handlung ausführt, nachdem er bis zum Zustande der Bewusstlosigkeit sich betrunken hat, [»ist«, so müssten wir doch bei einer konsequenten Anwendung der Grundbegriffe unserer Wissenschaft erwarten, »unbedingt straflos«; statt dessen aber heisst es:] begeht dieselbe vorsätzlich [trotz der eingetretenen Bewusstlosigkeit!?], wenn er solches that, um die strafbare Handlung auszuführen, dagegen fahrlässig, wenn er bei gehöriger Aufmerksamkeit die bevorstehende Bewusstlosigkeit als Ursache des rechtswidrigen Erfolges hätte erkennen können.«

VIII. Doch bevor wir nunmehr uns von den Vertretern der herrschenden Lehre abwenden, müssen wir noch auf die ungemeine Wichtigkeit aufmerksam machen, welche dem unter ihnen bestehenden Zwiespalt in Bezug auf die systematische Auffassung der actio libera in causa für die Entscheidung der Frage nach der Stellung des RStGB.'s zu diesem Probleme zukommt. Das wird sofort klar, wenn wir uns nur wieder in das Gedächtnis zurückrufen, dass bekanntlich die von uns an erster Stelle behandelte Untergruppe die Strafbarkeit der actio libera in causa als einer That, deren Erfolg zwar erst im Zustande der Unzurechnungsfähigkeit eintritt, die aber selbst bereits in der Zeit der Zurechnungsfähigkeit begangen wird, lediglich aus einer strikten Durchführung der einfachsten Lehren des Strafrechts ableitet. Die zweite Unterabteilung der herrschenden Meinung kommt aber — und hierüber können uns weder die namentlich in der gemeinrechtlichen Doktrin beliebte Berufung auf eine »mittelbare Verursachung« noch die von Geyer angeführten Gründe (vergl. S. 20f.) hinwegtäuschen — von ihrem prinzipiellen Standpunkt aus, nach dem der deliktische Thatbestand ausschliesslich im unzurechnungsfähigen Zustande gesetzt wird, nicht darüber hinweg, in der Poenalisierung der actio libera in causa eine schroffe Ausnahme von eben jenen einfachsten Lehren zu erblicken. Die erste Unteransicht kann daher, wie ich bereits S. 12 f. ausgeführt habe, trotz des Schweigens unseres RStGB.'s in ganz plausibeler Weise ihren Standpunkt auch de lege lata rechtfertigen, der zweiten Untergruppe ist das aber einfach unmöglich. Denn die Anerkennung einer solch einschneidenden Ausnahme, wie die Bestrafung der actio libera in causa von der Auffassung der erstern aus ist, kommt lediglich dem Gesetzgeber, nie aber — wenigstens nicht de lege lata — der Wissenschaft und Praxis zu; schweigt derselbe nun — wie im RStGB. — über die actio libera in causa, unterlässt er es also, jene Ausnahme anzuerkennen, so weiss ich nicht, wie die Vertreter der zweiten Unterabteilung das Schweigen des Gesetzgebers anders auslegen können als dahin, dass der letztere durch die uneingeschränkte Aufstellung des Satzes: Jede im unzurechnungsfähigen Zustande begangene That ist schuld- und deshalb straflos, — die Straffreiheit der actio libera in causa implicite sanktioniert hat. Und wenn wir uns nun vergegenwärtigen, dass die gesamte ältere, d. h. der Zeit vor dem Jahre 1870 angehörige Litteratur ausser jenen wenigen Ausnahmen, wie sie z. B. in den S. 6 f. angeführten Schriften Ludens und Bekkers enthalten sind, in ihrer Mehrheit, soweit sie sich zur herrschenden Lehre bekannte, und (vergl. §§ 5/6) ausschliesslich, soweit sie einer der beiden anderen Hauptgruppen zugehörte, von der zuletzt geschilderten systematischen Auffassung der actio libera in causa ausging, so erscheint uns doch die Ansicht mindestens äusserst bedenklich, welche behauptet, die Verfasser des RStGB.'s seien nicht von jener eben gedachten systematischen Auffassung des hier behandelten Problems ausgegangen, sondern vielmehr von jener damals nur ganz verschwindend in der Litteratur vertretenen Meinung, die im Falle einer actio libera in causa die strafbare That in die Zeit der Zurechnungsfähigkeit und nur den Eintritt des Erfolges derselben in den unzurechnungsfähigen Zustand verlegt.

Müssen wir aber die Richtigkeit des eben aufgestellten

Satzes zugeben, so folgt aus demselben unmittelbar, dass die herrschende Lehre de lege lata[5]) als höchst zweifelhaft erscheint. Doch soll es an dieser Stelle genügen, auf das eben erörterte Bedenken gegen jene Ansicht hinzuweisen; den Nachweis der Unrichtigkeit derselben verspare ich mir — wie schon S. 2 angedeutet — im wesentlichen auf die historische Abteilung und gehe nunmehr sofort auf die als zweite Hauptgruppe zusammengefassten Autoren über, also auf diejenigen, welche die unbedingte Straflosigkeit der actio libera in causa vertreten.

§ 5. Die Vertreter der unbedingten Straflosigkeit der actio libera in causa.

I. Unsere Übersicht über die in den gegenwärtigen Paragraphen gehörenden Schriftsteller wird erheblich kürzer ausfallen als die über die Anhänger der herrschenden Lehre. Denn einmal ist die Zahl der erstern eine verhältnismässig geringe, und ausserdem gehören sie zum guten Teile der partikularrechtlichen Wissenschaft an. Und wie ich schon im vorigen Paragraphen die Vertreter der letzteren, um Wiederholungen in der historischen Abteilung zu vermeiden, überhaupt nicht erwähnt habe, so will ich aus gleichem Grunde mich auf die kurze Anführung einiger unter die zweite Hauptgruppe zu zählender partikularrechtlicher Schriftsteller beschränken. Da habe ich zunächst darauf hinzuweisen, dass zu diesen auch der grösste Jurist oder — sagen wir vorsichtiger — Civilist des neunzehnten Jahrhunderts, C. F. v. Savigny, gehört (vergl. Bleich II S. 378 — unten § 15); neben ihm sind unter anderen zu erwähnen: Temme, preussisches Strafrecht S. 179 f.; Dollmann in der kritischen Überschau II S. 75; Hocheder, Strafgesetzbuch S. 325 f. und Stenglein, Kommentar I S. 359 f. Wenden wir uns jetzt zu den gemeinrechtlichen Vertretern des hier behandelten Standpunkts, so dürfte unter ihnen als der erste Kleinschrod, Grundbegriffe I zu nennen sein; doch gebe ich zu, dass dank seiner unglückseligen Ausdrucksweise seine Ausführungen nicht völlig klar sind. Ich werde sie daher, um dem Leser selbst

---

[5]) Um Missverständnisse zu vermeiden, möchte ich noch einmal ausdrücklich bemerken, dass ich nur de lege lata schreibe, de lege ferenda stimme ich mit der herrschenden Lehre im Resultat überein.

das Urteil zu ermöglichen, in der erforderlichen Ausführlichkeit bringen:

»S. 37 ff.: Wenn wir uns freiwillig mit dem Vorsatz eines Verbrechens in eine Lage begeben, in welcher Freiheit und Willkür mangeln, so ist diejenige Handlung eine actio ad libertatem relata, welche mit Bewusstsein vorgenommen, aber in einem unfreien Zustande ist verübt worden, den man sich absichtlich dazu gewählt hat.[6]) — — — Nicht jede Handlung kann hierher gerechnet werden, die bei freiwillig gewähltem Mangel an Freiheit begangen wird, denn ein solches ist unstreitig meistens kulpos, oft gar zufällig; sondern man muss mit dem Vorsatze eines Verbrechens sich seiner Freiheit beraubt und seinen Entschluss durch die Vollziehung der Missethat vollbracht haben. Alsdann soll nach der Meinung verschiedener Schriftsteller eine so begangene Handlung als dolos zugerechnet werden. Aber es ist nach meiner Meinung ein Unterschied zwischen dem Vorsatze und der Ausführung zu machen. Der Entschluss, das Verbrechen zu begehen, und die freiwillige Beraubung des Gebrauches seiner Vernunft ist ohne Zweifel dolos; — — das Verbrechen aber wird bei vollkommener Abwesenheit der Vernunft verübt oder bei gänzlichem Mangel an Freiheit des Willens; der Verbrecher konnte sich also nicht mehr frei bestimmen, ob er handeln wollte oder nicht; er vermochte es nicht, die Abratungsgründe einzusehen; er handelt ohne Bewusstsein bloss nach tierischem Instinkte. Wer kann eine Handlung dieser Art dolos nennen? Wer kann bestimmen, ob der Verbrecher seine That überhaupt ausgeführt hätte, wenn er das Bewusstsein behalten hätte?

S. 143 f.: Doch die [im Zustande der Bewusstlosigkeit begangene] Handlung selbst kann nicht vollkommen [sic! — wir würden doch nach den obigen Ausführungen erwarten: »überhaupt nicht«] zugerechnet werden, wenn sie im Zustande der Abwesenheit der Freiheit begangen wird; denn zur Zeit ihrer Vollziehung war keine Einsicht, keine Freiheit des Willens da; also fehlte es an den ersten Gründen der Zurechnung [sic!].

---

[6]) Kleinschrod vertritt also den von uns S. 3 f. erörterten engeren Begriff der actio libera in causa.

Auch glaube ich nicht, dass die Handlung, zu deren Vollendung man sich die Freiheit entzogen hatte, als notwendige Folge dieser Beraubung könne angesehen werden. Denn eben deswegen, weil der Verbrecher sich die Freiheit genommen hat, ist er nicht im stande, mit eigner Kraft seine That zu vollbringen, also ist es mehr Zufall, wenn diese doch zu stande kommt.

S. 225: Ich glaube, dass der Vorsatz und die Berauschung vollkommen, die Vollziehung der That, allein betrachtet, wenig zuzurechnen sei und letzte allenfalls dazu diene, die Strafe des Vorsatzes [1]) und der Trunkenheit zu schärfen, weil diese einen so nachteiligen Erfolg hervorbrachten.«

Indem ich schliesslich noch bemerke, dass Kleinschrod die fahrlässige Versetzung in die Unzurechnungsfähigkeit gar nur als Polizeidelikt geahndet wissen will (vergl. l. c. S. 224), gehe ich sofort auf den in der historischen Reihenfolge zunächst folgenden Schriftsteller über, der allerdings durch einen Zeitraum von etwa 40Jahren von Kleinschrod getrennt ist. Und zwar ist dies derjenige Gelehrte, dem wir im Laufe unserer Arbeit schon wiederholt begegnet sind, nämlich Berner in seiner Imputationslehre. Hier sagt er S. 103 f.:

»War der Thäter im Augenblicke der That gar nicht bei Bewusstsein, also wirklich unfrei, so kann er auch keine Erinnerung an den vorher gefassten Vorsatz mehr gehabt haben. Mithin fehlt hier jede Vermittlung zwischen dem früher gefassten Vorsatz und der That. Die That ist also hier keineswegs zuzurechnen.«

Des weitern habe ich auf eine sehr ausführliche Züricher Dissertation, Die strafrechtliche Zurechnung von May, aufmerksam zu machen, in welcher die Straflosigkeit der actio libera in causa in sehr lebhafter Form gerade mit dem Hinweise auf die allgemeinen Grundsätze der Zurechnungslehre, also mit demselben Argument, mit welchem die Mehrzahl der Vertreter der herrschenden Ansicht ihren entgegengesetzten Standpunkt motivieren, zu begründen gesucht wird. Vergl. S. 39 ff.:

»Die neueren Partikulargesetze unterscheiden zwischen ver-

---

[1]) Wie steht es gegenüber dieser »Strafe des Vorsatzes« mit dem Satze: Cogitationis nulla poena?

schuldeter und unverschuldeter Trunkenheit und erkennen bloss die letztere als Aufhebungsgrund der Zurechnungsfähigkeit an. Dieses Markten der Gesetze ist bezeichnend für die ganze haltlose Stellung, in welche man gerät, wenn man, statt an Prinzipien festzuhalten, sich von den zufälligen Erscheinungen in seinem Urteile bestimmen lässt. Kann nicht geleugnet werden, dass in vielen Fällen auch Geisteskrankheiten — — — Folge eigner Verschuldung sind, so brächte es die Konsequenz mit sich, dass jene partikularrechtlichen Unterscheidungen auch auf sie ausgedehnt und nur der unverschuldete Wahnsinn als Aufhebungsgrund der Zurechnungsfähigkeit gelten gelassen würde. Allein vor solcher Verkehrtheit hat man sich denn doch gescheut. Das Strafrecht will nicht wissen, wie der betreffende Aufhebungsgrund entstanden ist; er ist vorhanden, darum fällt die Zurechnung weg. — — Bei dieser Veranlassung haben wir noch die Frage zu besprechen: Kann die in der Absicht herbeigeführte Betrunkenheit, um unter ihrem Schutze ein Verbrechen zu verüben, zugerechnet werden? — [Darauf ist zu erwidern:] Mag die Absicht des nüchternen Menschen auch entschieden verbrecherisch gewesen sein, so gehört zu dem strafbaren Verbrechen neben dem freien Entschluss auch noch die freie That. — — Der Betrunkene hat aber keinen Willen; er ist weder im stande, einen Plan zu fassen, noch einen früher gefassten aufzugeben. Durch Strafe oder strafähnliche Momente kann er nicht mehr bestimmt werden, Gut und Bös liegen ihm gleichgültig nebeneinander. Man hat hiergegen eingewendet, dass auf diese Weise der Verbrecher, welcher, zu feige zur nüchternen Schandthat, das zweckmässige Mittel der Trunkenheit gewählt hat, auf eine unpassende Weise begünstigt wird. Allein dieser Einwand zerfällt in sich; denn wird ein so gearteter Verbrecher wirklich den Grad der Trunkenheit erstiegen haben, welcher zur Aufhebung der Zurechnung gefordert wird, so bringt es ja die Natur dieses Zustandes mit sich, dass er aus allem Zusammenhang mit Zukunft und Vergangenheit gerissen wird, dass also, wenn sein Thun in der Betrunkenheit auffallenderweise mit einem in der Nüchternheit gefassten Plane koinzidiert, diese Übereinstimmung sicherlich rein zufällig ist. Erweist sich aber ein anderer als zufälliger Zusammenhang zwischen der That und dem in dem nüchternen Zustande gefassten Plane, so ist dies gerade ein vollwichtiger Beweis, dass die Trunkenheit nicht denjenigen Grad erreicht hat, welcher die Zurechenbarkeit vernichtet.«

Kurz möchte ich dann noch auf Zerbst, Zurechnung in Hitzigs Annalen B. 65 S. 238 ff. hinweisen. Eine Merkwürdigkeit dieses Autors im Verhältnis zu den beiden zuletzt erwähnten besteht darin, dass er sich zwar auf das lebhafteste gegen jede Zurechnung bei der actio libera in causa sei es zum Dolus oder zur Culpa (S. 245 u. 248 ff.) erklärt, aber trotzdem S. 249 ausspricht, »das die Straflosigkeit eines solchen, der zwar im bewusstlosen Zustande ein Verbrechen verübt, sich aber, um dasselbe zu verüben, erst in den Zustand der Bewusstlosigkeit versetzt hat, mit dem Rechtsbewusstsein in Konflikt geräte und dem sog. gemeinen Rechtsgefühl widerstreite«.

Wir kommen nunmehr zu einem der bedeutendsten Vertreter der zweiten Hauptgruppe, nämlich zu Wahlberg. Und man wird zugeben müssen, dass dieser in seinem Prinzip der Individualisierung S. 77 f., von dem — auch m. E. richtigen — Standpunkt, dass die actio libera in causa selbst völlig in den unzurechnungsfähigen Zustand falle, ausgehend, in sehr geschickter Weise gegen die herrschende Lehre polemisiert, indem er ihr die Verletzung desjenigen Satzes, den auch sie sonst immer im Munde führe, vorwirft, des Satzes: Cogitationis poenam nemo patitur. —

»Wo die psychologische Wirksamkeit des Strafgesetzes nicht möglich war, ist die Anwendbarkeit desselben ausgeschlossen. Das wird zugegeben. Eine Abweichung hiervon erlauben sich nur diejenigen Strafgesetze, welche auch dann eine Handlung oder Unterlassung als Verbrechen zurechnen, welche in einer in Absicht auf dieses Verbrechen zugezogenen vollen Berauschung verübt worden ist, vorausgesetzt, dass nicht gänzliche Bewusstlosigkeit eintritt, welche ein Verbrechen schon physisch unmöglich macht. (!) Offenbar ist ein Trunkener, der nicht mehr weiss, was er thut, wenn er gleich noch ein dunkles Bewusstsein seiner selbst und der Aussenwelt besitzt, zur Zeit der That nicht mehr durch das Strafgesetz bestimmbar. Die psychische Bedeutung der vollen Trunkenheit wird gewiss nicht dadurch geändert, dass dieselbe schuldhaft in Absicht auf die Begehung des Verbrechens sich zugezogen wurde, und es kann hier nur dann das Verbrechen zugerechnet werden, wenn die erforderliche rechtswidrige Absicht schon vor der Unternehmung des Verbrechens zur Zeit, in der sich der Thäter noch nicht in dem bezeichneten Zustand befand, nach dem Gesetze als zurechenbar erklärt wird. Ohne Aufstellung der Präsumtion eines im Zustande der vollen Berauschung fortdauernden Dolus, ohne Annahme des allgemeinen, auf einer blossen Vermutung beruhenden Dolus kann jedoch die blosse, vorher vorhanden gewesene böse Absicht auf die spätere Handlung nicht bezogen, und diese selbst nicht als Verbrechen zugerechnet werden. Was thun hier die Gesetze anders als den mangelnden inneren Kausalzusammenhang von bösem Vorsatze und rechtswidrigem Erfolge durch die Maskierung eines blossen verbrecherischen Gedankens zu supplieren? — Und doch will alle Welt in dem Satze einig sein: »Cogitationis poenam nemo patitur«. Diese Anomalie der Zurechnung ist übrigens ganz überflüssig. Hat sich ein Mensch in der Absicht auf die Begehung des Verbrechens durch Trunk oder andere Mittel in einen solchen Zustand versetzt, dass er physisch handlungsunfähig wird, so kann er das Verbrechen nicht begehen; hat dieser Zustand nur eine Verdunkelung des Bewusstseins und gesteigerte Energie des Thuns im Gefolge, so schliesst derselbe die Zurechnung nicht aus. [Wie stimmt dieser Satz zu den unmittelbar vorhergehenden Ausführungen W'.s.?]«

II. Mit der Wahlbergschen Schrift sind wir hart an die Emanation des Bundesstrafgesetzbuches gelangt, wir wollen daher an dieser Stelle ein wenig im Rückblick auf die bereits besprochenen Vertreter der zweiten Hauptgruppe verweilen. Dann aber finden wir — namentlich wenn wir auch die oben erwähnten partikularrechtlichen Schriftsteller in den Kreis unserer Betrachtungen einbeziehen —, dass etwa seit der Mitte des neunzehnten Jahrhunderts in den 50er und 60er Jahren desselben die Zahl der in jene Hauptgruppe gehörigen Juristen auffallend rasch wächst, so dass sie sogar die in denselben Jahrzehnten auftretenden Anhänger der sog. »herrschenden« Ansicht quantitativ übersteigt. Diese eigentümliche Erscheinung erklärt auch die von dem heutigen Stande der Litteratur aus einfach unverständliche Bemerkung Teichmanns in seinem Aufsatz »Über Zurechnungsfähigkeit« in der Strafrechtszeitung, B. 10 (1870) S. 199 ff. Hier führt nämlich derselbe S. 215 aus:

»Mehr eine Schulkontroverse als von praktischer Bedeutung ist die Frage, ob nicht dann eine Zurechnung stattfinden solle, wenn sich jemand absichtlich zur Begehung eines Verbrechens in einen Zustand der Unzurechnungsfähigkeit versetzt habe. Hierbei ist die Ansicht heutzutage immer noch (sic!) verteidigt, dass eine solche Zurechnung — nicht etwa bloss zur Fahrlässigkeit — stattfinden könne, während doch bei wirklich vorhandener Absicht ein Verbrechen zu begehen, durch die später eintretende völlige Trunkenheit jeder Kausalzusammenhang zwischen Absicht und That fehlt.«

Wenn ich nun aber auf diese Äusserung Teichmanns, wenn ich ferner auf den oben erwähnten Umschwung näher eingegangen bin, welchen das quantitative Verhältnis der Anhänger der Straflosigkeit einer actio libera in causa zur Zahl ihrer Gegner um die Mitte des neunzehnten Jahrhunderts erfuhr, so geschah dies vor allem aus dem Grunde, weil namentlich das letztere Moment ein wichtiges Indiz für die Annahme bildet, dass unser RStGB. durch sein Schweigen über die actio libera in causa die Straflosigkeit derselben habe sanktionieren wollen.

III. Um so merkwürdiger ist es allerdings, dass in der an das RStGB. anschliessenden Litteratur die Zahl der in die zweite Hauptgruppe gehörenden Juristen eine verhältnismässig sehr geringfügige ist. Doch kann ich auf diesen eigentümlichen Vorgang erst in der letzten Abteilung meiner Arbeit ausführlicher zurückkommen [vergl. § 39] und dort werde ich auch einige weitere Autoren, welche auch unter der Herrschaft des RStGB's. sich für die Straflosigkeit der actio libera in causa ausgesprochen haben, anführen. An dieser Stelle möchte ich aber zunächst auf einen Schriftsteller hinweisen, der zwar vom gemeinrechtlichen Standpunkt [im ältern Sinne] schreibt, aber doch auf das RStGB. Rücksicht nimmt, und zwar ist dies Temme, Deutsches Strafrecht S. 77:

»Einige Schriftsteller behaupten, dass Zurechnung stattfinden soll bei der sog. act. lib. in caus. Das ist aber eine willkürliche Fiktion (!); nicht einmal Präsumtion; denn präsumieren kann man nur, was thatsächlich möglich ist. [dazu Note 2: Nicht einmal Versuch könnte bei einem absichtlichen Versetzen in den bewusstlosen Zustand angenommen werden.] Hier ist in voller Bewusstlosigkeit, aber auch ohne jeglichen Willen etwas geschehen. Auch Culpa kann man nicht annehmen, wenn sie nicht aus andern Gründen etwa vorliegt. [Dann noch einmal für die Trunkenheit S. 79:] Die neuesten Gesetze [Note 7: so das deutsche] schliessen mit Recht auch bei der verschuldeten Trunkenheit die Zurechnung aus.«

Nächstdem habe ich Hahn, RStGB. zu erwähnen, welcher allerdings der actio libera in causa nur bei der Trunkenheit gedenkt. Vergl. § 51 Note 2:

»Eine durch Trunkenheit bewirkte Unzurechnungsfähigkeit macht straflos, selbst wenn die Trunkenheit selbstverschuldet war.«

Somit wäre ich schliesslich auf denjenigen Juristen gelangt, der unter den neuern Schriftstellern in der ausführlichsten Weise die Straflosigkeit der actio libera in causa zu rechtfertigen versucht. Und auch in einem anderen wichtigen Punkte unterscheidet sich dieser Autor — es in Bruck in der »Lehre von der kriminalistischen Zurechnungsfähigkeit« — von den meisten anderen in die zweite Hauptgruppe gehörenden Juristen. Er giebt nämlich unumwunden zu, dass seine Ansicht zu unbefriedigenden Resultaten führt, und hierin stimme auch ich ihm vollkommen bei. Gleichfalls kann ich es aber auch nur billigen, wenn Bruck trotz einer solchen Erwägung sich im Gegensatz zu den Vertretern der herrschenden Lehre nicht dazu verleiten lässt, zwecks Vermeidung jenes unbefriedigenden Ergebnisses dem § 51 eine Auslegung zu geben, die — wie ich in meiner historischen Abteilung nachzuweisen hoffe — der Entstehungsgeschichte desselben widerspricht. Im einzelnen führt Bruck, dessen Auseinandersetzungen ich mich übrigens in fast allen Punkten völlig anzuschliessen vermag, folgendes aus:

»S. 115: Es muss daran festgehalten werden, dass nicht eher von einer Verschuldung (Dolus oder Culpa) die Rede sein kann, als bis das Vorhandensein der Zurechnungsfähigkeit, die Voraussetzung jeder Verschuldung festgestellt ist. Die Absicht des Angeschuldigten vor Begehung der That ist auf die Beurteilung seiner Zurechnungsfähigkeit zur Zeit ihrer Begehung völlig einflusslos. Erscheint diese zur Zeit der Begehung ausgeschlossen, so kann trotz der der Begehung vorangegangenen Absicht von einem Dolus oder einer Culpa hinsichtlich der verübten That nicht mehr die Rede sein.

S. 116 ff.: Die Verwandlung des Thäters in ein blosses Werkzeug schwebt in der Luft, wenn die dasselbe bewegende bezw. dirigierende Kraft wegfällt. — — Die sinnlose Trunkenheit ist [ferner] nur ein Zustand, welcher die Zurechnung ausschliesst. Sie ist weder der Anfang der Ausführung des nach ihrem Eintritte Geschehenen noch das »beabsichtigte« Delikt selbst. Das Sich-in-den-Zustand-sinnloser-Trunkenheit-versetzen ist aber eine de lege lata strafrechtlich irrelevante Thätigkeit. Dagegen lässt sich nicht leugnen, dass der Zustand der Trunkenheit einer besondern Berücksichtigung des Gesetzgebers bedarf. [Anm.: In Note 19 wir diese Berücksichtigung für alle Fälle der vorsätzlichen actio libera in causa[8]) gefordert und S. 119 sogar hinsichtlich gewisser Beamtenkategorien auch für die fahrlässige.]«

Endlich sei noch erwähnt, dass auch Hiller wohl unter die zweite Hauptgruppe gezählt werden darf, da er in einem Gutachten über die Frage: »Soll die Trunksucht als solche strafrechtlich verfolgt werden?« folgendes ausführt:

»[Ich glaube], dass die Aufnahme einer diesbezüglichen Bestimmung [i. e. über die Bestrafung der act. lib. i. c.] in die deutsche Gesetzgebung wohl kaum entbehrt werden kann.« (Vergl. Verhandlungen des 21. deutschen Juristentages B. II S. 105).

IV. Doch darf ich den § 5 nicht verlassen, ohne noch darauf hingewiesen zu haben, dass gerade im Gegensatze zu dem Entwicklungsgange der juristischen Litteratur in der medizinischen, soweit sie vom gerichtsärztlichen Standpunkte aus auf die actio libera in causa einging, mehr und mehr die Ansicht von der unbedingten Straflosigkeit derselben zur Geltung

[8]) Vergl. über die Bedeutung der von uns hier und im weiteren Verlauf der Arbeit gebrauchten Ausdrücke »vorsätzliche« bezw. »fahrlässige act. l. i. c.« entsprechend das zu Note 1 Bemerkte.

kam, sodass die neuern medizinischen Autoren wohl ausnahmslos unserer zweiten Hauptgruppe zugezählt werden müssen. Einige Belegstellen werden genügen. Und da will ich zuerst den berühmten Psychiater v. Krafft-Ebing nennen, der vor allem in seiner Psychopathologie und ausserdem in der speziell für Juristen geschriebenen Kriminalpsychologie in der schärfsten Weise die »herrschende Lehre« bekämpft. In jenem Werk führt er S. 256 aus:

»In manchen Gesetzbüchern fand sich noch die lächerliche [sic!] Bestimmung, dass die den Gebrauch der Vernunft ausschliessende Phase des Rausches nur dann Straflosigkeit begründe, wenn jemand sich nicht absichtlich betrunken habe, um in diesem Zustande ein prämeditiertes Verbrechen zu begehen, als ob es psychologisch möglich wäre, dass jemand in solchem Zustande etwas ausführe oder nur sich auf etwas besinnen könne, das er im nüchternen Zustand prämeditiert hat.«

Und in der Kriminalpsychologie schreibt v. Krafft-Ebing S. 179:

»War ein Rausch im vollen Sinne des Wortes vorhanden, so machte er jegliche ununterbrochene Ausführung des etwa Prämeditierten, also den Kausalzusammenhang zwischen Entschluss und That unmöglich, wenn auch nicht geleugnet werden kann, dass der Rausch oft schon längst vorhandene Antriebe zu strafbaren Handlungen entfesselt, die im nüchternen Zustande noch beherrscht wurden.«

Nächst v. Krafft-Ebing habe ich auf Schwartzer, Bewusstlosigkeitszustände aufmerksam zu machen:

»S. 95 f.: Ob der Thäter — — sich die Trunkenheit durch oder ohne alles eigne Verschulden zugezogen habe, ob er absichtlich oder freiwillig sich in den trunkenen Zustand versetzt habe — —, sind behufs der Zurechnungsfrage in der Theorie mannigfach erörterte und in einigen der ältern Gesetze bestimmt entschiedene Kontroversen, für die heutige Praxis aber ohne Bedeutung und daher mit Recht von der neuern Gesetzgebung gänzlich ignoriert. — Kennt der Thäter aus Erfahrung die gewöhnlichen Folgen seiner Trunkenheit, berauscht er sich dennoch bis zur Bewusstlosigkeit, und begeht er in solcher eine gesetzwidrige Handlung, so hat er ebenso mit unfreiem

Willen gehandelt, als ein solcher nüchterner Mensch, der, vielleicht zum erstenmale in seinem Leben berauscht, eine gleiche strafbare That begeht. — Was endlich die in mehreren ältern Gesetzen enthaltene Bestimmung betrifft, dass die That nur dann nicht zugerechnet werden solle, wenn sie in einer ohne Absicht auf das Verbrechen zugezogenen vollen Berauschung, in welcher der Thäter sich seiner Handlung nicht bewusst war, begangen wurde, so wären wir beinahe versucht, selbe für absurd zu erklären.«

Ähnlich wie Schwartzer, aber wohl noch in schärferer und prägnanterer Form deduciert Casper-Liman B. I S. 636f. aus dem Schweigen des RStGB.'s über die actio libera in causa die Straflosigkeit derselben:

»Der Kern der Frage ist der, dass das Streiten über das Vorkommen der sog. Trunksucht von gar keinem Werte für die gerichtlich-medizinische Praxis ist. — Die Frage hat nämlich nur allein in denjenigen Ländern eine Bedeutung, in deren Gesetzgebung ein Unterschied zwischen verschuldeter und unverschuldeter Trunkenheit gemacht ist, und wo der Arzt dann gefragt werden könnte, ob der Rausch eines sog. Trunksüchtigen ein verschuldeter oder unverschuldeter gewesen? — — Eine derartige Bestimmung ist im gegenwärtigen Strafgesetze, so wenig als irgend eine auf die Zurechnung Berauschter bezügliche enthalten [??].«

§ 6. Vertreter einer Kompromissansicht.

I. Somit blieben uns nur noch die als dritte Hauptgruppe von uns zusammengefassten Autoren zu besprechen übrig. Um aber die bei der Mannigfaltigkeit der von den einzelnen hierher gehörenden Schriftstellern vertretenen Ansichten vor allem erforderliche Übersichtlichkeit wenigstens einigermassen zu wahren, wollen wir zunächst zwei Unterabteilungen aus der dritten Gruppe ausscheiden und für sich gesondert betrachten. Die erste soll diejenigen Autoren begreifen, welche zwar die fahrlässige actio libera in causa straflos lassen, dagegen im Falle der absichtlichen Versetzung in den Zustand der Unzurechnungsfähigkeit die Strafe des Dolus verhängen, die zweite hingegen diejenigen Schriftsteller, welche gerade umgekehrt eine actio libera in causa nur mit der Strafe der Fahrlässigkeit belegen, einerlei allerdings, ob der Thäter sich absichtlich oder nur fahrlässig in den Zustand der Unzurechnungsfähigkeit versetzt hat. Jene Ansicht, die in unserer historischen Abteilung uns mehrfach noch begegnen wird, hat, soviel ich sehe, in der neueren Litteratur nur noch einen Vertreter gefunden, und dies ist Rüdorff 1. Aufl. S. 184 Note 4. Derselbe äussert sich hier über die actio libera in causa in folgender Weise:

»Unter den Zuständen der Bewusstlosigkeit sind die vorübergehenden Zustände z. B. Trunkenheit, Delirium, Schlaftrunkenheit u. s. w. zu verstehen, einerlei ob dieser Zustand verschuldet war oder nicht, wenn nur infolge dieses Zustandes ,die freie Willensbestimmung ausgeschlossen war'. Versetzt sich der Thäter in den bewusstlosen Zustand in der Absicht, eine bestimmte strafbare Handlung zu begehen, so kann [auch etwa: ,muss'?] hierin ein eventueller Dolus [!] liegen.«

Allerdings versäumt es Rüdorff, diese höchst merkwürdige und wohl in ihrer letztern Alternative durchaus nicht zu rechtfertigende Äusserung in irgend einer Weise zu begründen. Nichtsdestoweniger hat auch der neue Herausgeber des Rüdorffschen Kommentars es bis jetzt noch nicht an der Zeit gefunden, jene Ausführungen zu streichen. Sie finden sich vielmehr noch unverändert in der vierten von Stenglein im Jahre 1892 besorgten Auflage.

II. Litterarisch viel wichtiger ist die zweite Untergruppe, welche unter ihren Vertretern glänzende Namen aufweist. Gehört doch zu ihnen einer der gefeiertesten gemeinrechtlichen Juristen, der grosse Benedict Carpzov. Vergl. Practica nova, Pars III, Quaest. CXLVI S. 482 sub Ziff. 39:

»ebrietas, si enormis sit, dolum quidem in delicto, sed non culpam tollit.«

Auch im neunzehnten Jahrhundert hat diese Lehre Carpzovs grossen Anklang gefunden. Zahlreiche, vor allem — und dies wird in der historischen Abteilung auffällig hervortreten — preussische Autoren haben sich zu derselben bekannt. Ich erwähne zunächst den Berliner Kriminalisten Jarcke, der in seinem

Handbuch B. I S. 174 mit ausdrücklicher Berufung auf Carpzov der verschuldeten Trunkenheit als dem für die actio libera in causa wichtigsten Zustande folgende Darlegungen widmet:

»Carpzov schon stellt die richtige Ansicht auf, dass zwar der höchste Grad der Trunkenheit den Dolus ausschliesst, dass aber, weil der Mensch sich freiwillig in diese Geistesabwesenheit versetzt hat, die während dieses Zustandes begangenen Verbrechen ihm insofern zur Last fallen, als er diesen Zustand verschuldete, und dass er mithin als kulposer Urheber derselben zu betrachten ist.«

Allerdings ist zu bemerken, dass Jarcke in diesen Ausführungen anscheinend über den gewöhnlichen Begriff der actio libera in causa weit hinausgeht, indem er jede freiwillige Trunkenheit als eine Fahrlässigkeit betrachtet, selbst wenn die schädlichen Wirkungen derselben von dem Thäter nicht vorauszusehen waren. Jedoch ist dieser Umstand für die Frage nach der prinzipiellen Stellung Jarckes zu dem hier behandelten Probleme von keinem Belang; viel bedauerlicher ist, dass Jarcke auch nicht den geringsten Versuch macht, seinen von der herrschenden Lehre so abweichenden Standpunkt zu begründen. Den gleichen Mangel haben wir auch bei dem nunmehr zu erwähnenden Schriftsteller Hitzig zu beklagen, der in seiner Zeitschrift Heft 22 S. 399f. kurz bemerkt:

»Ist im Falle der Trunkenheit — — das Bewusstsein gänzlich vernichtet, so ist freilich die That selbst dem Thäter nicht zuzurechnen, wohl aber ist es seine Schuld, dass er sich dergestalt betrunken hat, und eine fahrlässige That [wie stimmt dies zu der eben proklamierten Nichtzurechnung ‚der That selbst'?] fällt ihm immer zur Last.«

Dagegen rührt der erste mir bekannt gewordene Versuch, die Ansicht der hier besprochenen Untergruppe zu rechtfertigen, merkwürdigerweise von einem medizinischen Autor, Schnitzer, Zurechnungsfähigkeit her. Und ich möchte schon deswegen auf die im einzelnen recht eigenartigen — um keinen härtern Ausdruck zu gebrauchen — Ansichten desselben näher eingehen, obwohl sie in ihrer juristischen Deduktion handgreifliche Irrtümer aufweisen. Aber viel besser steht es in diesem Punkte auch nicht mit den weiter unten zu erwähnenden Kriminalisten, welche die in Frage stehende Unteransicht zu begründen suchen. Schnitzer lässt sich nun über die actio libera in causa folgendermassen aus:

»S. 303 f.: Wir finden eine vollkommene Divergenz zwischen den Grundsätzen der gerichtlichen Psychologie und der Gesetzgebung. Alle Psychologen nehmen an, dass die Trunkenheit selbst in leichtern Graden das Selbstbewusstsein verdunkele, die psychische Freiheit aufhebe; hiernach würde man auch konform schliessen müssen, dass sobald Unfreiheit stattfinde, die Zurechnung auch aufgehoben werden müsse. — — Dies stimmt auch mit der Konsequenz überein, denn sobald man zugiebt, dass durch die Trunkenheit ein abnormer Seelenzustand herbeigeführt wird, der den Betrunkenen dem Wahnsinnigen gleichstellt, so muss auch die gesetzliche Bestimmung auf beide Zustände gleichmässig angewendet werden dürfen. Dies geschieht aber auch wirklich bei der unverschuldet herbeigeführten Betrunkenheit, indem diese Straflosigkeit bedingt. Es ist also hier die Frage, ob bei verschuldeter Betrunkenheit oder bei einer solchen, die absichtlich herbeigeführt worden, um in derselben ein Verbrechen zu begehen, Zurechnung stattfinden könne. Wir glauben, dass dies keineswegs geschehen kann, da es keinem Zweifel unterworfen ist, dass der Trunkene ein Seelengestörter, ein Maniacus ist, der in der Nüchternheit gefasste Vorsatz ist ebenso wenig ihm in der Betrunkenheit anzurechnen, als es einem Maniacus anzurechnen wäre, wenn er eine von ihm während seines frühern gesunden Zustandes gehasste Person im Zustand des Wahnsinns beschädigt. Es kann hier nur eine Schuld wegen der vorsätzlich zugezogenen Trunkenheit zur Last gelegt werden, und daher kann auch höchstens von einer Culpa (?) die Rede sein, wenn das Gesetz eine Straflosigkeit nicht annehmen will, eine volle Bestrafung der That kann aber ebenso wenig stattfinden, als man einen Gemütskranken, der sich seine Krankheit durch Selbstverschuldung zugezogen hat, bestrafen würde, wenn er in derselben ein Verbrechen begangen hätte.«

Dagegen äussert Sch. sich hinsichtlich des Schlafwandelns merkwürdigerweise folgendermassen: S. 294.

»Nimmermehr kann daher der Grundsatz aufgestellt werden,

dass unter diesen Verhältnissen [i. e. der absichtlichen actio libera in causa] die verbrecherische Handlung [des Nachtwandlers] ebenso betrachtet werden muss, als ob sie in einem Falle von Wahnsinn begangen worden wäre. [Doch will Schnitzer auch hier nur die Strafe der Culpa eintreten lassen (ibid. S. 294)].«

In dem historischen Gange unserer Betrachtung haben wir uns nunmehr wiederum mit einem juristischen Werke, dem deutschen Strafrecht Köstlins, zu befassen. Die Ausführungen dieses Autors sind besonders interessant dadurch, dass sie uns von neuem zeigen, wie die gemeinrechtliche Doktrin, selbst wenn auch einige Vertreter derselben wie gerade Köstlin nur zur Culpa zurechneten, doch in ihrer überwältigenden Mehrheit die Poenalisierung der actio libera in causa als eine schroffe Ausnahme von den allgemeinen Regeln der Zurechnungslehre betrachtete. Im übrigen sind aber die Deduktionen Köstlins vom juristischen Standpunkte aus keineswegs befriedigend, indem der Autor die poena doli mit Berufung darauf, dass durch den Eintritt der Bewusstlosigkeit der Kausalzusammenhang unterbrochen würde, verwirft, aber in einem Atem die poena culpae für unzweifelhaft berechtigt erklärt, ein Verfahren, das ihm von Puchelt, Badisches Strafgesetzbuch S. 72, den etwas dunkeln Vorwurf eingetragen hat: »Er [i. e. Köstlin] verwechselt Beweis- und Rechtsfrage.« Im einzelnen lesen wir nun bei Köstlin folgende Ausführungen:

»S. 144: Trat der äusserste Grad [der Trunkenheit] ein, so ist allerdings an der kulposen Verantwortlichkeit bei fahrlässig herbeigeführter Trunkenheit nicht zu zweifeln. Hatte sich aber der Thäter absichtlich betrunken, um im Rausche ein Verbrechen zu begehen, so kann hier bei dem aufgehobenen Bewusstsein in der Ausführung kein Kausalzusammenhang zwischen dieser und dem Beschlusse (des Verbrechens selbst und der Berauschung), mithin in keinem Falle Dolus angenommen werden, wogegen an einer groben Culpa nicht zu zweifeln ist. [Dasselbe soll dann nach S. 146 auch für Schlaf, Nachtwandeln und ähnliche Zustände gelten; schliesslich fasst aber K. seine Darlegungen in folgendem Satze zusammen]: An das Erörterte schliesst sich nun der Begriff der act. lib. i. c. sive ad lib. rel. an, worunter an sich unzurechenbare, aber mittelbar doch wieder auf Freiheit gegründete Handlungen verstanden werden.«

Im weitern Verlaufe meiner Ausführungen habe ich noch daran zu erinnern (vergl. S. 10), dass selbst Berner in den frühern Auflagen seines Lehrbuches zwischen der hier behandelten und der herrschenden Lehre schwankt. Ein anderer Schriftsteller, mit dem wir uns nunmehr zu befassen haben, hat die hier besprochene Unteransicht in der Form eines Gesetzgebungsvorschlages wiederzugeben versucht. v. Kräwel schlägt nämlich in seinem Entwurf folgende Paragraphen vor:

»§ 29. Eine strafbare Handlung ist nicht vorhanden, wenn bei deren Verübung wegen Geisteskrankheit oder aus andern Gründen die freie Willensbestimmung des Thäters ausgeschlossen war.

§ 30. Hat sich jedoch der Thäter durch eigene Verschuldung vorübergehend in den Zustand versetzt, in welchem seine freie Willensbestimmung ausgeschlossen war, so wird die Handlung so bestraft, als wenn er sie aus Fahrlässigkeit begangen hätte.«

[Dazu nun die »Gründe« S. 73f.:] »Zu den Gründen, welche die freie Willensbestimmung ausschliessen, gehört auch der höchste Grad der Trunkenheit Da indes die Trunkenheit, sowie auch andere vorübergehende Zustände der Unzurechnungsfähigkeit verschuldet sein können, rechtfertigt es sich in alle den Fällen, wo die That strafbar ist, wenn sie auch nur aus Nachlässigkeit begangen ist, wie dies z. B. bei der Tötung der Fall ist, diejenige Strafe eintreten zu lassen, welche bei der aus blosser Fahrlässigkeit verübten That gesetzlich eintritt. [Im folgenden erklärt sich dann v. Kräwel mit aller Schärfe gegen die poena doli, die er als »verfehlt« bezeichnet und stellt schliesslich zur Rechtfertigung der Fahrlässigkeitsstrafe die apodictische Behauptung auf:] Dagegen ist der Satz, dass der Verbrecher wegen der That als aus Fahrlässigkeit begangen bestraft wird, wenn er sich aus Fahrlässigkeit in den Zustand der Unzurechnungsfähigkeit versetzt hat, richtig und gilt auch nach gemeinem deutschen Rechte.«

Schliesslich möchte ich noch erwähnen, dass die hier behandelte Unteransicht auch in der partikularrechtlichen Wissenschaft grossen Anklang gefunden hat, und zum Beweise für diese Behauptung vorläufig nur auf zwei Autoren: Goltdammer, Materialien B. I S. 410 und Hälschner, Preussisches Strafrecht B. I S. 115f. (im Gegensatz zu seinem deutschen Strafrecht B. I S. 212f. — oben S. 8f. —) aufmerksam machen, doch behalte ich mir ein näheres Eingehen auf die in jene Untergruppe gehörigen partikularrechtlichen Autoren für den zweiten Teil meiner Arbeit vor.

Ehe ich mich aber von der erstern völlig abwenden kann, muss ich noch darauf hinweisen, dass sie mit der im § 5 besprochenen Ansicht eine gewisse, allerdings rein äusserliche Ähnlichkeit besitzt; wie bei dieser nehmen nämlich auch bei jener die Vertreter derselben um die Mitte des neunzehnten Jahrhunderts, namentlich in den 50er und 60er Jahren, ungemein rasch zu, so dass auch sie die Zahl der gleichzeitig auftretenden Anhänger der herrschenden Lehre übersteigen. Aber auch sie trifft nach der Emanation des RStGB.'s das gleiche Geschick wie die Ansicht von der unbedingten Straflosigkeit der actio libera in causa: Die Zahl derer, welche noch nach 1870 nur die poena culpae, nicht aber die poena doli zulassen wollen, ist verschwindend gering. Eigentlich sind mir nur zwei neuere hierher gehörige Schriftsteller bekannt, und hinsichtlich des einen, nämlich v. Bar's in Grünhuts Zeitschrift B. II S. 1ff., bin ich noch nicht einmal mir sicher, ob derselbe wirklich in die hier behandelte Untergruppe gehört. Der andere aber ist Oppenhoff, welcher in seinem Kommentar § 51 Note 4 ausführt:

»Eine die freie Willensbestimmung aufhebende Trunkenheit schliesst auch dann den Thatbestand einer Missethat aus, wenn dieselbe eine verschuldete war. — — Obiges gilt sogar, wenn jemand sich in den unzurechnungsfähigen Zustand absichtlich versetzt hat, um in demselben die That zu begehen (sog. act. lib. i. c.). — Wohl aber kann in dem Sich-betrinken eine Fahrlässigkeit erblickt werden, welche dem im Zustande sinnloser Trunkenheit stattgehabten Handeln (Unterlassen) den Charakter eines Fahrlässigkeitsvergehens verleiht, vorausgesetzt, dass der Thäter den eingetretenen Erfolg vorherzusehen vermochte.«

III. Doch kann ich die dritte Hauptgruppe nicht verlassen, ohne auf vier weitere Schriftsteller aufmerksam zu machen, welche ganz eigenartige, systematisch kaum irgendwie einzuordnende Ansichten über die actio libera in causa aufgestellt haben. Und zwar sind dies: Schaper mit sehr unklaren und verworrenen Ausführungen in HH. II S. 168, auf die ich nicht näher eingehen werde; ferner Rubo, Kommentar; Schwarze in seinem Kommentar und vor allem im GS. 33; endlich noch Schütze, Lehrbuch. Rubo geht davon aus, dass im Falle einer actio libera in causa prinzipiell Straflosigkeit einzutreten habe, aber er schränkt dieses Prinzip in der weitgehendsten Weise ein: vgl. l. c. S. 468f.:

»Als eine Art der Zustände von Bewusstlosigkeit ist der Zustand sinnloser Trunkenheit zu erwähnen; und es bleibt zu bemerken, dass eine jede in solchem Zustande geschehene Handlung straflos bleibt, ohne Unterschied, ob die sinnlose Trunkenheit selbst verschuldet ist oder nicht, ingleichen ob sie zu dem Zwecke erfolgte, um gerade diejenige Handlung zu vollführen, welche in jenem Zustande demnächst vollführt worden ist. Denn begriffsmässig ist der Zustand sinnloser Trunkenheit ein solcher, in welchem jedes Bewusstsein, insbesondere jede Rückerinnerung geschwunden ist, so dass eine Willenseinheit zwischen dem vor diesem Zustande Beschlossenen und dem in demselben Vollführten überhaupt nicht besteht. Dagegen ist es wohl möglich, dass, wenn jemand sich vorsätzlich betrunken macht, dies den strafbaren Versuch einer Missethat bildet oder gar die Vollendung einer Missethat bewirkt. Es trifft dies überall da zu, wo die sinnlose Trunkenheit an und für sich ohne weiteres einen gewissen, vorausgesehenen strafbaren Erfolg beabsichtigtermassen herbeiführt. — — Wo das vorsätzliche Sich-sinnlos-betrinken zur Erfüllung des Thatbestandes einer vorsätzlichen Missethat ausreicht, ist es auch geeignet, den Thatbestand einer entsprechenden fahrlässigen Missethat zu erfüllen. Zu letzterm genügt sogar nur ein fahrlässigerweise Sich-sinnlos-betrinken.«

Ich glaube, nach der Lektüre dieser Ausführungen Rubos wird man mir die oben aufgestellte Behauptung zugeben müssen, dass der Standpunkt desselben ein recht wenig systematischer, im Gegenteil ein an Widersprüchen reicher ist. Denn wann führt beim Vorliegen einer actio libera in causa »die sinnlose Trunkenheit an und für sich ohne weiteres den vorausgesehenen Erfolg beabsichtigtermassen herbei«? Darauf ist zu antworten: »Wenn man die Worte ‚an und für sich ohne weiteres' im strengen Sinne auslegt, überhaupt niemals; wenn man dies nicht thut, wohl immer.« Zu den gleichen unbefriedigenden Ergebnissen führt auch eine nähere Beschäftigung mit dem von Schwarze vertretenen Standpunkt. Wie bekanntlich Rubo davon ausgeht, dass prinzipiell die actio libera in causa straflos gelassen werden müsse, so schreibt auch Sch. in seinem Kommentar:

»§ 51 Note 8: Ob der Zustand der Bewusstlosigkeit verschuldet gewesen ist oder nicht, ist für die Frage der Zurechnungsfähigkeit ohne Einfluss; insbesondere gilt dies von der Trunkenheit.«

Und ähnlich heisst es in dem im GS. 33 abgedruckten Aufsatze Schwarzes — »Die Zurechnung der im Zustande hochgradiger Trunkenheit begangenen Handlungen« betitelt — S. 445:

»Ist Unzurechnungsfähigkeit vorhanden, so ist an sich die strafrechtliche Verantwortlichkeit für die in derselben begangenen Handlungen ausgeschlossen, ohne Unterschied, ob die Veranlassung, durch welche der Zustand der Unzurechnungsfähigkeit herbeigeführt worden, von dem Thäter verschuldet worden, oder ohne Schuld entstanden ist.«

Aber auch darin gleicht Schwarze dem vor ihm erwähnten Autor, dass er sein Princip im erheblichsten Masse einschränkt, ja in praxi geradezu aufgiebt, indem er einmal eine Zurechnung zur Culpa unbedingt als möglich annimmt (G. S. 33, 464f.) und schliesslich für den Fall einer absichtlichen Versetzung in den Zustand der Unzurechnungsfähigkeit die ungeheuerliche Behauptung aufstellt:

G. S. 33, 457: »Wir leugnen, dass die in der Unzurechnungsfähigkeit verübte That dem Thäter zur vollen Schuld deshalb zugerechnet werden könne, weil er den Beschluss der That im zurechnungsfähigen Zustande gefasst und behufs der Ausführung der That sich in den unzurechnungsfähigen Zustand versetzt habe; — wir leugnen den Kausalnexus und meinen, dass die That selbständig und unabhängig beurteilt werden muss. Dagegen sind wir der Meinung, dass in den meisten der gewöhnlich hierher gezählten Fälle der Thäter sich immer noch eine Erinnerung an den Beschluss gewahrt hat und die That sich in Wahrheit als die Ausführung des Beschlusses darstellen wird, so dass wir schliesslich mit den Gegnern in dem praktischen Resultate übereinstimmen und dem Thäter die That zur vollen Schuld zurechnen.«

Wenn man nun aber nach den eben wiedergegebenen Ausführungen erwarten würde, dass Schwarze wenigstens in jenen von ihm als Ausnahme betrachteten Fällen, in welchen der Thäter sich »eine Erinnerung an den Beschluss nicht gewahrt hat«, die Zurechnung der actio libera in causa verwerfe, so erweist sich auch diese Annahme als trügerisch. Denn nicht nur hält er in den eben gedachten Fällen die Zurechnung zur Culpa für möglich: Vergl. Kommentar § 51 Note 10:

»Wenn sich jemand absichtlich in den Zustand versetzt, welcher seine Zurechnungsfähigkeit ausschliesst oder vermindert, um sodann in demselben den Entschluss zu einem Verbrechen auszuführen, so wird zunächst daran festzuhalten sein, dass der unmittelbar der That vorhergehende Entschluss zu derselben immer in einem unzurechnungsfähigen Zustande gefasst worden ist, dass aber, wenngleich hiernach die Zurechnung zum Dolus entfällt, die Haftung für Culpa übrig bleiben kann [und nicht »muss«?] (??).«[9])

Schwarze geht sogar noch viel weiter; die eben citierte Note fährt nämlich fort:

»Es kann sich aber auch der Fall so gestalten, dass die That nicht mehr eines neuen Entschlusses bedarf, sondern durch die Lage, in welche sich der Thäter absichtlich und zu diesem Behufe versetzt hat, herbeigeführt wird. Ist hier der Zustand schon an sich die wirkende Ursache der Rechtsverletzung, so

---

[9]) Die Kühnheit, mit der sich Sch., um den von ihm richtig erkannten prinzipiellen Standpunkt des Gesetzgebers praktisch in sein Gegenteil zu verwandeln, über die einfachsten Lehren der Strafrechtswissenschaft und der — Logik hinwegsetzt, ist fast staunenswert zu nennen.

ist die absichtliche Versetzung in denselben ebenso zu beurteilen und der Erfolg zum Dolus anzurechnen.«

Doch sicher lässt sich gegenüber diesen Deduktionen Schwarzes mit noch grösserer Gewissheit wie gegenüber dem von Rubo statuierten Unterscheidungsmerkmal (vergl. S. 44 f.) die Behauptung aufstellen, dass im Falle einer actio libera in causa »der Zustand der Bewusstlosigkeit an sich die wirkende Ursache der Rechtsverletzung« ausnahmslos darstelle; und es ist daher eine willkürliche Distinktion, wenn Schwarze in seinem Aufsatze im G. S. 33 nur die »Unterlassungsverbrechen und zwar sowohl die eigentlichen Unterlassungsverbrechen, als die durch Unterlassung begangenen Kommissivdelikte« (l. c. S. 457) hierher rechnet. — Eine gewisse Ähnlichkeit mit dem Standpunkte Schwarzes hat schliesslich die Ansicht des an dieser Stelle zuletzt zu erwähnenden Kieler, später Grazer Professors Schütze. Vor allem stimmt er mit Schwarze darin überein, dass er bei Ommissivdelikten eine Zurechnung zum Dolus zulässt; er führt nämlich in seinem Lehrbuch S. 93 aus:

»Die Verübung eines Deliktes, dass nur dolo und zwar durch doloses positives Handeln verübt werden kann, ist durch die Wirkung jener Zustände (Bewusstlosigkeit) stets ausgeschlossen; auch dann wenn der Zustand zum Zweck jener Verübung selbst bewirkt war. Ein fahrlässiges Vergehen ist nicht schlechthin ausgeschlossen, wofern der Zustand ein selbstherbeigeführter war und somit die strafbare Handlung mittelbar (!) auf Culpa beruht. [Dagegen wird S. 93 Note 13 die poena doli bei Unterlassungen ausdrücklich anerkannt.]«

Nun liesse sich gewiss bei einer Besprechung der Auffassung Schützes von vornherein gegen ihn geltend machen, dass es fürwahr kein gutes Zeichen für einen neuern juristischen Autor ist, wenn er sich zur Rechtfertigung seiner Ansicht noch auf eine »mittelbare« Culpa beruft, doch glaube ich, dass ich, ohne dem Zwecke der vorliegenden Arbeit Abbruch zu thun, von einer eingehenden Kritik sowohl gegenüber Schütze, wie auch den andern Vertretern der dritten Hauptgruppe absehen kann, gilt doch von allen mutatis mutandis das Wort Bindings:

»Der Grund der Haltlosigkeit der Mittelmeinung liegt darin; Verlegt man den Zeitpunkt der Verursachung in das Stadium der Unzurechnungsfähigkeit[10]), so ist eben unzurechenbar, also weder dolos noch kulpos, verursacht worden. Dagegen einzuwenden, wenn sich jemand schuldhaft betrunken habe, könne das in der Trunkenheit Begangene doch wenigstens zur Culpa zugerechnet werden, heisst zwei ganz verschiedene Thatbestände miteinander vermischen. Sich-»schuldhaft«-betrinken ist kein Delikt; bezüglich der in der Trunkenheit begangenen Rechtswidrigkeit fehlt ja aber gerade das Moment der kulposen Verursachung.« [Vergl. Grundriss T. I. S. 91].

3. § 7. Dogmatische Begründung der eigenen Ansicht.

I. Im Anschluss an die eben gegebene Litteraturübersicht sei es mir nun auch meinerseits gestattet, einige dogmatische Ausführungen einzuflechten, welche m. E. uns wenigstens de lege lata zur Annahme der Straflosigkeit der actio libera in causa nötigen. Ich kann jedoch bei dieser Gelegenheit nur wiederholen, was ich bereits in der Einleitung betont habe: Ich lege auf den dogmatischen Teil meiner Arbeit durchaus nicht das Gewicht, wie auf den historischen, und ich bitte daher von vornherein den Leser um Entschuldigung, wenn die von mir vorgebrachten dogmatischen Gründe ihm nicht stichhaltig genug erscheinen.

II. Bei dieser dogmatischen Untersuchung müssen wir von Anfang an betonen, dass alle diejenigen Autoren, welche die That im Falle einer actio libera in causa in die Zeit der Unzurechnungsfähigkeit verlegen und trotzdem die erstere sei es unbedingt, sei es wie die Vertreter der dritten Hauptpruppe mit Modifikationen zurechnen wollen, durch ihr Verfahren offenbar die elementarsten Grundsätze der modernen Strafrechtswissenschaft verletzen, so dass die dogmatische Unhaltbarkeit ihres Standpunktes keines weitern Nachweises bedarf. Als einzige ernst zu nehmende Gegner bleiben also im wesentlichen nur jene an Zahl im Verhältniss nicht bedeutenden Vertreter der herrschenden Lehre übrig, welche annehmen, dass die actio libera in causa noch im zurechnungsfähigen Zustande

---

10) Und das thun doch mehr oder weniger alle zur dritten Hauptgruppe gehörenden Schriftsteller.

begangen wird. Wollen aber diese Schriftsteller die Richtigkeit ihrer Ansicht gegenüber dem RStGB. darthun, so müssen sie uns nachweisen, dass die actio libera in causa nicht zu jenen Zuständen gehört, bei deren Vorliegen es nach § 51 RStGB.'s an einer strafbaren Handlung fehlt. Nun aber bestimmt bekanntlich § 51:

»Eine strafbare Handlung ist nicht vorhanden, wenn der Thäter zur Zeit der Begehung der Handlung sich in einem Zustande von Bewusstlosigkeit oder krankhafter Störung der Geistesthätigkeit befand, durch welchen seine freie Willensbestimmung ausgeschlossen war.«

Wenden wir diese Vorschrift auf die actio libera in causa an, so müssen wir uns selbstverständlich zuerst fragen: »Was versteht denn das Gesetz unter »Zeit der Begehung der Handlung«?« Und da müssen uns unsere Gegner, selbst wenn sie wie zum Beispiel v. Liszt (Lehrbuch § 31) im übrigen die Zeit der That nach dem Eintritte des Erfolges bestimmen, notgedrungen antworten: »Im Falle des § 51 wird die Zeit der Begehung der Handlung bestimmt durch den »Augenblick, in welchem die willkürliche Körperbewegung selbst vorgenommen wurde oder bei rechtswidriger Unterlassung vorgenommen werden sollte« (v. Liszt § 37 III)[11]).« Auf diese Antwort folgt aber sofort die weitere Frage: »Welche aus der Kette der auf den Erfolg gerichteten Willensbethätigungen kommt denn für den § 51 in Betracht? Genügt etwa eine solche, die sich lediglich als Verkörperung einer Vorbereitungshandlung darstellt?« Hierauf haben wir aber — und ich glaube, dass auch die Vertreter der herrschenden Lehre uns in diesem Punkte beistimmen dürften — mit einem entschiedenen »Nein« zu antworten. Folglich kann nur eine derartige Willensbethätigung in Frage kommen, die eine Realisierung der Ausführung oder eines wenn auch noch so geringfügigen Anfangs derselben enthält. Fassen wir die eben entwickelten Sätze fest ins Auge, so dürfte sich die herrschende Lehre auch dann, wenn man den Zeitpunkt der Willensbethätigung entscheiden lässt, nicht behaupten können.

[11]) Denn wenn man auch bei der act. lib. i. c. den Zeitpunkt des Erfolges entscheiden lassen würde, wäre an der Straflosigkeit der erstern nicht zu zweifeln.

Die Richtigkeit dieser These möchte ich durch das schon § 2 S. 3f. angeführte Beispiel illustrieren, doch sei mir hierzu eine Modifikation desselben gestattet: Eisenbahnwächter A. hat an der Strecke Berlin—Hannover von 10 Uhr abends an Nachtdienst. Er erfährt um 8 Uhr morgens, dass mit dem um 10 Uhr abends vom Bahnhof Friedrichstrasse abfahrenden Schnellzug 6 sein vermeintlicher Todfeind, der Herr Eisenbahndirektions-Präsident B., sich nach Köln begeben will. Er beschliesst infolgedessen die Weiche 13c zwischen Berlin und Spandau seiner Dienstpflicht zuwider um $10^1/_4$ Uhr abends nicht zu stellen in der Voraussicht, dass dann der Schnellzug 6 auf ein Vorortsgeleise geraten und mit einem der Vorortszüge zwischen Spandau und Berlin zusammenstossen muss, wobei dann der Herr Präsident zum mindesten einen ganz gehörigen Schrecken, mit grosser Wahrscheinlichkeit sogar einen tüchtigen Denkzettel davontragen wird. Da er aber in die Festigkeit seines Entschlusses Zweifel setzt, nimmt er um 8 Uhr morgens ein schweres Schlafmittel, welches ihn für wenigstens 24 Stunden zum Dienste völlig unfähig macht. Und — wie wir annehmen wollen — es gelingt schliesslich dem Eisenbahnwächter, seine Absicht vollkommen zu verwirklichen. — Nun müssen wir uns doch fragen: »Welche strafrechtlich relevanten Momente sind in dem Verhalten des A. während der Zeit, da er sich noch im Zustande der Zurechnungsfähigkeit befand, enthalten?« — Und da finden wir zunächst zweifellos den Entschluss, auf der Fahrbahn (Berlin-Hannover) durch Nichtstellung der Weiche 13c solche Hindernisse zu bereiten, dass dadurch der Transport [des Schnellzuges 6] in Gefahr gesetzt wird (§ 315). Und auch eine Bethätigung dieses Entschlusses könnte man immerhin in der Versetzung in den Zustand der Unzurechnungsfähigkeit erblicken. Aber stellt sich denn diese »Versetzung in den Zustand der Unzurechnungsfähigkeit« nach den Umständen des konkreten Falles auch als eine solche Handlung dar, welche die Ausführung oder doch zum mindesten den Anfang der Ausführung des im § 315 poenalisierten Deliktes enthält? Zweifellos ja, vom Standpunkt der subjektiven, zweifellos nein, vom Standpunkte jeder andern Versuchstheorie: »Zweifellos ja«, denn die erstere spricht schon dann von einem Anfange der Ausführung, »wenn nur der Thäter eine Thätigkeit entwickelt, die er für geeignet hält, den zur Vollendung gehörigen Erfolg herbeizuführen« (RG. III E. 7, 118 bei Olshausen § 43 Note 4 Abs. 2), sie lehnt es aber ab, »irgend welche weitere Forderungen in betreff der objektiven Beschaffenheit der Handlung zu folgern, insbesondere nicht die, dass sie den gesetzlichen Thatbestand des beabsichtigten Verbrechens, wenn auch unvollständig, doch insoweit enthalten müsse, als sie einen Bestandteil, irgend ein wesentliches Moment desselben ergiebt.« (vergl. Hälschner, Deutsches Strafrecht I S. 336). Und es entspricht vollkommen diesem prinzipiellen Standpunkte der subjektiven Theorie, wenn ihr Führer v. Buri in seinem Aufsatz »Über Kausalzusammenhang und dessen Zurechnung« in GA. 14 mit auffälliger Schärfe die Strafbarkeit der actio libera in causa ausspricht mit der Begründung:

»S. 726 eod.: — — da das Erdrücken des Kindes[12]) zum voraus in Berechnung gezogen worden, mithin dem ursprünglichen Willen angemessen war, so muss dasselbe auch, obwohl im unzurechnungsfähigen Zustand und bei nicht gegenwärtigem verbrecherischen Willen ausgeführt, verantwortet werden, so dass Haftbarkeit für dolose Vollendung vorliegt.«

Nun glaube ich, dass es durchaus nicht dem Zwecke meiner Arbeit gemäss ist, an dieser Stelle in eine ausführliche Erörterung der verschiedenen über den Versuch aufgestellten Theorieen einzutreten, hier eingehend die Gründe gegeneinander abzuwägen, welche für und wider jede einzelne derselben sprechen, um auf diesem Wege schliesslich zu einer Verwerfung der subjektiven Theorie zu gelangen. Nur einige Argumente, welche mir vorzüglich gegen dieselbe zu zeugen scheinen, möchte ich bei dieser Gelegenheit gewissermassen im Vorübergehen erwähnen. Das erste nehme ich aus den Ausführungen v. Buri's selber: Wenn uns eine Theorie nötigt — und ich weiss nicht, wie die Vertreter der hier behandelten um diese Konsequenz ihres Standpunktes herumkommen wollen —, die Strafbarkeit einer Handlung anzunehmen, »obwohl sie im unzurechnungs-

[12]) Es handelt sich um das bekannte Beispiel, in welchem die Wärterin in der Absicht, das ihrer Obhut anvertraute Kind im Schlafe zu erdrücken, dasselbe in ihr Bett nimmt und im Schlafe dann auch ihre Absicht verwirklicht.

fähigen Zustande und bei nicht gegenwärtigem Willen ausgeführt wurde«, wenn uns eine derartige Theorie zu der in sich unsinnigen Schlussfolgerung führt, dem dergestalt im Zustande der Unzurechnungsfähigkeit handelnden Thäter das Geschehene zur dolosen Vollendung zu imputieren, dann giebt es keine Logik mehr, dann sind entweder die Grundpfeiler der Strafrechtswissenschaft morsch, vernichtet ist jenes grosse Resultat einer jahrhundertelangen Entwickelung, die Abhängigkeit der Strafe von einer Schuld zur Zeit der That oder — — jene Theorie ist falsch. Und da wollen wir doch lieber die letzte als die beiden ersten Möglichkeiten annehmen. Weiterhin spricht doch auch die streng objektive Fassung des § 43 gegen die von v. Buri neu begründete Lehre. Und damit verlasse ich dieselbe und kehre zu der schon S. 50 aufgestellten Frage zurück: »Hat wirklich der Bahnwächter den Entschluss, auf der Fahrbahn Berlin—Hannover durch Nichtstellung der Weiche 13c um 10¼ Uhr abends solche Hindernisse zu bereiten, dass dadurch der Transport des Schnellzuges 6 in Gefahr gesetzt wird, um 8 Uhr morgens durch Handlungen bethätigt, welche, objektiv betrachtet, einen Anfang der Ausführung dieses Verbrechens enthalten?« Ich glaube, diese Frage aufwerfen heisst sie verneinen: einmal schon um dessentwillen, weil hier — wie überhaupt bei der grossen Mehrzahl der sich als actiones liberae in causa charakterisierenden Thatbestände — ein Unterlassungsverbrechen vorliegt und bei einem derartigen Delikte von namhaften Schriftstellern die Möglichkeit eines strafbaren Versuches entweder vollkommen geleugnet oder doch nur (so z. B. v. Liszt § 46 V 4, Frank § 51 Note V 1) in der Gestalt eines fehlgeschlagenen Verbrechens anerkannt wird. Nun aber kann im vorliegenden Falle für die Zeit der noch bestehenden Zurechnungsfähigkeit weder von einer Vollendung des im § 315 poenalisierten Deliktes die Rede sein, noch wird man in dem gegebenen Beispiel davon sprechen können, dass innerhalb jener Zeit »die Rechtspflicht zum Thun ihr Ende erreicht hat, ohne dass der Erfolg eingetreten wäre« (v. Liszt § 46 N. 1). Und daher darf ich denn auch für die Richtigkeit meiner Ansicht einen Kronzeugen aufführen, wie ich ihn mir nicht besser wünschen kann: v. Liszt selber schreibt nämlich in seinem

Lehrbuche S. 204 Note 9: »Wenn der Eisenbahnwächter ein Schlafmittel genommen hat, um den in drei Stunden fälligen Zug entgleisen zu lassen, aber nach einer Stunde aufgerüttelt wird, so liegt nur straflose Vorbereitungshandlung vor.«

Und nun frage ich: »Wie kann man von diesem Standpunkte aus dazu gelangen, für den Fall, dass der Eisenbahnwächter nicht aufgerüttelt wird, sondern vielmehr seine Absicht verwirklicht, die Bestrafung desselben damit zu begründen, dass er im Zustande der Zurechnungsfähigkeit diejenige Willensbethätigung vorgenommen habe, welche sich als Verwirklichung oder — genauer gesagt — als Beginn der Verwirklichung des im § 315 unter Strafe gestellten Thatbestandes darstelle, während im zurechnungsfähigen Zustande lediglich der Erfolg dieser Willensbethätigung einträte? Wie, darf man den Satz aufstellen, dass ebendieselbe Handlung, welche bei einer Erreichung des Erfolges sich als Anfang der Ausführung des in Frage stehenden Deliktes, als Setzung eines wichtigen, vielleicht des wichtigsten Thatbestandsmerkmales darstellt, dass — ich wiederhole es — eben diese Handlung sich als eine straflose, lediglich vorbereitende Thätigkeit charakterisiert, wofern nur jener Erfolg vor Abschluss der auf denselben gerichteten Willensbethätigung durch Zufälle irgendwelcher Art vereitelt wurde? Oder kann umgekehrt eine Handlung, die an sich nur eine straflose Vorbereitung enthält, dadurch zum Teil der Thatbestandshandlung, zu einem Anfange der Ausführung werden, dass aus ihr im Zustande einer absichtlich dazu herbeigeführten Bewusstlosigkeit ein Erfolg entsteht, der äusserlich die Verletzung einer strafrechtlichen Vorschrift involviert?« — — Die moderne Doktrin erklärt sich bekanntlich, soweit sie die Strafbarkeit der actio libera in causa als Konsequenz der Grundregeln unserer Wissenschaft betrachtet, gegen den Terminus »actio libera in causa sive ad libertatem relata« mit der Begründung, dass bei der Bestrafung der erstern von einer »Zurückbeziehung« nicht die Rede sein könnte. Nun aber frage ich wiederum: »Ist es nicht ein geradezu klassisches Beispiel für eine solche ‚Zurückbeziehung auf die Freiheit‘, wenn man die gleiche Handlung bald als Anfang der Ausführung, bald als bloss vorbereitende Thätigkeit auffasst, je nachdem aus der erstern im Zustande einer absichtlich oder fahrlässig herbeigeführten Unzurechnungsfähigkeit ein strafrechtlich relevanter Erfolg entsteht oder nicht?« — —

Aber ich will meinen Gegnern noch einen Schritt weiter entgegenkommen und ihnen mitteilen, dass ich im Widerspruch zu v. Liszt und Frank — oben S. 52 —, aber beispielsweise in Übereinstimmung mit Olshausen § 43 Note 27 aus hier nicht zu erörternden Gründen auch bei Unterlassungen einen nichtbeendeten Versuch als möglich ansehe. Doch selbst unter der Voraussetzung der Richtigkeit dieses Satzes stellt sich dennoch die von dem Eisenbahnwächter im zurechnungsfähigen Zustande vorgenommene Thätigkeit lediglich als Vorbereitungshandlung zu der in der Unzurechnungsfähigkeit vollführten, — äusserlich betrachtet — deliktischen That dar. Oder kann man denn davon sprechen, dass um 8 Uhr morgens schon die Bereitung des Hindernisses begonnen habe? Funktionierte doch tagsüber der Dienst an der Weiche 13c tadellos! Und wie kann überhaupt um 8 Uhr morgens von einer strafrechtlich bedeutsamen Unterlassung, resp. dem Versuche einer solchen die Rede sein, da doch um diese Zeit für den Eisenbahnwächter durchaus keine rechtliche Verpflichtung zur Stellung der Weiche bestand. Wohl gab es für ihn schon um 8 Uhr morgens die Rechtsverpflichtung, einen Zustand zu vermeiden, der ihn mit einer an Gewissheit grenzenden Wahrscheinlichkeit zum Antritt seines Dienstes um 10 Uhr abends unfähig machte, und für die Verletzung dieser Rechtspflicht kann er auch bestraft werden, aber nur disziplinarisch; nicht aber — wenigstens nicht, solange die absichtliche bezw. fahrlässige Versetzung in einen unzurechnungsfähigen Zustand als solche de lega lata nicht gestraft wird — kann jener Wächter mit krimineller Strafe belegt werden.

III. Zu demselben Ergebnis gelangen wir auch — es ist fast überflüssig, dies noch besonders zu erwähnen —, wenn wir einen solchen Thatbestand betrachten, in welchem die actio libera in causa sich als Begehungsdelikt darstellt. Nehmen wir beispielsweise den Seite 51 Note 12 erwähnten Fall von der Wärterin her, die das ihrer Obhut anvertraute Kind im Schlafe erdrückt, und fragen wir uns nunmehr: »Was hat die erstere im zurechnungs-, und was hat sie im unzurechnungsfähigen Zustand gethan?«, so müssen wir hierauf im Sinne unserer Gegner antworten: »Ja, in die Zeit der Zurechnungsfähigkeit fällt die entscheidende Willensbethätigung, diejenige Willensbethätigung, die die Ausführung oder doch zum mindesten den Anfang derselben enthält, und das, was im nicht imputabeln Zustande geschieht, stellt sich lediglich als Eintritt des Erfolges dar.« — Aber ist diese Auffassung auch begründet? Prüfen wir dieselbe doch an irgend einer der bekanntesten Definitionen der Ausführungshandlung! Enthält denn wirklich das Ins-Bett-nehmen des Kindes und das darauf erfolgende Einschlafen »diejenige Willensbethätigung, die in unserm konkreten Falle den vom Gesetzgeber im § 211 bezw. § 222 bedrohten Thatbestand verwirklicht, resp. auch nur zu verwirklichen beginnt« (vergl. v. Liszt S. 202)? Betrifft denn die noch zur Zeit der Imputabilität vorgenommene Thätigkeit »eine zum gesetzlichen Thatbestande des Verbrechens der Tötung gehörige Handlung selbst« (Olshausen § 43 Note 14)? Oder können wir gar jenes Ins-Bett-nehmen und Einschlafen als Thätigkeitsakte betrachten, »welche vermöge ihrer Zusammengehörigkeit mit der Ausführungshandlung für die natürliche (sic!) Auffassung als Bestandteile derselben erscheinen« (Frank § 43 I 2a)? Ich glaube, man wird, wenn man nicht künstlich die Begriffe auseinanderzerrt, auf alle diese drei Fragen nur mit »Nein« antworten können. Was vor allem die letzte betrifft, so dürfte es wohl gerade das Gegenteil einer natürlichen Auffassung sein, wenn man das Ins-Bett-nehmen und Einschlafen als Bestandteile der möglicherweise erst nach Verlauf mehrerer Stunden erfolgenden eigentlichen Tötungshandlung ansieht. Und zu welch — man verzeihe mir das harte Wort — entsetzlichen Konsequenzen führt uns die gegnerische Ansicht! Denken wir uns doch nur, dass es der Wärterin nicht gelungen sei, ihre Absicht zu verwirklichen, supponieren wir vielmehr, dass sie und das Kind am Morgen aufwachen, ohne dass dieses auch nur die geringste Beschädigung erlitten hat. Müssen dann nicht auch unsere Gegner, wenn sie folgerichtig verfahren, die Wärterin wegen versuchten Mordes bestrafen? Aber ist denn wirklich unter den eben angenommenen Voraussetzungen Zuchthaus von 3 bis

15 Jahren eine gerechte Strafe? Hat doch die Wärterin den von ihr zur Tötung des Kindes gewählten Weg sicherlich aus dem Grunde eingeschlagen, weil sie nicht den genügenden verbrecherischen Mut besass, um die That wachend zu verüben. Nehmen wir nun aber an, ihr Herz sei so verhärtet gewesen, dass sie bei voller Besinnung das schlafende Kind etwa durch Überwerfen eines Kissens zu töten versucht habe, darauf aber, durch wenn auch noch so niedrige Beweggründe veranlasst, freiwillig von diesem Versuche zurückgetreten sei. Dann müssten wir sie sogar wegen § 46 Ziff. 1 mit jeglicher Strafe verschonen. Wenn aber — um auf unser altes Beispiel zurückzukommen — die Wärterin am Morgen erwacht und nun, da ihr die Schlechtigkeit ihrer Absicht voll zum Bewusstsein kommt, von tiefer Reue ergriffen wird, soll dann auf sie ein Strafrahmen Anwendung finden können, der fast so hart ist wie der auf vorsätzlichem Totschlag stehende, ja im gewissen Sinne noch härter, da er nicht die Milderungen kennt, welche das Gesetz in so verschwenderischem Masse dem vorsetzlichen Totschläger zubilligt? Ist dies Resultat gerecht? Entspricht es wohl dem Willen des Gesetzgebers? — — Aber noch eine andere Erwägung liesse sich gegen unsere Gegner ins Feld führen: Nehmen wir an, dass die Wärterin die Folgen ihrer Thätigkeit weder vorausgesehen hat noch hätte voraussehen können und sollen, dann zweifelt niemand daran, dass die Tötungshandlung völlig in den Zustand der Unzurechnungsfähigkeit fällt. Wenn aber die obige Voraussetzung in einer ihrer beiden Eventualitäten nicht zutrifft, dann soll plötzlich die entscheidende That schon im imputabeln Zustande begangen sein, und in der Zeit der aufgehobenen Zurechnungsfähigkeit nur der Erfolg eintreten. Ist eine derartige Auffassung nicht wiederum ein klassisches Beispiel für eine — noch dazu ziemlich willkürliche — »Zurückbeziehung auf die Freiheit«!

IV. Wenn man demgegenüber zur Entkräftung der von mir vorgetragenen Sätze als Analoga der actio libera in causa und zwar vorzüglich des zuerst behandelten Thatbestandes jene Fälle anführt, in welchen jemand e. c. auf der Fahrbahn Berlin-Hannover um 8 Uhr morgens eine Höllenmaschine legt, die — wie der Thäter genau weiss — gerade beim Vorüberfahren des Schnellzuges 6 explodiert, und sich dann berauscht, so dass er beim Eintritt des von ihm vorausgesehenen Erfolges sich im Zustande völliger Bewusstlosigkeit befindet, oder gar jenen Thatbestand, bei dem ein Dritter in der Absicht, den Schnellzug 6 zu gefährden, bereits um 8 Uhr morgens dem Eisenbahnwächter A. ein Schlafmittel eingiebt, infolge dessen derselbe zur Stellung der Weiche 13c um 10¼ Uhr abends unfähig wird, während jener alleinschuldige Dritte sich in einen noch um 10¼ Uhr abends andauernden Zustand der Unzurechnungsfähigkeit versetzt, so erwidere ich, dass alle diese Thatbestände[13]) der actio lib. i. c. doch wohl nicht analog sind. Aber bevor ich den Nachweis für diese Behauptung erbringen kann, muss ich noch hinsichtlich des letzterwähnten Beispiels von dem dienstunfähig gemachten Eisenbahnwächter, welches mir vorzüglich von Anhängern der herrschenden Lehre entgegengehalten wurde, eine Vorerinnerung machen: Ich bin mir nämlich schon aus dem Grunde sehr zweifelhaft, ob dieses Beispiel überhaupt eine dem zuerst behandelten Fall der actio libera in causa analoge Verletzung des § 315 enthält, da es mir sich vielmehr gleichfalls als eine actio libera in causa selbst darzustellen scheint. Denn die Einschläferung des Eisenbahnwächters involviert doch an sich weder eine »Hindernisbereitung auf der Fahrbahn« — d. h. dem Raume zwischen den Schienen und neben denselben insoweit, als Wagen und Lokomotive über das Geleise hinausragen« (Frank § 315 III, ähnl. Olshausen § 315 Note 10) — noch den Beginn einer solchen, und dieser Ansicht dürften auch wohl die beiden citierten Autoren sein. Vergl. Frank l. c.:

»Dagegen liegt die Bereitung eines Hindernisses auf der Fahrbahn nicht vor, wenn etwa der Lokomotivführer betrunken gemacht wird.«

Ebenso schreibt Olshausen l. c.:

»Wie der Ausdruck »auf der Fahrbahn« klarstellt, muss

---

[13]) Die in dem v. Liszt'schen Lehrbuch (S. 158) angeführten Beispiele, wo jemand den Brunnen vergiftet, von dessen Wasser sein Feind zu trinken pflegt, oder etwa einen Wahnsinnigen zu einem Verbrechen anstiftet und dann sich in einen noch beim Eintritt des Erfolges währenden Zustand aufgehobener Imputabilität versetzt, gehören gleichfalls hierher.

ein objektives Hindernis bereitet sein, so dass weder die Anstellung eines unfähigen Beamten noch die Unfähigkeit eines Bediensteten hierher gehört.«

Die Beibringung des Schlafmittels als solche ist also ungeeignet, irgend ein Thatbestandsmerkmal des § 315 zu erfüllen; eine Heranziehung dieses Paragraphen wäre nur denkbar unter dem Gesichtspunkte einer actio libera in causa. Und letztere könnte darin gefunden werden, dass der Thäter, obwohl er weiss, dass infolge der Beibringung des Schlafmittels der Eisenbahnwächter um $10^{1}/_{4}$ Uhr abends zur Stellung der Weiche unfähig sein und hierdurch auf der Fahrbahn ein Hindernis bereitet werden wird, gerade um diesen Erfolg seiner Thätigkeit möglichst gewiss herbeizuführen, um namentlich jegliche Gemütsregung, die ihn etwa zur rechtzeitigen Abwendung des Eintrittes jenes Erfolges veranlassen könnte, im Keime zu ersticken, sich gleich nach vollbrachter Einschläferung des Wächters selbst auch in den Zustand der Unzurechnungsfähigkeit versetzt. — — Erachtet man aber das von uns eben geltend gemachte Bedenken für nicht zutreffend, sieht man vielmehr in der Beibringung des Schlafmittels bereits die Bereitung des Hindernisses oder wenigstens den Beginn derselben, dann enthält — um den Faden unseres Themas wieder aufzunehmen — weder der zuletzt behandelte Thatbestand noch irgend einer der oben S. 56f. erwähnten Fälle ein Analogon zur actio libera in causa. *Denn in alle diesen Beispielen finden wir gerade das, was bei einer actio libera in causa fehlt, die strafrechtlich relevante Willensbethätigung, eine solche Willensbethätigung nämlich, welche die Setzung eines Thatbestandsmerkmals oder* — was dasselbe bedeutet — »*einen Thätigkeitsakt enthält, welcher vermöge seiner Zusammengehörigkeit mit der Ausführungshandlung für die natürliche Auffassung als Bestandteil derselben erscheint*« (vergl. Frank § 43 I 2a.). Ob der Thäter den Mordstahl auf seinen Gegner zückt, oder ob er einen Wahnsinnigen zur Ermordung desselben anstiftet, ob er das Wasser des Brunnens, aus dem jener zu trinken pflegt, vergiftet, oder seinen verbrecherischen Plan durch Absendung einer Höllenmaschine zu verwirklichen sucht, ist strafrechtlich völlig irrelevant; denn in alle diesen Fällen ist der — im Hinblick auf die hier auch bedeutsamen fahrlässigen Delikte möchte ich sagen »sit venia verbo« — Anfang der Ausführung gegeben. Liegt aber einmal auf Seiten des Thäters eine verbrecherische — sei es dolose oder kulpose — Willensbestimmung und eine Bethätigung dieses Willens vor, welche sich mindestens als ein »Anfang der Ausführung« in dem oben gebrauchten Sinne darstellt, dann allerdings ist das weitere Verhalten des Thäters (abgesehen etwa von § 46) völlig irrelevant, dann wird er auch bestraft, wenn er, um mit Binding II, 196 ff. zu sprechen, zwecks Vollendung seines Verbrechens »die Wirkungen der unvernünftigen Naturkräfte zu einem Bestandteile seiner Handlung« macht, nie und nimmer aber lässt sich, wenigstens nicht aus einer »folgerichtigen Anwendung der allgemeinen Regeln über die Zurechnungsfähigkeit« (vergl. v. Liszt S. 158 letzter Absatz) deduzieren, dass allein der verbrecherische Wille des Thäters ausreichen kann, um eben jene »Wirkungen der unvernünftigen Naturkräfte« nicht nur als Teil, nein sogar als vollen Ersatz einer menschlichen Handlung erscheinen zu lassen.

V. Doch noch einem Einwande müssen wir entgegentreten. Man könnte nämlich die Frage aufwerfen: »Ist es denn nicht auch strafrechtlich vollkommen gleichgültig, ob man eine Höllenmaschine absendet oder sich selbst durch vorsätzliche oder fahrlässige Versetzung in den Zustand der Unzurechnungsfähigkeit schuldhaft zu einem Werkzeuge seiner That macht, ob ein Wahnsinniger auf Anstiftung eines zur Zeit des Erfolgseintrittes selbst unzurechnungsfähigen Dritten den deliktischen Thatbestand setzt oder im Falle einer actio libera in causa der Thäter — wie sich Vollgraff, Vermischte Abhandlungen B. I S. 246f. geschmackvoll ausdrückt — ‚gleichsam in eines Dritten Auftrage, im Auftrage seines frühern, ungestörten Selbstbewusstseins und des darin gefassten Vorsatzes' handelt?« Auf diesen Einwand ist folgendes zu erwidern: »Einmal was die an erster Stelle nebeneinander gesetzten Thatbestände betrifft, so ist bei genauerer Prüfung nicht zu verkennen, dass zwischen beiden ein tiefgreifender Unterschied besteht. Zunächst widerspricht es unserm Rechts- und vielleicht noch mehr unserm Sprachgefühl, den Thäter als Werkzeug seiner eignen That zu betrachten, seine einheitliche Persönlichkeit in ein handelndes Subjekt und ein von diesem Subjekte dirigiertes Werkzeug zu zerreissen, vor allem aber muss daran erinnert werden, dass der Absender der Höllenmaschine bei vollem Selbstbewusstsein das Werkzeug bereitet und in eben diesem Zustande des ungetrübten Selbstbewusstseins dasselbe in der geplanten Richtung abschickt, während beim Vorliegen einer actio libera in causa, wie das namentlich bei der durch Trinken erfolgenden schuldhaften Versetzung in den Zustand der Unzurechnungsfähigkeit klar erhellt, in demselben Masse, in welchem »das Werkzeug« mehr und mehr tauglich zur That wird, gleichfalls »das dieses Werkzeug bereitende Subjekt« mehr und mehr verschwindet, mehr und mehr sein Selbstbewusstsein verliert, so dass schliesslich in demselben Augenblicke, in welchem »das Werkzeug« zur That völlig tauglich geworden ist, in demselben Augenblicke, in welchem das letztere in der vorausgesehenen, resp. voraussehbar gewesenen Richtung abgesendet wird, gleichzeitig »das Subjekt« vollkommen das Selbstbewusstsein eingebüsst und daher vom Standpunkte des Strafrechts restlos aufgehört hat zu existieren. Und mit vollem Recht lässt sich an dieser Stelle das schon oben S. 35 citierte Wort aus Brucks »Lehre von der kriminalistischen Zurechnungsfähigkeit« S. 116 wiederholen:

»Die Verwandlung des Thäters in ein blosses Werkzeug schwebt in der Luft, wenn die dasselbe bewegende, beziehungsweise dirigierende Kraft wegfällt.«

Wenden wir uns nunmehr zu den beiden andern, oben S. 59 nebeneinander gestellten Thatbeständen, so liesse sich gegen eine Koordinierung derselben vor allem jener Grund anführen, der auch schon hinsichtlich der eben besprochenen Fälle geltend gemacht ist: Wie es nämlich unnatürlich ist, die einheitliche Persönlichkeit des Thäters in ein handelndes Subjekt und ein von diesem Subjekte benutztes Werkzeug zu zerreissen, so ist es vollends unsinnig, anzunehmen, dass der Thäter sein eigner Anstifter sein könne. Und ebenso verkehrt ist es, mit Vollgraff l. c. davon zu sprechen, dass derjenige, der sich schuldhaft in den Zustand der Unzurechnungsfähigkeit versetzt und in diesem Zustande einen vorausgesehenen, resp. voraussehbar gewesenen, deliktischen Thatbestand erfüllt, »im Auftrage seines frühern, ungestörten Selbstbewusstseins und des darin gefassten Vorsatzes« gehandelt habe. Denn nehmen wir an, dass der Thäter als Anstifter sich selbst als Angestiftetem diesen Auftrag noch im imputabeln Zustande erteilt hätte, so wäre doch jener durch den Eintritt der Unzurechnungsfähigkeit erloschen; sollten wir aber gar davon ausgehen, dass die Auftragserteilung erst in die Zeit der Nichtimputabilität fiele, so würde es an einem Subjekte mangeln, welches den Auftraggeber repräsentieren könnte.

VI. Schliesslich sei auch noch erwähnt, dass, wenn die Vertreter der herrschenden Lehre darauf hinweisen, bei einer actio libera in causa werde im zurechnungsfähigen Zustande der Anstoss zum Abrollen der Kausalkette gegeben, sei schon im zurechnungsfähigen Zustande Schuld in Bezug auf den Erfolg vorhanden, auch dieses Argument, das, was es beweisen soll, nämlich die Strafbarkeit der actio libera in causa, nicht beweist. Nicht derjenige Moment ist der entscheidende, in welchem das Rad des Kausalzusammenhanges ins Rollen gebracht wird und gleichzeitig Schuld hinsichtlich des Erfolges vorliegt, sondern derjenige, in welchem der Thäter schuldhaft ein Thatbestandsmerkmal des betreffenden Deliktes setzt. Dieser an sich selbstverständliche Satz wird schlagend durch folgendes Beispiel illustriert: Wenn jemand ein Messer stiehlt und zwar mit dem Vorsatze, dasselbe zur Ermordung seines Gegners zu verwenden, dann wäre doch wenigstens vom wissenschaftlichen Standpunkte aus[14]) im Augenblick der Aneignung jenes Messers bereits der Anstoss zum Abrollen der schliesslich auf die Tötung hinausführenden Kausalkette und ebenso Schuld in Bezug auf eben dieses Delikt gegeben, folglich hätte der Dieb bei konsequenter Durchführung der kurz vorher besprochenen Ansicht bereits im Augenblicke der Aneignung das entscheidende Thatbestandsmerkmal des möglicherweise erst nach einem monatelangen Zwischenraum erfolgenden Mordes bezw. Totschlages

---

[14]) Dass de lege lata durch jede vorsätzliche freie That der Kausalzusammenhang unterbrochen wird, darf an dieser Stelle füglich unberücksichtigt bleiben.

gesetzt. Ist ein derartiges Ergebnis nicht völlig unhaltbar? — Aber doch weiss ich nicht, wie die hier behandelte Lehre eine solche Konsequenz vermeiden kann. Ja, ich glaube, dieselbe führt noch zu viel unsinnigern Resultaten. Nehmen wir etwa an, dass der Dieb nach vollzogener Aneignung des Messers in einen unverschuldeten Zustand der Unzurechnungsfähigkeit gerät und in diesem zufällig seinen Gegner niederstösst, müsste dann nicht jene Lehre eine Bestrafung des erstern mindestens aus § 212 annehmen? Denn

»im entscheidenden Augenblicke — und das ist nicht der Eintritt des Erfolges, sondern der Anstoss zum Abrollen der Kausalkette — war Zurechnungsfähigkeit vorhanden. Im nüchternen Zustande hat der Tötende die Ursache zu dem eingetretenen Erfolge gesetzt. Seiner Zurechnung steht nichts im Wege (vergl. v. Liszt S. 159)«.

VII. Mehr anhangsweise habe ich endlich noch zu erwähnen, dass von einzelnen Schriftstellern Thatbestände als actiones liberae in causa aufgeführt werden, die m. E. gar nicht unter diese Kategorie gehören. Ich habe hierbei vor allem die Ausführungen Bindings II 196ff. im Auge, welcher als Fall einer aus § 139 zu bestrafenden actio libera in causa etwa folgenden Thatbestand konstruiert: Jemand erhält von dem Vorhaben eines Mordes zu einer Zeit, in welcher die Verhütung desselben möglich ist, glaubhafte Kenntnis, um aber die vorgeschriebene Anzeige nicht machen zu können, versetzt er sich in den Zustand der Unzurechnungsfähigkeit, und noch während er sich in diesem Zustande befindet, wird jenes Verbrechen begangen. Hier is es — darin stimme ich Binding völlig bei — durchaus gerechtfertigt, den Anzeigepflichtigen aus § 139 zu bestrafen; aber diese Bestrafung gründet sich m. E. nicht auf eine actio libera in causa. Nein, dadurch dass der erstere »von dem Vorhaben des Mordes glaubhafte Kenntnis erlangt hat, ist für ihn bereits die Anzeigepflicht entstanden, vorausgesetzt, dass zu dieser Zeit die Verhütung des Verbrechens noch möglich ist« (vergl. Frank § 139 II), und wenn jener nunmehr dieser Anzeigepflicht nicht sofort oder wenigstens »unverzüglich« Genüge leistet[15]),

[15]) Und zwar nach der species facti schuldhaft. Es liegt also auch »Schuld in Bezug auf den Erfolg« vor.

dann hat er die Folgen seiner schuldhaften Verzögerung zu tragen, und er bleibt auch selbst in dem Falle nicht mit Strafe verschont, wenn er für einen spätern Zeitpunkt sei es durch zufällige oder verschuldete Unzurechnungsfähigkeit an einer nachträglichen Erfüllung der einmal verletzten Anzeigepflicht verhindert wird[16]).

VIII. Wenn es mir nunmehr gestattet sein dürfte, die Ergebnisse meiner dogmatischen Untersuchungen kurz zu resumieren, so würde ich sie in folgenden Sätzen zusammenfassen:

Begangen wird die actio libera in causa erst im Zustande der Unzurechnungsfähigkeit, ihre Bestrafung stellt sich demgemäss nicht als Konsequenz, sondern im Gegentheil als einschneidende Ausnahme der allgemeinen Regeln der Zurechnungslehre dar, als Ausnahme von einem der grundlegenden Sätze unserer Wissenschaft, dem Satze: Bestraft wird nur die freie That. Eine solche Ausnahme kann aber in Staaten mit kodificiertem Recht nur der Gesetzgeber statuieren. Da er es jedoch im RStGB. nicht gethan hat, so hat er damit ausgesprochen, dass er die allgemeinen Regeln der Zurechnungslehre auch der actio libera in causa gegenüber durchgeführt wissen wolle. Im Geltungsgebiet des RStGB.'s ist demnach die letztere de lege lata straflos zu lassen.

---

[16]) Vergl. auch Olshausen § 139 Note 10: Dem Anzeigepflichtigen wird die Verantwortlichkeit für eine Verzögerung der Anzeige aufgebürdet.

II. Historische Abteilung.

1. Allgemeiner Teil.

§ 8. Zweck der historischen Abteilung.

I. Genau das gleiche Resultat wie aus unsern dogmatischen Untersuchungen ergiebt sich — und damit wären wir unmittelbar zu dem Hauptteile unserer Abhandlung gelangt —, wenn wir die legislativ-politische Behandlung, welche die actio libera in causa im Laufe der einzelnen Partikulargesetzgebungen durchgemacht hat, ins Auge fassen. Bei dieser historischen Betrachtung wollen wir uns aber, abgesehen vom ALR., auf die deutschen Partikularstrafgesetzbücher des neunzehnten Jahrhunderts beschränken; denn diejenigen Legislationen, welche auf dem Boden der gemeinrechtlichen Doktrin im engern Sinne erwachsen sind, gehen doch und zwar gerade bei der actio libera in causa oft von so wesentlich andern Gesichtspunkten aus, dass die aus ihrer Stellung zu dem hier behandelten Problem etwa zu ziehenden Resultate für das RStGB. von keiner Kraft wären. Betrachten wir nunmehr eins der ältern hiernach in den Kreis unserer Untersuchung fallenden Gesetzbücher, so finden wir regelmässig eine mehr oder minder gelungene Definition der Unzurechnungsfähigkeit und dann entweder als Appendix zu dieser oder auch in einem besondern Paragraphen eine Bestimmung gegen die actio libera in causa. Eine derartige Vorschrift findet sich z. B. im ALR., im bayrischen Strafgesetzbuch von 1813, im württembergischen von 1839 u. s. w. u. s. w. Dagegen fehlt eine Bestimmung gegen die actio libera in causa im preussischen Strafgesetzbuch von 1851, sächsischen von 1855, bayrischen von 1861 und schliesslich im Bundes- bezw. RStGB. von 1870/71. Bei einer solchen Sachlage drängt sich uns doch unwillkürlich die Frage auf: »Aus welchen Gründen hat denn der Gesetzgeber in dieser merkwürdigen Weise ungefähr seit der Mitte des neunzehnten Jahrhunderts seine Stellung zur actio libera in causa geändert? Ist es etwa nur ein Spiel des Zufalls, dass sämtliche ältern deutschen Partikularlegislationen eine besondere Norm gegen die actio libera in causa haben, dass sie aber in der überwiegenden Mehrzahl der neuern fehlt? — Oder sollte vielleicht in den letztern die Streichung aus den heterogensten, partikularrechtlichen Gesichtspunkten erfolgt sein, und so der scheinbar gleichartige Entwicklungsgang sich lediglich als durch rein äusserliche Umstände veranlasst darstellen?« — Nun, diese beiden letzten Fragen sind wohl bei der grossen Abhängigkeit, welche zwischen den einzelnen Partikularstrafgesetzbüchern besteht, bei dem oft sehr weitgehenden Einfluss, welchen namentlich die Legislation der grössern Staaten ausgeübt hat, von vornherein zu verneinen. Ja, aber welch gemeinsamer Ausgangspunkt lässt sich denn zur Erklärung der hier besprochenen Änderung in der Stellung des Gesetzgebers zur actio libera in causa anführen? Auf diese Frage antworten die modernen Vertreter der herrschenden Lehre folgendermassen: Im Laufe des neunzehnten Jahrhunderts ist die kriminalistische Wissenschaft soweit fortgeschritten, dass schliesslich auch der Gesetzgeber zu der Überzeugung gekommen ist, dass ihn die Vorschriften über die actio libera in causa nichts angingen; derlei Bestimmungen gehörten gar nicht in ein Gesetzbuch, Wissenschaft und Praxis hätten vielmehr dieselben aus den allgemeinen Grundsätzen der Zurechnungslehre abzuleiten und würden bei einer konsequenten Durchführung der letztern schon ohne eine besondere gesetzliche Vorschrift zur unbedingten Strafbarkeit der actio libera in causa gelangen.

II. Demgegenüber behaupte ich — und das ist der Kernpunkt meiner ganzen Erörterungen, und das werde ich von nun an fort und fort vielleicht dem geneigten Leser bis zum Überdruss wiederholen müssen —: Diese Ansicht der herrschenden Lehre ist grundfalsch. Weder findet sie in den Quellen, also vornehmlich in den Materialien der einzelnen Partikularstrafgesetzbücher, irgend welchen Anhang, nein ganz im Gegenteil lässt sich regelmässig und zwar oft mit geradezu apodiktischer Gewissheit der Nachweis führen, dass jene Gesetzbücher den völlig entgegengesetzten Standpunkt vertreten haben: Nie und nimmer hat eine deutsche Partikularlegislation die Feststellung der Regeln über die Behandlung der actio libera in causa der Natur der Sache, der Wissenschaft und Praxis überlassen, nie und nimmer hat sie die Strafbarkeit der actio libera in causa als Konsequenz des Satzes: Bestraft wird die freie That — betrachtet, nein, stets und ständig ist sie von dem Gedanken ausgegangen, dass die Normierung der Vorschriften über die actio libera in causa lediglich Sache des Gesetzgebers sei, stets und ständig hat sie betont, dass die Poenalisierung derselben nicht etwa eine Folgerung aus jenem eben erwähnten Grundsatze der Imputationslehre, nein ganz im Gegenteil eine scharfe Ausnahme von diesem [17]) enthalte, eine Ausnahme, die nur der Gesetzgeber statuieren könnte, eine Ausnahme, die nur soweit Giltigkeit hätte, als der Gesetzgeber sie anerkenne. — Mit dieser meiner Behauptung steht aber noch ein anderer Umstand aufs engste in Verbindung, ein Umstand, der seinerseits wiederum in gewissem Sinne eine Probe auf die Richtigkeit meines Exempels darstellt, und zwar meine ich hiermit die überraschende Erscheinung, dass sämtliche deutsche Strafgesetzbücher, sofern sie nur eine einigermassen ausführliche Bestimmung gegen die actio libera in causa aufgenommen haben, dieselbe in einer Redaktion geben, welche vom Standpunkte der modernen Vertreter der herrschenden Lehre völlig verfehlt ist. Denn da heisst es in fast stereotyper Form: Wenn

---

[17]) Bisweilen haben sich allerdings — wie dies im folgenden sich des nähern ergeben wird — die deutschen Partikulargesetzgeber zur Rechtfertigung der von ihnen gegen die actio libera in causa beliebten Strafbestimmungen auf die »allgemeinen Grundsätze der Zurechnungslehre« berufen. Doch wird eine genaue Prüfung jedesmal klarstellen, dass diese »allgemeinen Grundsätze« vom Standpunkte der heutigen Doktrin schroffe Ausnahmen des Satzes: Bestraft wird die freie That — sind.

sich jemand in den Zustand der Unzurechnungsfähigkeit in der Absicht versetzt, um in diesem Zustande [also im Zustande der Unzurechnungsfähigkeit] ein Verbrechen zu begehen, so tritt die gesetzliche Strafe des letztern ein. — — Und ähnlich für die fahrlässige actio libera in causa: Wenn in Bezug auf die Handlung, durch welche sich jemand in den Zustand der Unzurechnungsfähigkeit versetzt hat, und in Bezug auf die darin verübte That die Bedingungen der Zurechnung zur Fahrlässigkeit vorhanden sind, wird jene That als fahrlässiges Verbrechen bestraft. — Nun, ich meine, schärfer kann doch wohl nicht der prinzipielle Standpunkt des Gesetzgebers zur actio libera in causa, der klaffende Unterschied zwischen seiner Auffassung dieses Problems und der von der herrschenden Lehre oder — sagen wir genauer — von den modernen Vertretern[18]) derselben (vergl. S. 12f.) verfochtenen Ansicht dargethan werden. Dort Verlegung der »That« in den Zustand der Unzurechnungsfähigkeit, hier Versetzung derselben in die Zeit der Imputabilität!

III. Und an diese Ausführungen möchte ich unmittelbar den Satz anschliessen, der mir gewissermassen als die Krönung meines Gebäudes erscheint, den Satz nämlich: Lässt sich die hier behauptete Stellung des Gesetzgebers zur actio libera in causa durch alle modernen deutschen Partikulargesetzbücher bis zum Jahre 1869, also bis auf ein Jahr vor der Emanation des Bundesstrafgesetzbuches nachweisen, können wir darthun, dass überall dort, wo der Legislator eine Strafvorschrift gegen die actio libera in causa nicht aufnahm, er seine Vorschriften über den Schuldausschliessungsgrund der Unzurechnungsfähigkeit auch gegenüber jenem Problem schrankenlos und also in einem die Straflosigkeit der actio libera in causa begründenden Sinne hinstellen wollte, dass andererseits in alle denjenigen Gesetzbüchern, in welchen sich eine Strafbestimmung gegen die letztere fand, dieselbe vom Gesetzgeber nicht etwa als ein selbstverständliches Superfluum, nein gerade umgekehrt als eine

[18]) Jene Minderheit unter den modernen Autoren, welche in Übereinstimmung mit der deutschen Partikularlegislation die strafbare That in den unzurechnungsfähigen Zustand fallen lässt (vergl. z. B. S. 20ff.), kann an dieser Stelle wohl unberücksichtigt bleiben.

positive Ausnahmevorschrift betrachtet wurde, als eine Ausnahmevorschrift, welche nur dann und nur insoweit galt, als sie in das Gesetzbuch ausdrücklich aufgenommen war, so ergiebt sich hieraus — wie ich glaube — mit zwingender Notwendigkeit der Schluss: Auch die Verfasser des RStGB.'s standen, da eine grundlegende Änderung in dem Verhältnisse des Gesetzgebers zur actio libera in causa in jener kurzen Zeitspanne ganz unwahrscheinlich ist und auch weder aus den Materialien noch aus irgend welchen andern Umständen gefolgert werden kann, auf jenem eben skizzierten Standpunkt hinsichtlich der legislativ-politischen Behandlung der actio libera in causa; daher haben auch die Verfasser des RStGB.'s durch Nichtaufnahme einer Strafvorschrift gegen die letztere die Straflosigkeit derselben positiv sanktionieren wollen. Nun bin ich mir zwar bewusst, dass dieses Ergebnis im Sinne der herrschenden Lehre so exorbitant ist, dass ich gewiss die heftigsten Angriffe auf den von mir eingenommenen Standpunkt zu gewärtigen habe. Doch werde ich dieselben nach Möglichkeit schon a priori zurückzuweisen suchen, allerdings nicht an dieser Stelle, sondern erst dann, wenn ich am Schlusse meiner historischen Übersicht auf die Stellung unseres RStGB.'s eingehender zurückkommen muss.

IV. Aber gegen einen Vorwurf habe ich mich gleich jetzt zu verteidigen und dies um dessentwillen, weil er sich gegen das Fundament meiner ganzen Deduktion richtet. Und zwar handelt es sich hier um die Auffassung der actio libera in causa, welche ich den deutschen Partikulargesetzgebungen imputiert habe. Wie, darf man denn wirklich behaupten, dass dieselben die Bestrafung der erstern als eine Ausnahme von den allgemeinen Regeln über die Zurechnungsfähigkeit betrachtet hätten, dass sie bei der legislativ-politischen Behandluug der actio libera in causa von dem Gesichtspunkte ausgegangen wären, beim Vorliegen einer solchen würde die strafbare That erst im Zustande der Unzurechnungsfähigkeit begangen? Heisst das nicht, den deutschen Gesetzgebungen die Verletzung der Grundlehren unserer Wissenschaft zum Vorwurf machen, unterstellen wir ihnen damit nicht, dass sie unzurechenbare Ereignisse der äussern Natur dem Thäter zugerechnet haben? Wer möchte nicht dem Vertreter einer derartigen Ansicht die emphatischen Worte entgegenschleudern, welche Binding II S. 616 gebraucht!:

»Die Annahme, dass ein materielles Strafgesetz mit vollem Bewusstsein an schuldlose Thatbestände eine Strafdrohung knüpfen könnte, enthält den schlimmsten Vorwurf, der je der modernen Strafgesetzgebung gemacht worden ist, den Vorwurf bewusster Verletzung der höchsten Grundsätze der Gerechtigkeit, des schnödesten Verrates an der Rechtschaffenheit der Staatsbürger.«

Gegenüber alle dergleichen Einwänden habe ich folgende Gesichtspunkte zur Verteidigung meiner Auffassung anzuführen: Zunächst leugne ich gar nicht, dass ich allerdings von der Ansicht ausgehe, die Partikulargesetzgebung habe, soweit sie die Strafbarkeit der actio libera in causa sanktionierte, durch die eben gedachte Bestimmung eine prinzipiell für unzurechenbar gehaltene Thätigkeit aus Utilitätsgründen imputiert. Auch gebe ich zu, dass diese Meinung vom Standpunkte des modernen Rechtsgefühls gewissermassen eine Beleidigung der deutschen Partikularlegislation, soweit sie die actio libera in causa poenalisiert, enthält. Aber ich weiss nicht, wie eine andere Auffassung der hier in Frage kommenden Gesetzesstellen möglich ist. Zum Beweise meiner Ansicht will ich garnicht so sehr auf die oben S. 66f. erwähnte Redaktion rekurrieren, welche die Strafbestimmung gegen die actio libera in causa in der Mehrzahl der Partikulargesetzbücher gefunden hat. Denn gegen dieses Argument könnte man immerhin zwei gerade nicht leicht wiegende Gegengründe anführen: Einmal liesse sich einwerfen: »Jenes Argument wird unbrauchbar bei denjenigen Partikularlegislationen, welche wie Hannover (art. 84) die Strafbarkeit der actio libera in causa lediglich durch das Wörtchen »unverschuldet« (z. B. »unverschuldete« Verwirrung der Sinne) oder auf ähnliche Weise kurz andeuten.« — Ja, man könnte vielleicht noch einen Schritt weitergehen und den Satz aufstellen: »Auch gegenüber jenen Gesetzbüchern, welche eine ausführliche Bestimmung gegen die actio libera in causa enthalten, verschlägt der Hinweis auf die Fassung derselben wenig, denn wenn sich auch« — so könnten unsere Gegner fortfahren — »der Schreiber der vorliegenden Abhandlung bereits S. 66f. auf jene berufen hat, so sind doch die aus derselben l. c. abgeleiteten Deduktionen als Ergebnisse einer sklavischen Verbalinterpretation auf das entschiedenste zurückzuweisen; vielmehr ging auch die deutsche Partikulargesetzgebung, soweit sie die actio libera in causa bestrafte, selbstverständlich davon aus, dass sie mit einer derartigen Norm nur eine freie, nur eine bereits vor Eintritt der Unzurechnungsfähigkeit begangene That poenalisiere; und wenn der Wortlaut der fraglichen Bestimmungen dieser Auffassung widerspricht, so haben wir es hier mit einem der zahlreichen Fälle zu thun, wo ein an sich richtiger Gedanke des Gesetzgebers einen inadäquaten Ausdruck gefunden hat.« — Auf diese meinen Gegnern in den Mund gelegten Ausführungen sei mir nun folgende Duplik gestattet. Anlangend den zuletzt von jenen aufgestellten Satz ist zunächst a priori zu bemerken, dass derselbe eine unbewiesene, ja — wie wir später im einzelnen ausführen werden — sogar unbeweisbare Behauptung enthält. Vor allem aber widerspricht der gegnerische Standpunkt der Geschichte des Strafrechts. Erinnern wir uns doch nur daran, wie langsam und unter welchen Kämpfen der »uns heute selbstverständlich klingende Satz, dass Schuld Begriffsmerkmal des Verbrechens« sei, sich herausgebildet hat (vergl. v. Liszt 152 ff.)! Vergegenwärtigen wir uns die historische Entwicklung, welche die Behandlung der einzelnen Ausschliessungsgründe der Zurechnungsfähigkeit durchlaufen musste! Zwar fehlt es mir an Kraft und Zeit auf dieselbe auch nur einigermassen ausführlich einzugehen, nur bei dem für die actio libera in causa weitaus wichtigsten Zustande, dem der Volltrunkenheit[19]), möchte ich wenige Augenblicke stehen bleiben. Und da müssen wir zunächst feststellen, dass noch in der ersten Hälfte des achtzehnten Jahrhunderts die Volltrunkenheit niemals, selbst dann nicht, wenn sie unverschuldet war, als Strafausschliessungs-, nein ganz im Gegenteil manchmal sogar als Straferhöhungsgrund betrachtet wurde. Sehr interessant ist in dieser Beziehung eine von Leonhardt, Kommentar B. I S. 369

---

[19]) Die übrigen für die actio libera in causa bedeutsamen Zustände haben — soweit ich sehen kann — hinsichtlich ihrer legislativ-politischen Behandlung eine in den Hauptzügen übereinstimmende Geschichte.

abgedruckte hannoversche Verordnung vom 5./12. 1736, welche bestimmt:

»Wenn ein besoffener Mensch in trunkenem Mut in Schlägerei oder anderes Unheil und Verbrechen geriete, soll ihm die Trunkenheit, wenn sie auch im höchsten Grade wäre, zu keiner Entschuldigung gereichen, sondern ein solcher wie einer, der dergleichen Verbrechen bei guter Vernunft und im nüchternen Mut begangen, gestraft werden.«

Erst etwa seit 1750 wurde namentlich durch die Wirksamkeit JSF. Böhmers die Ansicht allgemeiner, dass unverschuldete Volltrunkenheit stets Unzurechnungsfähigkeit bedinge (vergl. Köstlin, deutsches Strafrecht S. 144 Note 2; Stempf, badische Annalen B. 29 S. 114.) Als unverschuldet galt aber lange Zeit hindurch nur diejenige Trunkenheit, welche wider Wissen und Wollen des Berauschten entstanden war; dagegen betrachtete man zunächst, ja teilweise sogar bis tief ins neunzehnte Jahrhundert hinein jegliche freiwillig herbeigeführte Trunkenheit zugleich als »verschuldet« — im technischen Sinne, — d. h. man machte weit über das Gebiet der von der heutigen Doktrin als actiones liberae in causa zusammengefassten Thatbestände den Berauschten für das im Zustande einer derartigen freiwilligen Trunkenheit Vollführte unbedingt — ohne Rücksicht auf die Voraussehbarkeit des letztern — strafrechtlich verantwortlich (vergl. Böhmer, observ. ad Carpz., obs. 1 ad quaest. 146 — oben S. 6 —; v. Quistorp, Grundsätze des peinlichen Rechts S. 70 f. — oben S. 13 —; Mittermaier, Archiv B. 12 S. 41 — oben S. 18 —). Vielleicht ist es bei dieser Gelegenheit auch nicht unangemessen, auf die eigenartigen Ausführungen hinzuweisen, mit welchen Klein, preussische Annalen B. 11 S. 254 f. den eben dargelegten Standpunkt wissenschaftlich zu rechtfertigen unternahm. Er führt nämlich aus:

»Der Thäter that unrecht, dass er sich betrank. Gut! Aber hätte er, wenn der Schaden nicht angerichtet wäre der Trunkenheit wegen bestraft werden können? Kann der Zufall, welcher aus einer Handlung entsteht, die Handlung selbst strafbar machen? Freilich an sich nicht! — Aber kann das Gesetz an sich moralisch schlechte Handlungen in Fällen, wo kein Schaden daraus entsteht, straflos lassen, in Fällen des Schadens aber bestrafen? Die Trunkenheit an sich zu bestrafen ist nicht wohl möglich. — — — Es bleibt also nichts übrig als die Strafbarkeit der Trunkenheit nach ihren Folgen zu bestimmen. Das ist auch so widersinnig nicht, als es beim ersten Augenblick scheinen möchte. Furcht vor Gefahr oder Strafe wirkt auch auf den Trunkensten (!!).«

Nun sind ja gewiss diese Darlegungen Kleins geradezu als verwerflich zu bezeichnen. Aber in einer Beziehung namentlich sind sie nicht ohne Interesse. Sie illustrieren nämlich mit unübertroffener Schärfe die Richtigkeit der von uns S. 69 aufgestellten Behauptung, die deutsche Partikularlegislation habe aus blossen Utilitätsgründen die actio libera in causa poenalisiert [20]). Denn das von Klein zur Rechtfertigung der Strafbarkeit derselben vorgebrachte Argument: Furcht vor Strafe wirkt auch auf den Trunkensten — liesse sich mutatis mutandis etwa auch zur Verteidigung der Tierstrafen ins Feld führen. — — Erst ganz allmählich schloss sich ein weiteres Glied an die Kette der hier dargestellten Entwickelung, und zwar war dies die immer mehr bei Gesetzgebung und Wissenschaft Anklang findende Beschränkung der strafrechtlichen Verantwortlichkeit des Berauschten auf diejenigen Thatbestände, in denen »der Zufall, welcher aus der Handlung des sich Betrinkenden entstand«, von dem letztern vorausgesehen wurde oder wenigstens vorausgesehen werden konnte und sollte. — Mit diesen Ausführungen glaube ich schon den Zweck des hier beliebten historischen Exkurses erreicht zu haben; denn wenn ich nunmehr auch noch daran erinnere, dass selbst in der Doktrin jene Ansicht, welche die actio libera »in causa« in die Zeit der Zurechnungsfähigkeit verlegt, sie also in Wahrheit als eine »actio libera« ansieht, fast ausschliesslich erst dem letzten Viertel des neunzehnten Jahrhunderts angehört — vergl. oben § 4 —, dann dürfte ich wohl schon a priori nachgewiesen haben, dass die in den deutschen Partikulargesetzbüchern enthaltenen Strafbestimmungen gegen die actio libera in causa thatsächlich in der von mir S. 66f. und S. 68f. entwickelten Weise aufzu-

---

[20]) Bei dieser Gelegenheit sei darauf hingewiesen, dass K. an der Abfassung des landrechtlichen Strafrechts den bedeutendsten Anteil hatte.

fassen sind, dann ergiebt sich ferner auch, dass jene ausführlichen Strafnormen, welche mit klaren Worten eine in absichtlich oder fahrlässig herbeigeführter Unzurechnungsfähigkeit begangene That poenalisieren, in Wahrheit einen adäquaten Ausdruck für die Stellung des Gesetzgebers zu unserm Probleme enthalten. Und um so fester steht dieses »Fundament meiner ganzen Deduktion« — vergl. S. 68 —, wenn ich im besondern Teile meiner historischen Abteilung die Richtigkeit der eben entwickelten Sätze bei Erörterung der Normen, welche die verschiedenen Partikulargesetzbücher über die actio libera in causa enthalten, im einzelnen darzuthun vermag. Doch bevor ich auf die letztern ausführlich eingehen kann, scheint es mir noch erforderlich, die bei der Betrachtung derselben befolgte Methode mit einigen Worten zu rechtfertigen.

§ 9. Methode der historischen Abteilung.

Für eine erschöpfende Darstellung der von den einzelnen Legislationen über die actio libera in causa aufgestellten Bestimmungen sind im wesentlichen zwei Wege denkbar. Einmal könnte ich nämlich die einzelnen deutschen Partikularstrafgesetzbücher resp. -entwürfe in streng chronologischer Reihenfolge aufführen. Dieses System hätte den grossen Vorteil, eine übersichtliche Antwort auf die Frage zu gewähren, welche Stellung die deutschen Gesetzgebungen in gewissen enger begrenzten Zeiträumen (sagen wir beispielsweise in den dreissiger oder vierziger Jahren des vergangenen Jahrhunderts) zu dem hier behandelten Problem eingenommen haben, jene Methode vermag ferner die teilweise sehr weitgehende Abhängigkeit klarzustellen, welche wie in andern Punkten, so auch hinsichtlich der Stellung zur actio libera in causa oft zwischen den einzelnen Partikularlegislationen bestand. Wenn ich trotzdem die eben erörterte Darstellungsweise in meinen folgenden Ausführungen nicht adoptiert habe, so geschah dies aus dem Grunde, weil ich bei einem Anschluss an dieselbe bald ein preussisches, dann ein bayrisches, dann wiederum ein sächsisches Gesetzbuch u. s. w. zu erwähnen hätte, und ich sehr fürchtete, dass infolgedessen der ganze historische Teil den Eindruck völliger Zerrissenheit und Unklarheit machen würde. Ich habe daher eine andere Methode vorgezogen, ähnlich derjenigen, welche Berner in seinem Werke: »Die Strafgesetzgebung in Deutschland von 1751 bis zur Gegenwart« beobachtet. Und zwar will ich die historische Übersicht im wesentlichen länderweise geordnet geben. Hierbei sollen aber die einzelnen deutschen Staaten in zwei grossen Gruppen dargestellt werden. Zur ersten zähle ich alle diejenigen Staaten, welche es im Laufe der von uns zu betrachtenden Zeitspanne zu mehreren — allerdings sind es immer nur zwei — definitiven Strafgesetzbüchern [nicht etwa bloss »Entwürfen«] gebracht haben. In der zweiten fasse ich die übrigen deutschen Staaten zusammen, sei es dass sie lediglich ein Strafgesetzbuch oder gar nur Entwürfe zu einem solchen aufzuweisen haben. Allerdings gebe ich gern zu, dass auch diese von mir angenommene Methode durchaus nicht ohne Bedenken ist. Vor allem verdunkelt sie im Gegensatze zu dem an erster Stelle besprochenen System den oft sehr bedeutsamen Einfluss der einzelnen Partikularstrafgesetzbücher aufeinander, und es sind zur Darlegung desselben Rückverweisungen und Wiederholungen unvermeidlich. Dagegen bietet andererseits diese Methode den unschätzbaren Vorteil, die Ergebnisse der historischen Entwicklung hinsichtlich der Behandlung der actio libera in causa in den einzelnen deutschen Staaten viel klarer und plastischer als die oben erwähnte Darstellungsweise zur Anschauung zu bringen.

2. Besonderer Teil.

§ 10. Vorerinnerung.

Wenden wir uns nunmehr zur Betrachtung der von uns als erste Gruppe zusammengefassten Staaten, so beträgt die Zahl derselben neun: Preussen, Bayern, Sachsen, Oldenburg, Weimar, Meiningen, Anhalt-Bernburg, Schwarzburg-Sondershausen und Reuss ä. L. Jedoch möchte ich aus Nützlichkeitsgründen die fünf zuletzt genannten Staaten nicht in der ersten Gruppe behandeln. Denn das zweite Strafgesetzbuch ist bei alle diesen das sog. thüringische; letzteres aber haben sie auch mit einer Reihe weiterer thüringischer Staaten gemeinsam, die schon nach unserm Einteilungsprinzip zur zweiten Gruppe gehören. Um daher eine unnötige Zerreissung zu vermeiden, werde ich sämmtliche thüringische Staaten in der letztern Gruppe vereint zur Besprechung bringen. Ich glaube aber, zu dieser Verletzung des zu Grunde gelegten Einteilungsprinzipes um so mehr berechtigt zu sein, als die Legislationen der vier in der ersten Gruppe verbleibenden Staaten, Preussen, Bayern, Sachsen und Oldenburg, in der Behandlung der actio libera in causa eine merkwürdige Übereinstimmung zeigen. Bei alle diesen vier Staaten finden wir nämlich im ersten Strafgesetzbuche eine ausdrückliche Strafbestimmung gegen die actio libera in causa, im zweiten fehlt dieselbe, und in allen vier Fällen können wir nachweisen, dass die Streichung der erstern nicht etwa aus dem Grunde erfolgte, weil man die Wissenschaft und Praxis über die actio libera in causa entscheiden lassen, sondern weil man die Straflosigkeit derselben sanktionieren wollte.

Erste Gruppe.

I. Preussen.

1. § 11. Das Allgemeine Landrecht.

I. Betrachten wir nunmehr zunächst dasjenige Gesetzbuch, welches zuerst von allen auf das Prädikat einer modernen Legislation Anspruch machen kann, das ALR., so finden wir im § 16 II 20 eine für ihre Zeit vorzügliche Definition der Unzurechnungsfähigkeit:

»Wer frei zu handeln unvermögend ist, bei dem findet kein Verbrechen, also auch keine Strafe statt.«

Aber einige Paragraphen weiter folgt dann eine ausdrückliche Bestimmung gegen die actio libera in causa und zwar auch hier schon in der vom Standpunkt der heute herrschenden Lehre[21]) verkehrten Redaktion. § 22 II 20 verordnet nämlich:

»Wer sich selbst vorsätzlich oder vermittelst eines groben

[21]) Wo ich hier und im folgenden von der »herrschenden Lehre« spreche, verstehe ich darunter (der Kürze des Ausdrucks halber) »im Zweifel« nur diejenigen Vertreter derselben, welche die »That« bei einer act. l. i. c. noch in die Zeit der Zurechnungsfähigkeit verlegen.

Versehens, es sei durch Trunk oder auf andere Art in Umstände versetzt hat, wo das Vermögen frei zu handeln aufgehoben oder eingeschränkt ist, dem wird das unter solchen Umständen — [also doch im Zustande der aufgehobenen bezw. verminderten Zurechnungsfähigkeit] — begangene Verbrechen nach Verhältnis dieser seiner Verschuldung zugerechnet.«

Übrigens hat die eben citierte Vorschrift im Laufe der Abfassung des ALR.'s eine sehr bemerkenswerte Wandlung durchgemacht. § 22 II 20 bedeutet nämlich gegenüber dem »Entwurfe eines allgemeinen Gesetzbuches für die preussischen Staaten« einen gewaltigen Fortschritt. Zwar bestraft auch der erstere noch mit klaren Worten eine im Zustande selbstherbeigeführter Unzurechnungsfähigkeit begangene, äusserlich den Thatbestand einer Strafthat verwirklichende Handlung, macht aber wenigstens den Eintritt des Strafübels vor der Voraussicht resp. Voraussehbarkeit der letztern abhängig, der Entwurf sieht dagegen im Teil I Abt. III Tit. VIII § 32 von dieser Voraussetzung ab, identifiziert also in Übereinstimmung mit der von Böhmer begründeten Doktrin — S. 71 —, in Übereinstimmung mit den oben — S. 71 f. — erwähnten Ausführungen Kleins die Begriffe »freiwillige« und »verschuldete — im technischen Sinne genommen —« Versetzung in den Zustand der Unzurechnungsfähigkeit.

»§ 32: Wer sich durch Trunk oder auf andere Art selbst in Umstände versetzt hat, wo das Vermögen frei zu handeln aufgehoben oder eingeschränkt ist, dem wird das unter solchen Umständen begangene Verbrechen allerdings zugerechnet.«

II. Nach diesem kurzen historischen Exkurs wollen wir uns nunmehr zu der wissenschaftlichen Litteratur des landrechtlichen Strafrechts wenden, wenn man überhaupt von einer solchen gegenüber den hierher gehörigen, mehr den Charakter von Zusammenstellungen tragenden Werken sprechen kann. — Wie man hier aber den § 22 II 20 auffasste, dafür nur ein Beispiel: Temme äussert sich in seinem preussischen Kriminalrecht über den § 22 mit folgenden Worten:

»S. 15: Hier wird nicht der Zustand der Trunkenheit bestraft, sondern die direkte oder indirekte böse Absicht[22]), in welcher sich der Verbrecher in Beziehung auf das schon vorher beabsichtigte Verbrechen in jenen Zustand versetzte.«

Man sieht mit geradezu erschreckender Deutlichkeit, wie Temme, der damals als Inquirent in Stendal mitten im Getriebe der preussischen Praxis stand, sich nicht scheute, offen auszusprechen, dass im Falle der actio libera in causa mangels einer zurechenbaren That lediglich ein früher vorhandener böser Vorsatz gestraft werde. Nun aber muss selbst schon der damaligen preussischen Praxis ein derartiges Resultat zu exorbitant erschienen sein, und da sie sich zu den Höhen der herrschenden Lehre, nach welcher bekanntlich beim Vorliegen der actio libera in causa die That schon im zurechnungsfähigen Zustande begangen wird, noch nicht emporzuschwingen vermochte, so weigerte sie sich einfach, den § 22 bei einem derartigen Thatbestand zur Anwendung zu bringen, indem sie ihn gegen seinen ausdrücklichen Wortlaut auf die Fälle der verminderten Zurechnungsfähigkeit einschränkte. Wenigstens wird uns diese merkwürdige Erscheinung von eben jenem Temme in einem späteren Werke, seinem preussischen Strafrecht, berichtet, wo es S. 180 Note 2 heisst:

»Die Praxis der preussischen Gerichte hat übrigens den § 22 II 20 niemals zur Anwendung gebracht, wenn die That wirklich im Zustande der sinnlosen Trunkenheit verübt war.«

Vielleicht erklären sich auch aus dieser seltsamen Stellung, welche die preussische Judikatur zum § 22 II 20 einnahm, die sonst unverständlichen Ausführungen, die sich in den gleichfalls von einem Praktiker, dem Kammergerichtsrat Bode, verfassten »Motiven zum Entwurfe des Kriminalgesetzbuchs« B. I finden: vergl. l. c. S. 144:

»Der § 16 II 20 stellt nur ganz allgemein und zwar negativ das Prinzip auf, nach welchem die Zurechnungsfähigkeit beurteilt werden solle, und lässt sich auf eine Herzählung der verschiedenen faktischen Ursachen der Unzurechnungsfähigkeit nicht ein. [Dazu Note:] Man kann hiergegen nicht einwenden, dass ja im § 22 als dergleiche Ursache — — die Trunken-

---

[22]) Wo bleibt der Satz: cogitationis nulla poena?

heit angeführt würde. Denn in diesem Falle ist nicht von völliger Zurechnungsunfähigkeit — — die Rede.«

Schliesslich sei noch erwähnt, dass selbst ein Vertreter der Wissenschaft den § 22 II 20 in der hier besprochenen Weise restriktiv ausgelegt hat, und zwar ist dies Berner, der in seiner schon oben S. 29 erwähnten Imputationslehre S. 131 die Ansicht vertritt:

»Es sei nicht anzunehmen, dass der preussische Gesetzgeber den Fall der völligen Unzurechnungsfähigkeit im Sinne gehabt habe.«

Mit diesen Ausführungen glaube ich in einer für die Zwecke meiner Arbeit ausreichenden Weise die eigentümliche Behandlung, welche die Strafbestimmung des landrechtlichen Kriminalrechts gegen die actio libera in causa zur Zeit der Herrschaft des letztern erfahren hat, dargelegt zu haben; ich wende mich deshalb sofort zu einer der interessantesten, aber — wie ich mir wohl bewusst bin — auch gleichzeitig schwierigsten Partien meiner Arbeit, nämlich der Darstellung der mannigfachen Schicksale, welche jene Strafnorm durch die lange Reihe der verschiedenen Entwürfe zu einem neuen preussischen Strafgesetzbuche hindurch bis zu dem definitiven Gesetze selbst betroffen haben.

2. Die Entwürfe zu einem neuen Strafgesetzbuche.

§ 12. Der sog. Entwurf des Revisors.

I. Die grossen Mängel des letzten Titels des allgemeinen Landrechts traten schon bald nach der Emanation des letztern zu Tage, und schon 1803 versprach König Friedrich Wilhelm III. eine gründliche Umgestaltung des Strafrechts. Aber erst in der zweiten Hälfte der zwanziger Jahre trat man derselben ernstlich näher. Im Jahre 1826 erhielt nämlich der schon S. 77 erwähnte Kammergerichtsrat Bode den Auftrag, einen Entwurf für ein neues preussisches Strafgesetzbuch auszuarbeiten, und schon im folgenden Jahre vermochte er den allgemeinen Teil desselben der Gesetz-Revisions-Kommission vorzulegen. Schlagen wir nun den letztern auf, so finden wir in der Lehre von der Unzurechnungsfähigkeit zunächst im § 111 eine generelle Bestimmung der Zustände aufgehobener Imputation, die aber durch den förmlichen Katalog, welchen § 112 über die einzelnen Ausschliessungsgründe der Zurechnungsfähigkeit giebt, ziemlich überflüssig gemacht wird, und schliesslich folgt in den §§ 113 und 114 eine ausdrückliche Bestimmung gegen die actio libera in causa, welche auch hier wieder — wie wir immer und immer von neuem hervorheben müssen — in jener nach der heute herrschenden Ansicht völlig verfehlten Fassung gegeben wird:

»§ 111: Nur demjenigen kann ein Verbrechen zugerechnet und die Strafe desselben auferlegt werden, der mit Willkür zu handeln und die Unrechtmässigkeit seiner Handlung einzusehen dabei fähig war.

§ 112: Zurechnungsunfähig sind daher: — —

4) diejenigen, welche zur Zeit der That sich im Zustande des Schlafes oder gänzlicher Schlaftrunkenheit befanden oder

5) durch den Genuss hitziger Getränke oder anderer betäubender Sachen in völlige Bewusstlosigkeit geraten sind.

§ 113: Wer sich absichtlich durch Trunk oder sonst in einen bewusstlosen Zustand versetzt hat, um in demselben ein zuvor beschlossenes Verbrechen auszuführen, dem ist die That, soweit er sie vorher beschlossen hatte, und zwar als eine vorsätzliche zuzurechnen.

§ 114: Hat sich jemand den bewusstlosen Zustand, in welchem er ein Verbrechen beging, ohne eine solche Absicht zugezogen und das Verbrechen also wider Willen verübt, so kommt es auf die Beschaffenheit der Handlung an, durch welche er seine Bewusstlosigkeit veranlasste, ob ihm das Verbrechen als ein fahrlässiges — — zugerechnet werden könne.«

II. Die eben citierten Paragraphen sind von Bode in seinen Motiven zum Entwurfe des Kriminalgesetzbuchs mit einer ausführlichen Begründung versehen worden. Prüfen wir aber dieselbe, so finden wir zunächst mit einer geradezu erstaunlichen Selbstverständlichkeit die Ansicht ausgesprochen, dass im Falle einer actio libera in causa eine erst im Zustande der Unzurechnungsfähigkeit begangene That gestraft werde. Bode führt nämlich bei einer Besprechung des § 22 II 20 ALR.'s — l. c. S. 156 — aus:

»Bleiben wir zunächst bei dem Falle der gänzlichen Aufhebung der [Handlungs]freiheit stehen, so entsteht die Frage, was denn hier eigentlich gestraft werden solle, der Umstand, dass sich der Verbrecher in den Zustand der Bewusstlosigkeit durch Trunk versetzte, oder die That selbst, welche er in jenem Zustande beging. — — Dass der Gesetzgeber das erstere gewollt habe, ist nicht anzunehmen, denn das blosse Faktum der Trunkenheit könnte höchstens mit einer kleinen Polizeistrafe belegt werden. So muss demnach die That also bestraft werden.«

Dann aber meditiert Bode lang und breit über die Frage, »welche Art des Vorsatzes hier der Gesetzgeber vor Augen gehabt habe«, und kommt bei dieser Untersuchung zu dem merkwürdigen Ergebnisse, dass jener wahrscheinlich an den Vorsatz gedacht hätte, der »bloss auf das Hervorbringen der Trunkenheit als solcher gerichtet war«, nicht aber etwa an denjenigen Dolus, der die Trunkenheit als »Mittel zur Hervorbringung der That oder zur Verbergung der Schuld« benutzen wollte. Denn im letztern Falle beweise ja doch »der Umstand, dass der Verbrecher im Zustande der Trunkenheit den vorher gefassten Plan ausführte, dass er garnicht bewusstlos und mithin zurechnungsfähig war[23])«.

§ 13. Die Entwürfe von 1828—1836.

I. Fürwahr, wenn wir uns vergegenwärtigen, in welch seltsamer Weise Bode die von ihm hinsichtlich der actio libera

---

[23]) Wie man schon aus dem eben citierten Satze sieht, stimmen diese Motive nicht recht zu den Paragraphen, welche sie begründen sollen. Vielleicht wird dieses merkwürdige Resultat dadurch erklärlich, dass Bode — wie er auch offen zugesteht — jene Motive einem andern, dem Berliner Prof. Jarcke aus dessen »Beiträgen« in Hitzigs Zeitschrift, Heft 5 S. 143—146 abgeschrieben hat. Aus dieser Herkunft der Bodeschen Motive zu den §§ 113—114 erklärt sich vielleicht auch der offenbare Widerspruch, welcher hinsichtlich der Auffassung des § 22 II 20 zwischen den letztern und den S. 77 f. erwähnten Ausführungen Bodes besteht.

in causa proponierten Vorschriften zu »rechtfertigen« suchte, dann werden wir es wohl begreiflich finden, wenn die Gesetz-Revisions-Kommission, welche bereits im Jahre 1828 einen neuen Entwurf des allgemeinen Teils fertig stellte, in diesen eine Bestimmung über die actio libera in causa nicht aufnahm, vielmehr im § 70 kategorisch verordnete:

»Wegen Zurechnungsunfähigkeit zur Zeit der That sind straflos: — —

4) diejenigen, welche sich im Zustande des Schlafes oder gänzlicher Schlaftrunkenheit oder einer andern Art von völliger Bewusstlosigkeit befanden.«

Und jetzt frage ich: »In welchem Sinne kann denn die Streichung der §§ 113/114 nur erfolgt sein? Darf sie fürwahr anders gedeutet werden als dahin, dass die Gesetz-Revisions-Kommission auf solche Weise die Straflosigkeit der actio libera in causa positiv aussprechen wollte, oder ist es etwa anzunehmen, dass die Kommission plötzlich im Gegensatze zu der Auffassung des Landrechts, im Gegensatze zu den Bestimmungen des eben besprochenen Entwurfes zu der Einsicht gekommen wäre, im Falle einer actio libera in causa würde die strafbare That noch im zurechnungsfähigen Zustande begangen, und daher ergäbe sich die Strafbarkeit der erstern auch ohne eine ausdrückliche gesetzliche Bestimmung lediglich aus den allgemeinen Grundsätzen der Zurechnungslehre? Dann könnten wir doch erwarten, zum mindesten in den umfangreichen »Materialien« Goltdammers irgend eine Andeutung über diese tiefgreifende Änderung in der Auffassung der actio libera in causa zu finden. — — Oder lässt sich schliesslich sogar annehmen, dass die preussische G.-R.-K. im Jahre 1828 durch Nichtaufnahme einer Bestimmung gegen die actio libera in causa die Lösung dieses Problems völlig offen und die Entscheidung über Strafbarkeit und Straflosigkeit der Wissenschaft und Praxis hat überlassen wollen?« Gewiss nicht! — Aber wir sind nicht nur auf Mutmassungen beschränkt, um die Stellung der G.-R.-K. zur actio libera in causa zu ermitteln, wir können vielmehr aus den Akten derselben auch positive Beläge für die erstere anführen. Zwar war es dem Verfasser dieser Abhandlung nicht vergönnt, die erstern im Original zu benutzen, aber auch aus den Auszügen, welche Goltdammer in seinen Materialien I S. 351 abgedruckt hat, geht deutlich hervor, dass die G.-R.-K. jene Vorschriften über die actio libera in causa strich, weil

»es ein Widerspruch sei, von dem Falle der völligen Bewusstlosigkeit durch Trunkenheit auszugehen und dennoch vorauszusetzen, dass der Thäter gleichwohl in ihr noch den vorher gefassten Vorsatz zum Verbrechen wisse und ausführe.«

II. Und in eben diesem Sinne hat auch das Staatsministerium, welches bis zum Juni 1828 über den Entwurf der G.-R.-K. beriet (vergl. Berner, Strafgesetzgebung S. 219), die Streichung der §§ 113/114 des ersten Projektes aufgefasst. Denn in dem bei Goltdammer l. c. abgedruckten Extrakt aus den Akten des Staatsministeriums heisst es:

»Das Staatsministerium rügte, dass dadurch [i. e. die Wortfassung des § 70 Ziff. 4] der in dem Entwurfe von 1827 vorgekommene Fall schuldloser und resp. verschuldeter Trunkenheit aus dem Gesetze nicht erhelle.«

Trotzdem wurde eine ausdrückliche Bestimmung gegen die actio libera in causa weder in den »Entwurf des Strafgesetzbuches für die preussischen Staaten« T. I. vom Jahre 1830 aufgenommen, dessen § 72 Ziff. 4 vielmehr mit dem § 70 Ziff. 4 des vorangegangenen Entwurfes wörtlich übereinstimmte, noch findet jene sich in dem »revidierten Entwurf« T. I (1833). Und dies ist bei dem letztern um so merkwürdiger, weil er von demselben Bode, welcher auch den ersten Entwurf verfasst hatte, herrührt. Nun aber wissen wir ja aus den vorhergegangenen Ausführungen, dass Bode schon im Jahre 1827 keine selbständige Motivierung seiner Vorschriften gegen die actio libera in causa mehr zu geben vermochte, und ausserdem war er in seiner legislatorischen Thätigkeit in Bezug auf den Entwurf von 1833 nicht mehr frei, sondern hatte denselben »ganz nach den Ansichten des Herrn v. Kamptz« — des damaligen Justizministers — (vergl. Temme, Preussisches Strafrecht S. 54) verfassen müssen. Prüfen wir nunmehr, wie diese Ansichten des Herrn v. Kamptz hinsichtlich der actio libera in causa beschaffen waren, so finden wir zunächst im § 74 des Entwurfes folgende Bestimmung:

»Die Anwendung der Strafgesetze ist — ausgeschlossen

1) bei denjenigen, welche zur Zeit der That durch Wahnsinn, Raserei, Blödsinn oder sonst des Gebrauches der Vernunft beraubt waren oder sich im Zustande des Schlafes, gänzlicher Schlaftrunkenheit oder einer andern Art von völliger Bewusstlosigkeit befanden.« —

Und nun wiederholen wir unsere schon zum Entwurfe von 1828 gestellte Frage: »Kann das Schweigen des hier behandelten Projektes anders aufgefasst werden als in dem Sinne, dass die actio libera in causa straflos gelassen werden sollte? Oder hat etwa Herr v. Kamptz die Entscheidung über die Behandlung der actio libera in causa der Natur der Sache oder gar der Wissenschaft und Praxis überlassen wollen? Würde nicht eine derartige Annahme die damals an autoritativer Stelle in Preussen herrschenden Anschauungen gründlichst verkennen?« — Und so könnten wir uns in dem frohen Gefühle, die von uns aufgestellte These auch für den Entwurf von 1833 nachgewiesen oder — sagen wir vorsichtiger — glaubhaft gemacht zu haben, gleich zu dem folgenden Projekte von 1836 wenden, wenn nicht Herr v. Kamptz noch vor dem eben behandelten § 74 eine allgemeine Vorschrift über die Ausschliessung der Zurechnungsfähigkeit eingestellt hätte, die, wenigstens mit der Brille der herrschenden Ansicht gelesen, implicite die Strafbarkeit der actio libera in causa auszusprechen scheint. § 73 bestimmt nämlich:

»Nur demjenigen kann eine Handlung als Verbrechen zugerechnet werden, welcher die Rechtswidrigkeit derselben einzusehen und die Handlung zu unterlassen im Stande war.«

Und jetzt könnten die Vertreter der herrschenden Lehre fragen: Treffen nicht beide Voraussetzungen des § 73 bei einer actio libera in causa zu? Darauf ist zu entgegnen: Allerdings, jedoch nur in dem Falle, wenn man — wie ihr es thut — die strafrechtlich relevante Willensbethätigung noch in den Zeitpunkt der Zurechnungsfähigkeit verlegt, nicht aber, wenn man — wie der hier besprochene Entwurf (vergl. die unten näher zu erörternden »materiellen Abweichungen« Ziff. 27) und sämtliche ihm vorangegangene — die strafbare That erst im Zustande der Unzurechnungsfähigkeit begangen sein lässt. Ausserdem bieten aber auch die »Motive zum revidierten Entwurfe« durchaus keinen Anhalt für die Annahme, dass § 73 implicite die Strafbarkeit der actio libera in causa sanktioniere. Dieser Auffassung nämlich widersprechen drei Umstände: Einmal wäre es höchst merkwürdig, wenn die Motive über einen derartigen weitgehenden Inhalt des § 73 sich gänzlich ausschwiegen, ferner heben sie ausdrücklich hervor, dass § 73 im wesentlichen nur die §§ 16 II 20 ALR.'s und 111 des ersten Entwurfes wieder aufnehmen wolle, die beiden letztern Werke aber hielten doch zur Poenalisierung der actio libera in causa noch eine ausdrückliche Spezialbestimmung für erforderlich, und schliesslich wird von den Motiven die neben dem § 73 noch im § 74 beliebte Katalogisierung der einzelnen Zustände aufgehobener Imputation damit gerechtfertigt, dass andernfalls die Gefahr einer allzu w e i t e n Ausdehnung des Gebietes der Unzurechnungsfähigkeit begründet wäre. Im einzelnen lauten die eben skizzierten Ausführungen in den Motiven S. 23 folgendermassen:

»Es ist [in den Motiven des ersten Entwurfes] das wesentlich auch dem ALR. zu Grunde liegende Prinzip angenommen, »dass nur demjenigen ein Verbrechen zugerechnet und die Strafe desselben auferlegt werden kann, der mit Willkür zu handeln und dabei die Unrechtmässigkeit seiner Handlung einzusehen fähig war«. Dieser Grundsatz würde, wie dies auch in andern Gesetzgebungen geschehen ist, durch die am häufigsten vorkommenden einzelnen Zustände, in welchen nach jenem Prinzip Zurechnungsfähigkeit [soll doch wohl heissen: U n zurechnungsfähigkeit] anzunehmen ist, durchzuführen gewesen sein. Bei der Behandlung des Entwurfs von 1830 ward zwar die Richtigkeit jenes Grundsatzes anerkannt, aber dennoch Bedenken getragen, ihn in dem Gesetzbuch bestimmt auszusprechen, aus Besorgnis, dass er in der Anwendung eine zu weite Deutung erhalten und das Gebiet der Z u r e c h n u n g s u n f ä h i g k e i t zu sehr erweitern möge; man liess daher jenen allgemeinen Grundsatz weg und führte nur die die Zurechnung ausschliessenden einzelnen Zustände an. — — Der Weg statt eines alle denkbaren Fälle umfassenden allgemeinen Grundsatzes, diese Fälle einzeln in positiver Abgeschlossenheit aufzuzählen, führt aber zu keinem sichern Resultate und gewährt weder für jetzt noch weniger aber für die Zukunft eine Garantie für die Erschöpfung alle jener Fälle. — — Angemessen ist es daher, den allgemeinen Grundsatz bestimmt auszusprechen und die Gerichte zugleich durch das Gesetz selbst anzuweisen, wie sie denselben auf die einzelnen, nach der bisherigen Erfahrung am häufigsten vorkommenden Fälle anzuwenden haben.« — Und um nun schliesslich den Beweis dafür, dass der Entwurf von 1833 durch Nichtaufnahme einer ausdrücklichen Bestimmung gegen die actio libera in causa die Straflosigkeit derselben hat sanktionieren wollen, zum Abschluss zu bringen, sei noch auf die schon oben erwähnten »materiellen Abweichungen« Ziff. 27 hingewiesen, welche mit klaren, unzweideutigen Worten die von uns aufgestellte Behauptung bestätigen:

»Ziff. 27: Der Entwurf lässt § 74 diejenigen, welche in der mit völliger Bewusstlosigkeit zusammenfallenden Trunkenheit Verbrechen begehen, straflos, während das Landrecht § 22 denjenigen, welcher sich vorsätzlich oder durch ein grobes Versehen in einen solchen Zustand versetzt hat, das Verbrechen nach Verhältnis seiner Verschuldung anrechnet.«

III. Schon im Jahre 1836 übergab Herr v. Kamptz einen neuen »revidierten Entwurf des Strafgesetzbuchs« dem Druck. Auch dieser enthielt wie sein Vorgänger keine Bestimmung gegen die actio libera in causa, und auch hier wird es, wie ich glaube, nicht schwer fallen, die am Eingang meiner historischen Untersuchung aufgestellte These durchzuführen. Im Gegenteil ist dies um so leichter, als wir im grossen und ganzen auf unsere zum Entwurfe von 1833 gemachten Ausführungen rekurrieren können. Denn der Entwurf von 1836 ist im wesentlichen weiter nichts als ein durch Zusätze vermehrter Abdruck des erstern. Sind doch die eben erörterten §§ 73 und 74 Ziff. 1, von einer ganz unbedeutenden redaktionellen Änderung abgesehen [24]), wörtlich als §§ 76 und 77 Ziff. 2 in jenen übernommen. Ja, wenn wir schliesslich uns noch einmal ausdrücklich auf un-

---

[24]) Statt der Worte »zur Zeit der That« im § 74 Ziff. 1 von 1833 heisst es § 77 Ziff. 2 von 1836 »als sie die That begingen«.

sere Ausführungen zu den Motiven des Entwurfes von 1833 beziehen, so sind wir hierzu in gewissem Sinne sogar auf Grund einer besondern Ermächtigung des Legislators befugt. In seiner Vorrede zum Entwurfe von 1836 sagt nämlich der Minister v. Kamptz:

»Dieser Abdruck stimmt materialiter bis auf die — — im Laufe der ferneren Beratungen eingefügten Zusätze, Erweiterungen und Berichtigungen mit der Quartausgabe [dem Entwurfe von 1833] überein. — Die Motive sind zu der gegenwärtigen Oktavausgabe nicht besonders abgedruckt, da sie bei der [in dieser enthaltenen] Nachweisung der von ihnen betroffenen Paragraphen des früheren Entwurfes in 4to von selbst vorliegen.«

Der Vervollständigung halber glaube ich jedoch noch einige weitere Gesichtspunkte hervorheben zu müssen, aus welchen die Stellung des hier behandelten Projektes zur actio libera in causa erhellt. Einmal wäre es gewiss höchst seltsam, wenn sich innerhalb dreier Jahre die Ansicht des Herrn v. Kamptz über jenes Problem in grundlegender Weise geändert haben sollte, sodann ist es schwer begreiflich, weshalb der Entwurf, dem Kürze [er zählt 797, in einer späteren Redaktion sogar 799 Paragraphen] und Auslassung selbstverständlicher oder nur der Wissenschaft angehöriger Vorschriften durchaus nicht nachgesagt werden kann, nicht auch eine ausdrückliche Vorschrift gegen die actio libera in causa aufgenommen hätte, vorausgesetzt wenigstens dass er überhaupt die Strafbarkeit der letztern anerkannte; und zwar wäre dieses Schweigen (selbstverständlich immer unter der eben ausgesprochenen Bedingung) um so auffälliger, als sich Kamptz in der Einleitung der von ihm herausgegebenen »Zusammenstellung der drei Entwürfe des preussischen Strafgesetzbuches« gegen den ihm gemachten Vorwurf der Weitschweifigkeit folgendermassen verteidigt:

»Für den Rechtskundigen genügt allerdings die Feststellung allgemeiner Grundsätze, die aus denselben sich ergebenden nähern Bestimmungen werden ihm nicht entgehen, auch wenn das Gesetzbuch sie nicht ausspricht. Anders verhält es sich aber in Ansehung desjenigen, der nicht Rechtskundiger ist. Unbekanntschaft mit den Strafgesetzen schützt ihn nicht vor der Strafe — — und zu Abstraktionen aus allgemeinen Grundsätzen ist er ebensowenig fähig als zur Zusammenstellung derjenigen, die im Gesetzbuch enthalten sind. Da die Verhütung von Verbrechen der letzte Zweck eines Strafgesetzbuchs ist, so schien es mir nicht bloss billig und gerecht, sondern auch ratsam, die Bestimmungen über die Strafbarkeit der Handlungen nicht nur im allgemeinen Grundsatze, sondern auch in den aus demselben folgenden näheren Modalitäten[25]) — — in das Gesetzbuch aufzunehmen und dadurch die Kenntnis desselben zu erleichtern.«

Schliesslich sei auch noch auf die zu dem hier behandelten Entwurfe im Auftrage des Herrn v. Kamptz vom Kammergerichts-Assessor Weil angefertigte »Zusammenstellung der Strafgesetze auswärtiger Staaten« T. I hingewiesen. Von den in dieser enthaltenen Gesetzen bezw. Gesetzentwürfen haben sämtliche den deutschen Staaten angehörige — es sind deren dreizehn — eine Bestimmung gegen die actio libera in causa aufgenommen. Alle diese Legislationen geben ausserdem noch ihre Strafbestimmung, soweit sie dieselbe nicht bloss durch die Postulierung einer »unverschuldeten« Unzurechnungsfähigkeit oder in ähnlicher fragmentarischer Weise, sondern in einer auch nur einigermassen ausführlichen Form zum Ausdruck bringen, in jener von uns schon oft erwähnten, nach den Ausführungen der herrschenden Lehre falschen Redaktion. — Und nun vergegenwärtigen wir uns noch, dass auch die Strafbestimmungen des preussischen Entwurfes von 1827 gegen die actio libera in causa ebenso wie die des ALR.'s in eben jener »verfehlten« Weise redigiert waren, dann können wir mit Fug und Recht sagen: In den dreissiger Jahren des neunzehnten Jahrhunderts gingen sämtliche deutschen Gesetzgebungen von der Auffassung aus, dass im Falle einer actio libera in causa die That erst im Zustande der Bewusstlosigkeit begangen würde, dass infolgedessen eine Bestrafung der erstern nicht etwa aus den allgemeinen

---

[25]) Zu diesen nähern Modalitäten dürfte doch sicherlich auch eine Strafbestimmung gegen die actio libera in causa gehören. Ihr Fehlen im Entwurfe von 1836 kann folglich mit einem argumentum a contrario aus Kamptz' eignen Worten nur im Sinne einer uneingeschränkten Geltung des allgemeinen Grundsatzes der §§ 76 f. und folglich der Straflosigkeit jener gedeutet werden.

Regeln der Zurechnungslehre folge, nein ganz im Gegenteil eine schroffe Ausnahme derselben darstelle, eine Ausnahme, wie sie nur der Gesetzgeber statuieren darf, und dass deshalb die Nichtaufnahme einer solchen Strafvorschrift lediglich als Streichung einer Sondernorm, mithin zugleich als unbedingte Durchführung jener allgemeinen Regeln auch gegenüber der actio libera in causa und zwar gegenüber der letztern nur in einem die Straflosigkeit derselben begründenden Sinne angesehen werden könne.

§ 14. Die Entwürfe von 1839—1843.

I. Der Entwurf von 1836 ging zur weitern Prüfung an eine aus Mitgliedern des Staatsrats gebildete Immediat-Kommission (vergl. Berner, Strafgesetzgebung S. 228 ff.); dieselbe beriet zunächst über den allgemeinen Teil in dreiundzwanzig Sitzungen vom 6./3. 1838 bis zum 29./6. 1839. Der aus ihren Beratungen hervorgegangene Teilentwurf ist gedruckt unter dem Titel »Entwurf des Strafgesetzbuchs. Erster Teil: Von Verbrechen und Polizeivergehen und deren Bestrafung überhaupt«. Fassen wir nun die von ihm über die Zustände der Unzurechnungsfähigkeit getroffenen Vorschriften ins Auge, so fällt uns als wichtigste Abweichung von den vier vorhergegangenen Entwürfen die Wiederaufnahme einer ausdrücklichen Strafbestimmung gegen die actio libera in causa auf, und zwar wird dieselbe in einer mit den §§ 113 u. 114 des ersten Entwurfes im wesentlichen übereinlautenden Fassung gegeben. Es verordnen nämlich die §§ 87/90:

»87: Nur demjenigen kann ein Verbrechen zugerechnet werden, welcher die Unrechtmässigkeit seiner Handlung einzusehen und sie zu unterlassen imstande war.

§ 88: Wegen Zurechnungsunfähigkeit zur Zeit der That sind daher stets straflos: — —

4) diejenigen, welche sich im Zustande des Schlafs oder gänzlicher Schlaftrunkenheit oder einer andern Art von völliger Bewusstlosigkeit befanden.

§ 89: Hat sich jedoch der Thäter absichtlich durch Trunk oder sonst in einen solchen Zustand versetzt, um in demselben ein zuvor beschlossenes Verbrechen auszuführen, so ist ihm die That, soweit er sie vorher beschlossen hatte, als eine vorsätzliche zuzurechnen.

§ 90: Hat sich jemand den bewusstlosen Zustand, in welchem er ein Verbrechen beging, ohne eine solche Absicht zugezogen, so kommt es auf die Beschaffenheit der Handlung an, durch welche er seine Bewusstlosigkeit veranlasste, ob ihm das Verbrechen als ein fahrlässiges zugerechnet werden kann.«

Betrachten wir nunmehr aber die in No. 13 der »Beratungsprotokolle« enthaltene Rechtfertigung dieser Abweichung von den unmittelbar vorhergehenden Entwürfen, so giebt uns dieselbe eine neue Bestätigung für den Kardinalsatz der ganzen historischen Abteilung. Denn nirgends finden wir in jener auch nur die geringste Andeutung davon, dass die Einschaltung der Strafvorschriften gegen die actio libera in causa in den Entwurf eigentlich etwas Überflüssiges wäre, da dieselben sich ja schon aus den allgemeinen Grundsätzen der Imputationslehre von selbst ergeben würden; und wie darf man überhaupt bezüglich des Entwurfes von 1839 eine derartige Äusserung erwarten? Geht er doch, wie sich aus den §§ 89/90 klipp und klar ergiebt, noch immer davon aus, dass im Falle einer actio libera in causa die strafrechtlich relevante That wohl auf die Freiheit zurückbezogen werden könnte, dass sie aber nicht selbst, wie die heute herrschende Lehre annimmt, eine freie That sei. Daher ist es auch nicht zu verwundern, wenn wir in schroffem Gegensatze zu den Theoremen jener Lehre l. c. S. 96 f. lesen:

»Es wurde von einer Seite bemerkt: Zu den Zuständen der Bewusstlosigkeit gehöre auch der der völligen Trunkenheit und nach der jetzigen Fassung des Paragraphen [damals § 77 Ziff. 2 von 1836] würde mithin völlige Trunkenheit stets Zurechnung ausschliessen. Das aber lasse sich in dem Falle nicht rechtfertigen, wenn der Verbrecher sich gerade in der Absicht in einen bewusstlosen Zustand versetzt habe, um in demselben ein zuvor beschlossenes Verbrechen auszuführen; denn in einem solchen Falle sei das Verbrechen ein vorsätzliches, und die Bewusstlosigkeit nur Mittel zu dessen Begehung. Es müsse also die volle gesetzliche Strafe eintreten. In andern Fällen könne die Fahrlässigkeit, mit welcher der Verbrecher sich in den bewusstlosen Zustand versetzt, das Verbrechen, welches er in demselben verübt, als ein fahrlässiges darstellen und mithin eine Strafe alsdann begründen, wenn das Gesetz dergleichen fahrlässige Handlungen bestrafe. Die Fälle müssten daher, um Missverständnisse zu verhüten, notwendig in dem Strafgesetzbuche vorgesehen werden und würden des Zusammenhanges wegen am besten hier erwähnt werden können. Diese Ansicht wurde für richtig anerkannt, und eine derselben entsprechende Vervollständigung des Strafgesetzbuchs beschlossen.«

II. Noch im Jahre 1839 stellte aber die Immediat-Kommission einen zweiten Entwurf des allgemeinen Teils fertig. Aber sowohl dieser, als auch die weitern Entwürfe von 1840 und 1842 waren im wesentlichen nur Neuredaktionen des eben besprochenen. Sie bieten daher auch für die hier behandelte Frage kein besonderes Interesse und können im grossen und ganzen mit einer blossen Erwähnung erledigt werden: nur einen Punkt möchte ich hervorheben: Im Entwurfe von 1840 erhielt nämlich der § 80 — die Bestimmung über die fahrlässige actio libera in causa — eine kleine redaktionelle Änderung, indem die Worte »auf die Beschaffenheit — veranlasste« des S. 89 citierten § 90 durch die nichtssagende Floskel »auf die Umstände« ersetzt wurde. Wichtiger als diese wenigstens prima facie ziemlich harmlose Änderung ist der Wortlaut des vom Plenum des Staatsrats herrührenden Monitums, welches die Veranlassung zu jener bildete, und zwar ist dasselbe gerade um dessentwillen für unsere Arbeit so interessant, weil es scharf die krasse Verschiedenheit zwischen dem Standpunkt des damaligen Gesetzgebers und der heute herrschenden Lehre hervortreten lässt. Die citierten Beratungsprotokolle berichten hierüber S. 196:

»[Zum § 90] ist bemerkt worden, dass es bei der Frage, ob das in einem bewusstlosen Zustande verübte Verbrechen dem Thäter als ein fahrlässiges zugerechnet werden könne, nicht sowohl auf die Beschaffenheit der Handlung, durch welche jener Zustand veranlasst worden, als vielmehr darauf ankomme, ob der Thäter bei dieser Handlung die Möglichkeit der Begehung des Verbrechens voraussehen könnte[26]).«

III. Auch der aus den hier flüchtig skizzierten, mannigfaltigen Beratungen schliesslich hervorgegangene Entwurf des Strafgesetzbuchs vom Jahre 1843 hat die ausdrückliche Bestimmung gegen die actio libera in causa in den §§ 80/81 beibehalten, und zwar lauten dieselben mit den §§ 89/90 des Entwurfes I von 1839 abgesehen von jener oben erwähnten redaktionellen Änderung überein. Eine besondere Begründung für jene Paragraphen fehlt, wie überhaupt der Entwurf von 1843 nicht mit Motiven versehen wurde; doch ist eine solche bei der engen Zusammengehörigkeit aller zuletzt besprochenen Entwürfe in den oben citierten Protokollextrakten zweifellos enthalten.

IV. Aber trotzdem müssen wir noch bei dem Projekte von 1843 verweilen und zwar aus dem Grunde, weil dasselbe im Gegensatz zu seinen sämtlichen Vorgängern zuerst der Öffentlichkeit übergeben wurde und — wie dies bei der Bedeutsamkeit des Gegenstandes zu erwarten war — eine reiche Anzahl von Kritiken hervorrief. Aber soweit ich dieselben habe durchgehen können, vermochte ich unter ihnen keine einzige zu finden, welche die Streichung der §§ 80/81 aus dem Grunde befürwortet hätte, weil die letzteren ein selbstverständliches Superfluum, eine aus den allgemeinen Vorschriften über die Zurechnungsfähigkeit sich unmittelbar ergebende Konsequenz aussprächen. Wohl machen wir bei einer Betrachtung jener Kritiken die vielleicht überraschende Entdeckung, dass die Mehrzahl sich gegen die §§ 80/81 oder doch wenigstens gegen den erstern, also gegen die poena doli im Falle einer actio libera in causa, erklärt, aber nur deshalb, weil sie jene beiden Paragraphen bezw. den § 80 als die grösste Ungerechtigkeit, als eine schroffe Verletzung gerade der obgedachten allgemeinen Vorschriften über die Zurechnungsfähigkeit betrachtet. Zum Belege dieser Behauptung möchte ich an erster Stelle auf die

---

[26]) Nach der herrschenden Ansicht würde bekanntlich dieselbe Handlung, bei der zufolge dem staatsrätlichen Monitum der Thäter die Möglichkeit des doch erst später — nach eingetretener Unzurechnungsfähigkeit — zu begehenden Verbrechens voraussehen konnte, sich bereits als Verwirklichung des entscheidenden deliktischen Thatbestandsmerkmales charakterisieren.

von einem der höchsten preussischen Beamten, den Wirkl. Geh. Ober-Justizrat Ruppenthal, verfassten Bemerkungen über den Entwurf des preussischen Strafgesetzbuchs hinweisen. Allerdings können die Ausführungen dieses Autors über die actio libera in causa leicht missverständlich aufgefasst werden, und ich will gern eingestehen, dass ich aus denselben anfänglich eine Apologie der herrschenden Lehre herausgelesen habe, doch hat mich eine genauere Nachprüfung der ersteren zu der entgegengesetzten Ansicht bezüglich der Stellung Ruppenthals zu unserm Probleme geführt. Und ich glaube, dass jeder, der sine ira et studio die in Frage stehenden Darlegungen jenes Schriftstellers prüft, zu dem gleichen Resultate gelangen muss. Ruppenthal lässt sich nämlich über die actio libera in causa folgendermassen aus:

»S. 102ff.: Die Schlussworte des § 79[27]) sprechen von einer völligen Bewusstlosigkeit. Der § 80 hat den Fall im Auge, wenn jemand absichtlich sich durch Trunkenheit in einen »solchen Zustand«, also in den Zustand völliger Bewusstlosigkeit versetzt, um in diesem Zustande völliger Bewusstlosigkeit, also nachdem er sich in diesen Zustand versetzt haben wird, ein im nüchternen Zustande beschlossenes Verbrechen zu verüben. Hat er nun in dem Zustande völliger Bewusstlosigkeit das Verbrechen gerade so, wie er es im nüchternen Zustande beschlossen hatte, verübt, so wird es ihm als ein vorsätzliches zugerechnet[28]). — Also in der Absicht einen Mord zu verüben beschliesst jemand sich bis zur Bewusstlosigkeit zu berauschen; in diesem Zustande will er das Verbrechen ausführen. Er muss also wissen können, wann er den Zustand völliger Bewusstlosigkeit erreicht hat, weil er nur dann erst Hand ans Werk legen will; er muss sich überzeugt fühlen, dass er sich jetzt im Zustande völliger Bewusstlosigkeit befinde, und dass es nun an der Zeit sei, das Verbrechen auszuführen. Er muss im Zustande

[27]) Dieselben stimmen mit denen des S. 88 citierten § 88 des Entwurfs I von 1839 wörtlich überein.

[28]) Beachtenswert ist die Schärfe, mit der R. betont, dass § 80 [u. § 81] eine erst im unzurechnungsfähigen Zustande begangene That poenalisiert, meisterhaft aber geradezu die Persiflage dieser an sich unzurechenbaren, jedoch durch den Willen des Gesetzgebers zu einer zurechenbaren gestempelten That.

völliger Bewusstlosigkeit des im nüchternen Zustande gefassten Beschlusses sich erinnern; er muss mit einem Worte in dem Zustande völliger Bewusstlosigkeit sich des frühern nüchternen und des gegenwärtigen bewusstlosen Zustandes bewusst sein, muss fähig sein, diese beiden miteinander zu vergleichen; ohne dieses würde es sich nicht rechtfertigen lassen, dass der Verbrecher als ein vorsätzlicher bestraft werden soll. — Es ist aber geradezu unmöglich, dass ein Bewusstloser sich seines Zustandes bewusst sein soll. Deswegen scheint uns die Fassung des Entwurfs bedenklich und eine Veränderung derselben sehr wünschenswert; der Ausdruck »völlige Bewusstlosigkeit« scheint uns nicht glücklich gewählt, wenn die Verbindung des § 80 mit dem § 79, so wie sie jetzt angenommen ist, beibehalten werden soll. Ob man einen bessern finden kann, steht dahin; wir bezweifeln es. Andere Gesetzbücher bedienen sich der Worte: Verwirrung der Sinne; aber auch gegen diese lässt sich das oben Gesagte in seiner ganzen Ausdehnung geltend machen, obgleich diese Worte weniger sagen als der Entwurf. — Gerade die Schwierigkeit eine Fassung zu finden, die nicht zu viel und nicht zu wenig sagt, bestimmt uns zu dem Wunsche, dass von der Trunkenheit in dem Gesetze garnichts möge gesagt werden; wir sind überzeugt, dass in jedem einzelnen Falle der Richter das Rechte finden werde (II). [Man wird zugeben, dass die zuletzt citierten Sätze im Verhältnis zu dem Anfang der Ruppenthalschen Ausführungen dunkel und widerspruchsvoll sind. Im Beginn seiner Auseinandersetzung verwarf Ruppenthal mit aller Entschiedenheit die Strafbestimmung gegen die actio libera in causa, aber schliesslich scheint er die Frage über Strafbarkeit oder Straflosigkeit derselben als eine offne zu betrachten, die jedesmal von dem Richter der That zu entscheiden sei. Wie aber finden wir des Rätsels Lösung? Ich glaube: Nur dann, wenn wir annehmen, dass Ruppenthal in den zuletzt von ihm vorgetragenen Sätzen nicht an den Gegensatz von verschuldeter und unverschuldeter Unzurechnungsfähigkeit, sondern an den von aufgehobener und verminderter Imputation gedacht hat. Nicht darüber soll nach Ruppenthal der Richter frei entscheiden, ob die im Zustande der Bewusstlosigkeit begangene That sich als eine actio libera in causa darstelle oder nicht, nein nur darüber, ob die That wirklich im Zustande der aufgehobenen oder etwa bloss der verminderten Imputation begangen wurde. Die Richtigkeit des letzten Satzes ergiebt sich zweifellos aus den weitern Ausführungen Ruppenthals, in denen derselbe seine Ansicht über die Stellung des Richters zu den Problemen der Zurechnungslehre durch folgendes Beispiel erläutert:] Bei dem, welcher sich — berauscht und in diesem Zustande [i. e. dem des Rausches, der aber — wie sich aus dem Schluss des Satzes ergiebt — nicht mit der Volltrunkenheit identifiziert werden darf] ein Verbrechen verübt, wird, wie es sich von selbst versteht, der Richter zu prüfen haben, inwieweit ihm das Verbrechen, sei es als vorsätzliches, sei es als fahrlässiges, zugerechnet werden kann. [Endlich führt Ruppenthal aus:] Der Richter ist zu dieser Prüfung nicht bloss bei dem Berauschten, sondern auch bei andern berufen, die sich aus andern Gründen in einen Zustand versetzten, in dem man eine gänzliche Freiheit des Willens bei denselben bezweifeln darf[29]). — Deswegen erscheint uns auch der § 81 ganz überflüssig, und wir würden es für eine Verbesserung halten, wenn die §§ 80/81 aus dem Gesetze ganz verschwänden.«

Mit ähnlicher Schärfe wie Ruppenthal erklärt sich ein anderer rheinischer Jurist, Duden, in seiner Kritik über den Entwurf gegen den § 80. Vergl. l. c. S. 162:

»Was den § 80 betrifft, so muss er, um gerecht zu sein, einen geistigen Zusammenhang zwischen dem Vorsatze sich zu betrinken und dem Zustande der Betrunkenheit selbst voraussetzen, d. h., dass in diesem Zustande das Bewusstsein nicht ausgeschlossen gewesen sei. Dann passt der Fall aber nicht unter Geistesabwesenheit. Dem Paragraphen liegt offenbar die sonderbare Vorstellung zu Grunde, als ob man durch den Trunk ganz von Sinnen kommen und dennoch von dem frühern verbrecherischen Vorsatze fortbeseelt sein könne.«

Doch in einem wichtigen Punkte unterscheiden sich die Ausführungen Dudens von denen Ruppenthals: Der erstere ge-

---

[29]) Gerade der Ausdruck »Bezweifeln der gänzlichen Freiheit« zeigt doch wohl wieder deutlich, dass es R. wenigstens am Schlusse seiner Ausführungen über die §§ 80/81 vor allem um die forensische Behandlung der Zustände geminderter Zurechnung zu thun war.

denkt mit keinem Worte des § 81, der Bestimmung über die fahrlässige actio libera in causa. Wie haben wir dieses Schweigen zu verstehen? Glaubte etwa der Autor mit seiner Polemik gegen den § 80 implicite auch dem § 81 den Garaus gemacht zu haben, oder gilt umgekehrt dem letztern gegenüber der Satz: qui tacet, consentire videtur? Und diese Frage, auf die ich allerdings zu meinem Bedauern die Antwort schuldig bleiben muss, wird um so bedeutsamer, als unter den Kritikern des Entwurfes von 1843 verschiedene Stimmen sich erhoben, welche zwar den § 80, also die poena doli im Falle einer actio libera in causa, verwarfen, aber in einem Atemzuge den § 81, die poena culpae, rechtfertigen zu können vermeinten. Zu diesen Autoren gehört auch wohl der zu seiner Zeit hochangesehene Breslauer Professor Abegg, derselbe Abegg, der sich in seinem oben § 4 S. 16 erwähnten Lehrbuche noch, wenn auch offenbar zögernd, der herrschenden Lehre angeschlossen hatte. Dagegen hat Abegg in den hier zu besprechenden »kritischen Betrachtungen« seine Stellung zu unserm Probleme in der oben angegebenen Weise modifiziert, jedoch ist er freilich von der Richtigkeit seiner neuen Ansicht noch nicht völlig überzeugt, vielmehr lässt sich in seinen Sätzen eine gewisse Unsicherheit durchaus nicht verkennen. Vergl. l. c. Abt. I S. 194f.:

»Man kann unter den in § 80 aufgestellten Voraussetzungen jedenfalls eine mittelbare Zurechnung zunächst zur Fahrlässigkeit (!!) annehmen, unter Umständen, die gewiss höchst selten sind, auch sogar zum Vorsatz. Letzteres wohl nur, wo der Rausch noch die Möglichkeit bestehen lässt, dass der Thäter sich seines Vorsatzes erinnere und ihn jetzt ausführe. Dies steht aber mit der völligen Bewusstlosigkeit im Widerspruch. Die hier im § 80 aufgestellte Bestimmung enthält eine nicht zu rechtfertigende Vermutung des bösen Vorsatzes.«

Die gleiche Ansicht wird — jedoch viel bestimmter — von Plathner, Beurteilung des Entwurfs vertreten, auf dessen eigenartige Ausführungen ich im folgenden des nähern eingehen werde. Auch Plathner geht wie sämtliche bisher besprochenen Kritiker davon aus, dass die actio libera in causa erst im unzurechnungsfähigen Zustande begangen wird, er bekämpft daher den § 80 als ungerecht und widerspruchsvoll: l. c. S. 74f.:

»Was der Mensch im Zustande der Bewusstlosigkeit thut, kann ihm nie als vorsätzliche Handlung zugerechnet werden. — Der § 80 enthält dadurch [d. h. weil er bei einer absichtlichen actio libera in causa die Vorsatzstrafe eintreten lassen will] einen Widerspruch. Soweit man den Widerspruch beseitigt, aber ist der ganze Paragraph unnötig. Das versteht sich von selbst, dass, wenn ich ein Verbrechen beschlossen habe und mich betrinke, um es im trunkenen Zustande auszuführen, mir die zum Zwecke der Ausführung bewirkte Trunkenheit nicht zur Entschuldigung gereichen kann. So lange ich aber in der Trunkenheit einen vorher gefassten Entschluss ausführe, befinde ich mich unmöglich im Zustande der Bewusstlosigkeit, denn ich bin mir ja des frühern Entschlusses bewusst. Es ist also ein Widerspruch, wenn der Entwurf von der Ausführung eines zuvor beschlossenen Verbrechens im Zustande der Bewusstlosigkeit spricht.«

Aber auch darin gleicht Plathner scheinbar wenigstens dem zuvor behandelten Schriftsteller, dass er sich, wenn man seine Ausführungen nur oberflächlich betrachtet, scheut, aus seiner Auffassung der actio libera in causa als einer erst in der Zeit der Unzurechnungsfähigkeit begangenen Handlung die Konsequenz zu ziehen, d. h. die unbedingte Straflosigkeit jener anzuerkennen. Wohl verwirft er — wie wir oben gesehen haben — die poena doli, dagegen billigt er die Fahrlässigkeitsstrafe. Jedoch ist diese Ähnlichkeit in der Stellung Abeggs und Plathners in Wahrheit nur eine scheinbare. Denn der letztere stützt die Fahrlässigkeitsstrafe garnicht auf die actio libera in causa, sondern auf ein neues, an die ältere gemeinrechtliche Doktrin angelehntes Delikt, dessen Thatbestand durch das »Sich-Versetzen in den Zustand der Unzurechnungsfähigkeit unter Umständen, welche die Pflicht zur Vermeidung des erstern begründeten,« erschöpft wird, während als »Bedingung der Strafbarkeit« die Begehung einer äusserlich deliktischen Handlung in eben jenem Zustande erscheint. Und ich gestehe offen zu, dass dieser von Plathner angeführte Rechtsgrund m. E. — denn de lege ferenda schliesse ich mich ja bekanntlich dem

Resultate der herrschenden Lehre an — zur Rechtfertigung des letztern wohl verwendbar ist, wenn auch Plathner, der sich vielleicht aber selbst der Tragweite seines Vorschlages nicht ganz bewusst geworden ist, jenen Rechtsgrund nur zur Begründung der Fahrlässigkeitsstrafe benutzt. Doch lassen wir den Autor selber sprechen:

»S. 74: — — Es kann dem Menschen zugerechnet werden, dass er sich in einen Zustand versetzte, in welchem er einen andern durch seine Bewusstlosigkeit schadet. Damit das der Fall sei, muss jedoch die Verpflichtung bestehen, einen bewusstlosen Zustand zu vermeiden. Eine solche Verpflichtung setzt besondere Umstände voraus. Es würde daher zu sagen sein:

Wer unter Umständen, welche ihn verpflichten, einen bewusstlosen Zustand zu vermeiden, dennoch schuldbarer Weise in einen solchen Zustand verfällt, dem wird der in solchem Zustande verursachte Schaden als ein durch seine Fahrlässigkeit verursachter zugerechnet.« —

Jedoch darf ich meine Übersicht über die Kritiker des Entwurfes von 1843 nicht abschliessen, ohne auf zwei Autoren, einen Juristen und einen Mediziner, aufmerksam zu machen, die sich für die §§ 80/81 erklärt haben, die ich aber trotzdem als Zeugen für die Richtigkeit der zu Beginn meiner historischen Untersuchung aufgestellten These in Anspruch nehmen kann, da beide die Beibehaltung der §§ 80/81 für unumgänglich notwendig erklären, um (de lege lata) die actio libera in causa strafen zu können. Dies ist freilich hinsichtlich des erstern Autors, des schon mehrfach erwähnten Temme, um so merkwürdiger, als dieser in seiner Kritik des Entwurfes T. I S. 140f. ausdrücklich die Strafbarkeit der actio libera in causa für selbstverständlich erklärt. Hören wir nunmehr, wie er trotz einer solchen Ansicht die Notwendigkeit einer besondern gesetzlichen Bestimmung gegen jene deduziert:

»Seine [des § 80] Notwendigkeit leuchtet ein. Bei der That eines Menschen wie der in Frage stehenden sind alle Bedingungen einer strafbaren Handlung vorhanden, insbesondere auch der verbrecherische Wille. Der Verbrecher hat sich gleichsam selbst zu einer unbewussten Maschine gemacht, durch welche er die That verübt[29]). Insofern hätte die Bestimmung sich freilich aus allgemeinen Gründen von selbst verstanden. — — Allein bei der notwendigen, kategorischen Fassung der No. 4 in § 79[30]) war des besondern Umstandes einer willkürlichen, absichtlichen Versetzung in den Zustand der Bewusstlosigkeit allerdings zu erwähnen.«

Zu den gleichen Resultaten wie Temme kommt vom gerichtsärztlichen Standpunkt aus auch der berühmte Vertreter der forensischen Medizin Joh. Ludw. Casper. Vergl. Entwurf S. 16:

»Keinesfalls durften die §§ 80/81 hier fehlen, da sie ein gerichtlich-medizinisches Interesse haben, insofern die Frage von der verschuldeten oder unverschuldeten Trunkenheit zur Sprache kommt, die in vielen Fällen nur allein das ärztliche Gutachten lösen kann.«

V. Wenn mir an dieser Stelle endlich ein kurzer Rückblick auf die zum Entwurfe von 1843 gemachten Ausführungen gestattet sein mag, so darf ich mich wohl jetzt berühmen, auch für jenen die Richtigkeit meines Prinzipalsatzes nachgewiesen zu haben: Weder im Entwurfe selbst noch in seinen Materialien noch schliesslich auch in seiner Litteratur finden wir an irgend einer Stelle die geringste Andeutung jener Lehre, die heute von so vielen und bedeutenden Juristen vertreten wird, jener Lehre, die allein die Strafbarkeit der actio libera in causa trotz des Schweigens des RStGB.'s mit einigermassen plausibeln Gründen rechtfertigen kann, jener Lehre nämlich, die das strafrechtlich relevante Thun resp. Unterlassen bei einer actio libera in causa noch in den zurechnungsfähigen Zustand verlegt. Gerade die entgegengesetzte Auffassung haben wir hinsichtlich des hier behandelten Entwurfes zu konstatieren. Sowohl der Text des letztern, wie die ihm zu Grunde liegenden Beratungsprotokolle der Immediat-Kommission und endlich auch die Kritik sprechen es klar und bündig aus, dass die Poenalisierung

---

[29]) Vergl. gegen diese Ansicht von dem sich selbst als Werkzeug benutzenden Thäter meine dogmatischen Ausführungen — oben S. 59ff. —

[30]) Ist nicht § 51 RStGB.'s mindesten ebenso notwendig, kategorisch gefasst?

der actio libera in causa sich als Bestrafung einer eigentlich unzurechenbaren That darstelle. Dem Entwurfe gilt daher auch, was vor allem aus den Eingangsworten des § 80 und überhaupt der Stellung der §§ 80/81 zu dem § 79 klar hervorgeht, die Strafbestimmung gegen die actio libera in causa als eine schroffe Sondernorm gegenüber den allgemeinen Regeln der Imputationslehre, und aus dem oben S. 89f. mitgeteilten Auszuge aus den Beratungsprotokollen dürfte mit Sicherheit hervorgehen, dass der Legislator die Entscheidung über die Behandlung unseres Problems, die Statuierung jener Sondernorm lediglich als seine, nicht etwa aber als Sache der Wissenschaft und Praxis ansah. Und die gleichen Ansichten bezüglich der Ausnahmenatur der §§ 80/81 spiegeln sich auch bald mehr, bald minder scharf in den Darlegungen der einzelnen Kritiker wieder.

§ 15. Die Entwürfe von 1845—1850.

I. Selten hat eine Bestimmung in der Geschichte der preussischen Entwürfe so mannigfache Schicksale erlitten als die über die actiones liberae in causa. Schon im Entwurfe von 1845 war dieselbe wiederum gestrichen, und sie ist auch in der Folgezeit nicht mehr aufgenommen worden. Auch in einem andern wichtigen Punkte unterscheiden sich die Vorschriften des eben genannten Projektes über den Ausschluss der Zurechnungsfähigkeit sehr zu ihrem Vorteil von denen der zuletzt vorangegangenen Entwürfe; der lange Katalog der einzelnen hierher gehörenden Zustände ist verschwunden, kurz und bündig bestimmt der vielleicht etwas zu allgemeine § 57:

»Eine an sich strafbare Handlung kann demjenigen nicht zugerechnet werden, in welchem durch jugendliches Alter oder durch einen besondern Geisteszustand der freie Gebrauch der Vernunft völlig aufgehoben war.« [Vergl. Goltdammer, Materialien I S. 348f.]

Gegenüber diesen Änderungen drängt sich uns doch von neuem die Frage auf: »Was bedeutete die Streichung der Vorschriften gegen die actio libera in causa? Und ferner, welche Tragweite hatte jene generelle Norm des § 57? Sollte, der Nichtaufnahme der §§ 80/81 des vorigen Entwurfes ungeachtet, nunmehr etwa aus allgemeinen Gründen implicite die Strafbarkeit der actiones liberae in causa anerkannt, oder umgekehrt diese Zustände durch die allgemeine Vorschrift des § 57 gedeckt werden?« — Da möchten nun vielleicht einige übereifrige Vertreter der herrschenden Lehre geneigt sein, mir vorschnell zu erwidern: »Oh, auf die eben gestellten Fragen können wir dem Schreiber dieser Abhandlung recht gut Auskunft erteilen. Unsere Antwort lautet einfach: Der Entwurf von 1845 entstand unter der Ägide v. Savignys. — Das dürfte doch wohl dem Verfasser dieses Aufsatzes genügen! Denn Savigny, dieser erlauchteste Vertreter der Wissenschaft, Savigny, der endlich den »unfähigen« Kamptz, den »bösen Reaktionär« im preussischen Justizministerium für Gesetz-Revision abgelöst hatte, der erkannte natürlich von vornherein, dass die Normen über die actio libera in causa garnicht in ein Gesetzbuch hineingehörten, dass vielmehr die Entscheidung über Strafbarkeit oder Straflosigkeit derselben sich einfach aus den allgemeinen Grundsätzen der Zurechnungslehre von selbst — und hier vom Standpunkt der herrschenden Lehre aus selbstverständlich im Sinne der ersten Alternative — ergebe, und der strich deshalb die oben besprochenen §§ 80/81 lediglich aus dem Grunde, weil Wissenschaft und Praxis auch ohne gesetzliche Bestimmung, geleitet von jenen allgemeinen Grundsätzen, unser Problem im richtigen Sinne (d. h. natürlich, in dem der Strafbarkeit) lösen würden.« — — Auf diese bei einem Manne wie Savigny eigentlich nahe liegende Antwort habe ich nun zu meinem grössten Bedauern meinerseits zu entgegnen, dass sie grundfalsch ist. Denn Savigny hat nie und nimmer aus den Grundbegriffen der Zurechnungslehre die Strafbarkeit der actio libera in causa gefolgert. Er hat ebenso wenig jemals daran gedacht, durch Streichung der §§ 80/81 der Wissenschaft und Praxis die Entscheidung zu überlassen, nein, durch die Nichtaufnahme dieser Vorschriften wollte er klar und bestimmt die Straflosigkeit der actiones liberae in causa zum Ausdruck bringen. Dies ergiebt sich unzweideutig, wenn wir die Materialien des Entwurfes von 1845 und der folgenden unter dem Justizministerium Savigny entstandenen strafgesetzgeberischen Projekte ins Auge fassen. Was zunächst den erstgenannten betrifft, so begründete der

Mitarbeiter v. Savignys, der Geh. Justizrat Bischoff, in der von ihm verfassten »Revision des Entwurfes des Strafgesetzbuchs von 1843« die Streichung der §§ 80/81 folgendermassen: l. c. B. I S. 191 f.

»Die §§ 80/81 sind in den revidierten Entwurf nicht aufgenommen. — — In der That wird es weder der §§ 80/81 noch eines Ersatzes für dieselben im Strafgesetzbuche bedürfen. Es haben sich zwar auch andere Gesetzbücher von ähnlichen Bestimmungen nicht freigehalten. Doch hat man die Unhaltbarkeit des § 22 ALR. II 20, dem die §§ 80/81 ihre Entstehung verdanken, längst eingesehen und dieselben, nachdem sie bereits im Entwurfe von 1827 standen, später wieder fallen lassen, bis sie endlich dennoch wieder aufgenommen wurden. Ein Ersatz aber für den gedachten § 22 des Landrechts kann um so weniger für ein praktisches Bedürfnis gehalten werden, als man sich ja auch bisher ungeachtet jenes unzureichenden § 22, der zu viel und zu wenig enthielt, zu behelfen gewusst hat[31]). Der § 80 insbesondere, welcher einen sog. mittelbaren Vorsatz (sic!) annimmt, enthält, wie die Gegner desselben richtig bemerken, einen innern Widerspruch. Überdies schlägt derselbe auf eine nicht einmal korrekte Weise in die Beweistheorie ein und vermischt Momente miteinander, die gesondert bleiben müssen (??). Auch lässt sich die in Erinnerung gebrachte Schwierigkeit, auf Grund desselben eine Thatfrage [im schwurgerichtlichen Verfahren] zu stellen, garnicht beseitigen.«

Nun will ich zwar gern zugeben, dass die von Bischoff für die Streichung der §§ 80/81 aufgeführten Gründe de lege ferenda durchaus nicht immer ganz einwandfrei, dass ferner seine Deduktionen stellenweise recht unklar und verschwommen sind, aber alle diese Betrachtungen verschwinden bei dem Zwecke unserer Arbeit vor jener einen uns schon wohlbekannten Frage: »Welche Bedeutung hat, wie der Entwurf nun einmal vorliegt — also, man verzeihe mir das Wort, ‚de lege

---

[31]) Bei diesem Satze möchte ich an die oben S. 77 gemachten Ausführungen über die Stellung der landrechtlichen Praxis zu dem § 22 II 20 erinnern.

lata' — das Schweigen desselben über die actio libera in causa? Kann wirklich gegenüber den Ausführungen Bischoffs das erstere dahin gedeutet werden, dass der Entwurf die Lösung des hier behandelten Problems der Wissenschaft und Praxis hat überlassen wollen, oder geht nicht vielmehr aus den obigen Belegstellen mit unumstösslicher Sicherheit hervor, dass man durch jenes Schweigen die Straflosigkeit der actio libera in causa normieren wollte?« Und ich würde unbedenklich schon jetzt die letzte Frage mit einem raschen »Ja« beantworten, wenn nicht auf die weitern Ausführungen Bischoffs jene schon in der dogmatischen Abteilung (vergl. § 6 S. 36ff.) nach Gebühr gewürdigte Mittelmeinung, jene unglückselige Kompromiss-Ansicht eingewirkt hätte, die zwar die poena doli bei einer actio libera in causa leugnet, dagegen die poena culpae anerkennt. Aber wie es auch den im ersten Teile der Arbeit genannten Autoren — ich erinnere nur an Jarcke, Handbuch (vergl. oben S. 39) und Köstlin, Deutsches Strafrecht (s. oben S. 41 f.) — nicht gelungen ist, nur einen einzigen stichhaltigen Grund für ihren Misch-Standpunkt aufzuführen, wie vielmehr hinter allen von ihnen geltend gemachten Schein-Argumenten in Wahrheit nur die Besorgnis steht, dass sie bei einer konsequenten Durchführung ihrer Auffassung der actio libera in causa zur unbedingten Straflosigkeit derselben gelangen würden, so geht es auch den Darlegungen Bischoffs. Ja, vielleicht treten die eben gerügten Mängel jener Kompromiss-Ansicht bei keinem ihrer Vertreter so scharf hervor, wie gerade bei Bischoff. Denn dieser sucht die Fahrlässigkeitsstrafe mit sehr ungeschickten, sich selbst und dem S. 101 angeführten Citate widersprechenden Deduktionen zu rechtfertigen. In unmittelbarem Anschluss an das erstere schreibt nämlich der Verfasser der Revision:

»Der § 81 ist um so mehr entbehrlich, als nötigenfalls die Grundsätze von dem dolus indeterminatus und der culpa dolo determinata ausreichen. Doch kann der Regel nach[37]) einem bewusstlos trunkenen Menschen seine That nicht als ein

---

[37]) Oben wurde von dem § 80 — also der Zurechnung einer in der Bewusstlosigkeit begangenen That zum vorsätzlichen Verbrechen — gesagt: er enthielte einen innern Widerspruch.

vorsätzliches Verbrechen zugerechnet werden, höchstens befindet er sich in Fahrlässigkeit[33]).«

II. Aber trotz dieser befremdlichen Ausführungen Bischoffs glaube ich, auch gegenüber dem Entwurfe von 1845 die Richtigkeit der meiner historischen Abhandlung zu Grunde liegenden These nachweisen zu können. Hierzu müssen wir uns nur vergegenwärtigen, dass der Verfasser des erstern von der Ansicht ausgegangen ist, bei der actio libera in causa handle es sich um eine im Zustande der Unzurechnungsfähigkeit begangene That. Von diesem prinzipalen Gesichtspunkte aus erfolgte die Streichung der §§ 80/81. Sind die eben aufgestellten Sätze richtig — und ich weiss nicht, wie man sie gegenüber den Materialien des Entwurfes von 1845 bezweifeln kann, — so müssen wir folglich auch, wenn wir uns nicht mit dem offensichtlich zu Tage tretenden Willen des Legislators in Widerspruch setzen wollen, aus dem Schweigen des Entwurfes auf die Straflosigkeit der actio libera in causa schliessen. Denn nur der Gesetzgeber kann vermöge seiner souveränen Stellung selbst eine an sich unzurechenbare That poenalisieren, macht er aber von dieser Befugnis keinen Gebrauch, so bleibt der Wissenschaft und Praxis nichts anderes übrig, als die unbedingte Straflosigkeit jener That anzunehmen. Ja, dies muss sie selbst dann noch thun, wenn es etwa — wie die Vertreter der heute herrschenden Lehre vermeinen — der Doktrin möglich wäre, die Unrichtigkeit der vom Gesetzgeber beliebten Auffassung der actio libera in causa darzuthun, wenn sie nachzuweisen vermöchte, dass in Wirklichkeit diese actio eine »freie«, nicht bloss »frei in der Ursache« wäre. Denn wenn man, gestützt auf ein derartiges, durch die Wissenschaft gefundenes Resultat, auch gegenüber dem Entwurfe von 1845 mit einem argumentum e contrario aus § 57 die Strafbarkeit der actio libera in causa behaupten würde, so wäre m. E. ein solches Verfahren als ein geradezu klassisches Beispiel für ein »in fraudem legis agere« zu bezeichnen. — Vielleicht könnte man mir aber jetzt die Frage entgegenhalten: »Wie vermag der Verfasser dieses

---

[33]) Ein bewusstlos Trunkener in Fahrlässigkeit! Ist das nicht auch ein innerer Widerspruch?

Aufsatzes es zu erklären, dass Bischoff selbst trotz seiner prinzipiellen Stellung zur actio libera in causa und trotz der Streichung der §§ 80/81 doch wenigstens die Fahrlässigkeitsstrafe beim Vorliegen der erstern für zulässig gehalten hat?« Hierauf ist einfach zu erwidern: »Das Verhalten Bischoffs zu dem in unserer Arbeit erörterten Probleme hängt mit einer Erscheinung zusammen, die wir häufig bei der Abfassung einer neuen Gesetzgebung bemerken, jener Erscheinung nämlich, dass der Legislator oft sich der Bedeutung, welche der Aufnahme oder Nichtaufnahme einer beliebigen Vorschrift in das Gesetz innewohnt, durchaus nicht klar ward. Gerade so ist es auch Bischoff mit der actio libera in causa ergangen: er vergass den selbstverständlichen Satz, dass sich die Bestrafung einer im zurechnungsunfähigen Zustande begangenen Handlung nie und nimmer aus allgemeinen Grundsätzen rechtfertigen lässt; und wenn sich vollends Bischoff auf die Lehren vom dolus indeterminatus und der culpa dolo determinata beruft, so darf wohl der Versuch, mit derartigen Argumenten eine Fahrlässigkeitsstrafe begründen zu wollen, als offenbar widersinnig bezeichnet werden.«

III. Über den Entwurf von 1845 beriet nun die schon oben erwähnte Immediat-Kommission des Staatsrats, jedoch scheint dieselbe sich im Gegensatze zu dem früher von ihr beobachteten Verfahren (vergl. § 14 S. 88ff.) diesmal mit unserm Problem nicht in eingehender Weise auseinandergesetzt zu haben; es heisst nämlich in ihren »Verhandlungen« Protokoll 7 S. 44 ganz kurz:

»Die Fortlassung der §§ 80/81 des frühern Entwurfes wurde genehmigt.«

Daher kann es uns auch nicht wundernehmen, wenn der § 48 des von der Immediat-Kommission im Dezember 1846 fertiggestellten Entwurfes mit dem § 57 seines Vorgängers, von ganz geringfügigen Redaktionsveränderungen abgesehen, völlig übereinstimmt. § 48 lautet nämlich folgendermassen:

»Eine an sich strafbare Handlung kann denjenigen Personen nicht zugerechnet werden, in welchen durch jugendliches Alter oder durch einen besondern Geisteszustand der freie Gebrauch der Vernunft ausgeschlossen war.«

IV. Völlig unverändert ging dieser § 48 schliesslich als § 50 in den Entwurf von 1847 über, ohne dass sich jedoch weder in den ihm zu Grunde liegenden »fernern Verhandlungen« der Immediat-Kommission noch auch in den beigegebenen Motiven irgend eine Andeutung darüber fände, wie das Schweigen des Gesetzgebers über die actio libera in causa auszulegen wäre. Nun aber glaube ich, dass es zufolge den bisher von mir gemachten Ausführungen einer solchen Andeutung füglich auch nicht mehr bedarf, wofern man nur wenigstens jenes Schweigen in dem von mir vertretenen Sinne interpretiert, dass jedoch nach Lage der Dinge wohl eine nähere Begründung erforderlich gewesen und sicher auch in den Motiven gegeben wäre, wenn der Entwurf von 1847 plötzlich im Gegensatz zu alle seinen Vorgängern die Begehung der actio libera in causa in den Zustand der Imputabilität verlegt und daher im Sinne der herrschenden Lehre die unbedingte Strafbarkeit jener auch ohne besondere gesetzliche Bestimmung als selbstverständlich angesehen hätte.

V. Wie aber stellt sich die Kritik zu dem Entwurfe von 1847? Nun, da müssen wir konstatieren, dass sie teilweise noch so aufrichtig ist, aus der Fassung des Entwurfs konsequent die Straflosigkeit der actio libera in causa abzuleiten. So führt Böcking in seinen Bonner Briefen S. 28f. aus:

»Und gerade in der Lehre von der Zurechnung (§ 50/54) vergisst unser Entwurf die dahin gehörige Bestimmung, wie und wo Geschlecht und Gesundheit oder Krankheit zu berücksichtigen sei; denn der § 50 ist durch seine unglückliche Weite des Ausdrucks so unbestimmt geworden, dass er zu viel und zu wenig zugleich aussagt. [Dazu Note 4:] Man stelle z. B. den in unverschuldeter, etwa durch eine narkotische Arznei bewirkter Berauschtheit begangenen Totschlag neben den Mord, welcher in einer zu diesem Zwecke herbeigeführten Trunkenheit verübt worden ist. Den Juristen brauche ich nur an die Unterscheidung der sog. actus involuntarii und der actiones liberae und dieser von den actiones liberae in causa zu erinnern.« —

Dagegen finden wir bei anderen Kritikern, namentlich

solchen, welche in ihren Ausführungen zu frühern Entwürfen die Bestrafung der actio libera in causa schrankenlos oder doch wenigstens hinsichtlich der poena culpae gebilligt haben, die eigentümliche Tendenz, gegenüber dem Entwurfe von 1847 von irgend einer ausdrücklichen Erwähnung der actio libera in causa und noch vielmehr von einem nähern Eingehen auf dieselbe völlig abzusehen, dagegen mit einer im Verhältnis zu den frühern Kritiken gänzlich ungewöhnten Schärfe und Ausführlichkeit auf die Wichtigkeit der allgemeinen, neben dem Gesetze selbstverständlich noch geltenden Grundsätze der Zurechnungslehre hinzuweisen und eine genaue Ermittlung derselben als eine der hehrsten Aufgaben der Wissenschaft zu preisen. Interessant sind in dieser Beziehung besonders die Ausführungen Temmes in seiner Kritik des Entwurfes von 1847, desselben Temmes, der noch vor nicht ganz fünf Jahren mit aller Energie die unbedingte Strafbarkeit der actio libera in causa vertreten und die Aufnahme einer ausdrücklichen Strafvorschrift gegen dieselbe in das Gesetz als unumgänglich nötig bezeichnet hatte. In seinem neuen Werke aber schweigt er sich über jene völlig aus, dagegen giebt er S. 65 l. c. eine ausführliche Untersuchung über den verbrecherischen W i l l e n [nicht etwa die verbrecherische That] als Ausgangspunkt aller Strafbarkeit. Ähnlich verfährt auch Abegg in seinen »Bemerkungen« S. 25f. Zwar verweist er in seiner Besprechung des § 50 auch auf die zum Entwurfe von 1843 gelieferte Kritik, »deren Inhalt z u m T e i l auch jetzt noch auf Berücksichtigung Anspruch haben würde«, aber der actio libera in causa gedenkt er diesmal mit keinem Worte, sondern legt das Hauptgewicht seiner Ausführungen auf die Darstellung der grossen Bedeutung, welche der Wissenschaft gerade in der Zurechnungslehre neben der Gesetzgebung zukomme:

»S. 25f.: Gegen den ersten Entwurf [d. h. den von 1843] finden wir auch hier eine Vereinfachung und in mancher Hinsicht eine Verbesserung. — — Nur wird der Ausleger des Gesetzes, welcher allenfalls die frühern Entwürfe und die Motive benutzen kann, aus welchen nunmehr manches hinweggelassen ist, was dort mehr oder minder ausführlich bestimmt worden war, nicht unbedingt daraus einen Schluss machen dürfen, als sei damit jener Gesamtinhalt aufgegeben[31]). Auf die Ergänzung durch die Wissenschaft wird in jeder Gesetzgebung unserer Zeit gerechnet; vollends wenn es sich um Grundsätze und Lehren handelt, welche, wie die von der Zurechnung und Strafzumessung ihre durch die Gesetzgebung anzuerkennende, aber nicht erst durch diese aufzustellende Wahrheit in sich haben.«

Vielleicht möchte aber an dieser Stelle der Leser verwundert fragen: »Weshalb beschäftigt sich der Verfasser so eingehend mit jenen eigentümlichen Änderungen in den Darstellungen Temmes und Abeggs? Stehen dieselben doch mit dem Thema der vorliegenden Arbeit in einem sicherlich nur recht mittelbaren Zusammenhang!« — Darauf erwidere ich: »Gut, ich will zugeben, dass an sich der letzte Satz richtig ist. An sich mag es für den Zweck meiner Darstellung ziemlich gleichgiltig sein, dass Temme und Abegg in ihren eben besprochenen Schriften plötzlich so scharf die allgemeinen Grundsätze der Zurechnungslehre und die selbständige Stellung der Wissenschaft gegenüber den in das Gebiet der erstern einschlagenden gesetzlichen Bestimmungen betonen, interessant und bedeutsam wird aber diese Erscheinung dadurch, dass sie sich in der Geschichte der deutschen Straflegislationen fast bei alle denjenigen Gesetzbüchern bezw. Entwürfen wiederholt, welchen eine ausdrückliche Bestimmung gegen die actio libera in causa fehlt, und so auch uns namentlich bei der Besprechung des RStGB.'s von neuem entgegentreten wird, wo sie — wie im weitern Verlaufe unserer Arbeit darzulegen ist — zum Ausgangspunkt der herrschenden Lehre wurde.

VI. Übrigens wurde dem hier behandelten Entwurfe neben der eben gekennzeichneten Kritik noch ein weiterer recht zweifelhafter Vorzug vor den frühern Entwürfen zu teil. Er gelangte nämlich zuerst von allen preussischen Kodifikationsversuchen zur Beratung in einer Art von Nationalrepräsentation, dem

[31]) Will Abegg etwa mit diesen Ausführungen auch die Strafbarkeit der actio libera in causa uneingeschränkt oder doch wenigstens wie in seiner frühern Kritik innerhalb der Grenzen der Fahrlässigkeitsstrafe trotz Streichung der §§ 80/81 verteidigen?

»Vereinigten Ständischen Ausschuss«[35]). Und hier wurde das Schweigen des Entwurfes über die actio libera in causa namentlich in Rücksicht auf den Zustand der Trunkenheit wiederholt in eingehender Weise diskutiert. Bei Gelegenheit einer dieser Debatten kam es dann auch zu einer hochinteressanten Auseinandersetzung zwischen den Verteidigern der Strafbarkeit der actio libera in causa und dem Minister v. Savigny, einer Auseinandersetzung, die weit über das Gebiet des preussischen Staates hinaus für die legislativ-politische Behandlung der actio libera in causa in der deutschen Partikulargesetzgebung der Folgezeit oft von entscheidender Bedeutung gewesen ist, einer Auseinandersetzung endlich, die mit unumstösslicher Sicherheit zeigt, wie der preussische Gesetzgeber sein Schweigen über unser Problem ausgelegt wissen wollte. In der achten Sitzung des Ausschusses stellte nämlich der Abgeordnete Steinbeck einen Antrag auf Ergänzung des § 50, indem er ausführte (vergl. Bleich, Verhandlungen B. II S. 378):

»Bei diesem Paragraphen [§ 50] möchte doch wohl ein Zusatz wünschenswert sein, nämlich der, dass der Zustand, in welchem sich der Verbrecher befindet, nicht von ihm selbst hervorgerufen sei, um das Verbrechen zu verüben.«

Ihm erwiderte der Justizminister v. Savigny, indem er mit seltener, von den einen viel gerühmter, von seinen Gegnern aber auch oft herb getadelter Schärfe die Gesichtspunkte darlegte, aus denen die Streichung der §§ 80/81 des Entwurfes von 1843 erfolgt sei:

»Was den Vorschlag des verehrten Abgeordneten betrifft«, so rief er jenem Redner zu, »so bemerke ich, dass dies oft in Frage gekommen ist, dass es aber auf einen innern Widerspruch zu führen scheint. Wenn man annimmt, dass jemand ein Verbrechen beabsichtigt und sich durch Trunk in einen völlig bewusstlosen Zustand versetzt, um dann das Verbrechen zu begehen, so ist dies offenbar ein Widerspruch. Hat er völlig das Bewusstsein verloren, ist er völlig unzurechnungsfähig, so kann er auch nicht mehr die früher beabsichtigte Handlung infolge

---

[35]) Allerdings war schon beim Entwurfe von 1843 in betreff von 64 Punkten das Gutachten der Provinziallandtage eingefordert worden.

des frühern Entschlusses vollziehen, welches vorausgesetzt werden müsste. Ist er aber nicht in diesem Zustande völliger Bewusstlosigkeit, sondern nur im Zustande der Aufregung, so wird er der Zurechnung nicht entgehen, und dann ist auch keine besondere Ausnahme notwendig, dann wird er vom Richter bestraft werden. Ich glaube, dass dieser Zusatz nach einer genauen Prüfung nicht zugelassen werden kann.«

VII. Und nun bitte ich Euch um Antwort, Euch Vertreter der herrschenden Lehre, die Ihr vielleicht heute mit dem Reichtum Eures Wissens die dogmatische Unrichtigkeit der Ausführungen Savignys darzuthun vermögt: »Wie, wenn damals unter dem Drucke jener Rede und noch mehr der wissenschaftlichen Bedeutung eines Savigny nicht nur der Abgeordnete Steinbeck sofort seinen Antrag zurückzog, sondern auch der endgültige »Entwurf des Strafgesetzbuchs für die preussischen Staaten« vom 10./12. 1850 und ihm folgend auch das preussische Strafgesetzbuch vom 14./4. 1851 keine ausdrückliche Strafbestimmung gegen die actio libera in causa aufnahm, kann dann noch — zumal wenn man ausserdem die ganze vorher geschilderte Entwicklungsgeschichte des preussischen Strafrechts ins Auge fasst — jenes Schweigen des Gesetzbuchs anders gedeutet werden als in dem Sinne, dass man damit die Straflosigkeit der actio libera in causa positiv zum Ausdruck bringen wollte?« Nein, ich glaube vielmehr: selbst die Anhänger der herrschenden Lehre werden zugeben müssen, dass ich dem preussischen Strafrecht gegenüber die Richtigkeit meiner These dargethan habe. — Aber trotzdem liesse sich — wie ich offen zugestehen will — gegen dieselbe aus dem Wortlaute des § 38 des Entwurfes von 1850 selbst ein in den frühern Projekten noch nicht enthaltenes Argument herleiten; und dieses gründet sich auf die enge Fassung des § 38, welcher die strafrechtlich bedeutsamen Zustände der Geistesstörung aufzählt. Da aber dieser § 38 mit dem § 40 des Gesetzbuches wörtlich übereinstimmt, so will ich auf jenes Argument erst im folgenden Abschnitte näher eingehen, wo ich ausser der Frage nach dem Inhalte des § 40 noch die Litteratur und Praxis des preussischen Strafgesetzbuchs, soweit sie sich mit der actio libera in causa befasste, erörtern werde.

3. Das preussische Strafgesetzbuch vom 14./4. 1851.

§ 16. Der Inhalt des § 40 des Gesetzbuches.

I. Wenn wir uns im folgenden mit der Frage näher beschäftigen wollen, ob der § 40 implicite die actiones liberae in causa mit umfasst oder nicht, so dürfen wir vor allem nicht vergessen, dass diese Frage mit einem Hinweis auf die legislativ-politische Behandlung, welche unser Problem in der Geschichte des preussischen Strafrechts von dem »Entwurfe eines allgemeinen Gesetzbuchs für die preussischen Staaten« an (vergl. oben S. 76) bis zum Entwurfe von 1847 erfahren hat, noch nicht endgültig entschieden ist. Denn das preussische Strafgesetzbuch ist durchaus nicht in dem Masse, wie das ALR. und die eben erwähnte Reihe von Projekten, nur ein Glied in einer wohl gefügten Kette, es ist nicht allein das Facit einer etwa zwei Menschenalter hindurch währenden Entwicklung in der Geschichte der preussischen Kriminallegislation, nein, das hier besprochene Strafgesetzbuch enthält wie der ihm zu Grunde liegende Entwurf von 1850 in vielen Beziehungen einen völligen Bruch mit jener Entwicklung, es hat in aussergewöhnlichem Umfange fremde Elemente in sich aufgenommen; und zwar stammen dieselben bekanntlich aus dem Code pénal. Infolgedessen müssen wir, um die am Eingange des gegenwärtigen Paragraphen gestellte Frage erschöpfend beantworten zu können, vorerst untersuchen, ob jene Elemente auch auf die Stellung des § 40 zur actio libera in causa eingewirkt haben, und im Bejahungsfalle dann das Verhältnis des Code pénal zu derselben ermitteln. Nun aber bestimmt der § 40:

»Ein Verbrechen oder Vergehen ist nicht vorhanden, wenn der Thäter zur Zeit der That wahnsinnig oder blödsinnig oder die freie Willensbestimmung desselben durch Gewalt oder durch Drohungen ausgeschlossen war.« [36])

[36]) Eine Erörterung der zweiten Hälfte dieses Paragraphen (von den Worten »oder die freie« etc. an) kommt selbstverständlich für unsere Arbeit nicht in Betracht. Insofern wäre die Überschrift des § 16 unserer Darstellung zu berichtigen.

Lesen wir diese Vorschrift auch nur oberflächlich durch, so zeigt dieselbe zum mindesten starke Anklänge an den berühmten art. 64 des Code. Ja, wenn der letztere verordnet:

»Il n'y a ni crime ni délit, lorsque le prévenu était en état de démence au temps de l'action, ou lorsqu'il a été contraint par une force à laquelle il n'a pu résister« —,

so möchte man auf den ersten Blick vielleicht gar geneigt sein, den § 40 als eine fast wörtliche Übersetzung des art. 64 zu bezeichnen. Und nun werden die Vertreter der herrschenden Lehre frohlocken. Ist doch der Code pénal dasjenige Gesetzbuch, welches durch den klaren Wortlaut seines art. 64 [— état de démence —] die Trunkenheit, also den für die actio libera in causa wichtigsten Zustand, unter allen Umständen als für die strafrechtliche Imputation irrelevant erklärt: vergl. Chauveau und Faustin Hélie, Théoric du Code pénal B. I S. 576: »Si, en théorie, l'ivresse, lorsqu'elle est involontaire et complète — — peut avoir la puissance de justifier l'agent, cet effet lui est réfusé sous l'empire de notre Code.«

Vergl. ferner l. c. S. 576 ein Urteil des Pariser Kassationshofs, in dem es heisst:

»— — que l'ivresse, étant un fait volontaire et répréhensible, ne peut jamais constituer une excuse que la morale et la loi permettent d'accueillir.«

Und es möchte gar scheinen, als ob die Verfasser des preussischen Strafgesetzbuches bei der Aufstellung ihres § 40 gerade an das eben citierte Urteil gedacht hätten. Wenigstens berichten die Motive zu § 38 [§ 40 des Gesetzes] ausdrücklich [vergl. Stenographische Berichte. — 2. Kammer B. III N. 23 (1851)]:

»Die Fälle, in denen der freie Gebrauch der Vernunft, nämlich der untrennbare Zusammenhang des Bewusstseins und der Willensthätigkeit, aufgehoben ist, sowie die Mittel, durch welche die freie Willensbestimmung ausgeschlossen wird, sind zur Vermeidung von Missgriffen speziell bezeichnet.«

Aber, selbst wenn diese Ausführungen einfach wörtlich ausgelegt und infolgedessen die Begriffe »Wahnsinn« und

»Blödsinn« im technischen Sinne aufgefasst werden müssten, so könnte dennoch die heute herrschende Lehre zur Rechtfertigung ihres prinzipiellen Standpunkts sich nicht auf das preussische Strafgesetzbuch berufen. Denn zwar würde — die Richtigkeit der obigen Annahme vorausgesetzt — die actio libera in causa nach preussischem Recht unbedingt strafbar gewesen sein, aber nicht als actio libera in causa, sondern nur deshalb, weil diejenigen Zustände, in welchen überhaupt die letztere möglich ist, sämtlich weder unter die Kategorie des »Wahnsinns« noch die des »Blödsinns« — beide Termini im technisch-medizinischen Sinne genommen — fallen und daher stets ohne Rücksicht, ob sie auf einem Verschulden beruhen oder nicht, die volle Zurechenbarkeit nach sich ziehen würden. Und wirklich hat auch eine Reihe von Schriftstellern bald bestimmt, bald nur als Vermutung die Ansicht ausgesprochen, dass eine derartige Überspannung der Imputation im Willen des Gesetzgebers gelegen habe. So führt beispielsweise Zerbst in seinem Aufsatze »Einige Worte über den Standpunkt der neuern Strafgesetzbücher in betreff der Zurechnung« in Hitzigs Annalen B. 65 S. 250 aus:

»Das preussische Strafgesetzbuch — — zählt unter den Gründen, durch welche die Zurechnung, mithin die Strafbarkeit ausgeschlossen wird, den Zustand der völligen Trunkenheit, also der völligen Bewusstlosigkeit, nicht mit auf, straft also jede in einem solchen Zustande begangene verbrecherische Handlung, mag sie auch noch so unverkennbar im Zustande der Unzurechnungsfähigkeit begangen worden sein.«

Nicht mit der gleichen Bestimmtheit wie von Zerbst wird in zwei andern Werken jene Einschränkung des Gebietes der Unzurechnungsfähigkeit als Wille des Gesetzgebers angesprochen, und zwar geschieht dies einmal in Beselers Kommentar S. 177:

»— — Dass, wie die Motive zum Entwurfe von 1850 es anzudeuten scheinen, mit den im § 40 bezeichneten Fällen die ganze Reihe der thatsächlichen Zustände abgeschlossen ist, welche die Unzurechnungsfähigkeit begründen; dass also der Betrunkene, der Nachtwandler, der verwahrloste Taubstumme unter allen Umständen als zurechnungsfähig anzusehen ist, eine solche Auffassung wird in der deutschen Jurisprudenz und vor den deutschen Gerichtshöfen keine Billigung finden.«

Ähnlich äussert sich auch die »Erörterung gerichtlich-medizinischer Fragen«, die sich aber — wie weiter unten darzulegen ist — in gewissem Sinne selbst widerspricht: vergl. S. 3:

»Es scheint der Gesetzgeber, indem er an dem Ort, wo er von den Gründen spricht, welche die Strafe ausschliessen, den »Wahnsinn« und »Blödsinn« als Krankheitsformen anführt, in welchem ein Verbrechen oder Vergehen überhaupt nicht vollführt werden könne, von der Annahme ausgegangen zu sein, dass diese beiden Krankheitsformen die einzigen wären, bei denen eine Zurechnungsfähigkeit überhaupt und für die ganze Dauer der Krankheit absolut nicht angenommen werden könne. Dagegen ist jedoch geltend zu machen, dass es ausser den Krankheiten des »Wahnsinns« und des »Blödsinns« gewiss noch andere Geisteskrankheiten giebt, bei denen gleichfalls die Zurechnungsfähigkeit absolut auszuschliessen ist.«

II. Jedoch hat sich die grosse Mehrzahl derer, welche sich mit dem § 40 beschäftigt haben, gegen die eben besprochene Auffassung desselben erklärt und zwar m. E. mit vollem Recht[37]). Zunächst scheint mir doch gegen die Meinung, dass der preussische Gesetzgeber seinen § 40 nur als Übersetzung des französischen art. 64 hätte betrachtet wissen wollen, der Umstand zu sprechen, dass es unter dieser Voraussetzung schwer erklärlich wäre, weshalb man das eine französische Wort »démence« durch zwei deutsche Ausdrücke »Wahnsinn« und »Blödsinn« wiedergegeben hätte; ja, vergleichen wir nun die beiden angezogenen Gesetzesstellen überhaupt genauer mit einander, so finden wir sogar — worauf Schütze in seinen »Studien zum deutschen Strafgesetzbuche« in GA. B. 21 S. 139 Note 3 aufmerksam macht —, dass der § 40 sich keineswegs auch nur als eine getreue Nachbildung

[37]) Vielleicht erscheint es auf den ersten Blick dem Leser seltsam, dass ich in solcher Ausführlichkeit die Tragweite des § 40 festzustellen suche, jedoch glaubte ich, dieselbe dem Zwecke meiner Arbeit schuldig zu sein und nur auf diesem Wege die Frage nach der Stellung des preussischen Strafrechts zur actio libera in causa zur endgültigen Entscheidung bringen zu können.

des art. 64 darstellt. Man vergleiche: Thäter mit le prévenu — wahnsinnig oder blödsinnig mit en état de démence —, die freie Willensbestimmung ausgeschlossen war mit a été contraint — durch Gewalt oder Drohung mit par une force à laquelle il n'a pu résister. Des weitern möchte ich gleichsam nur im Vorübergehen darauf hinweisen, dass auch v. Kräwel in seinem Aufsatze über die französischen Elemente im preussischen Strafgesetzbuch (Goltdammers Archiv B. I S. 461 ff.) des § 40 nicht gedenkt. — Aber in welcher Weise lässt sich positiv die Tragweite des § 40 ermitteln? Die Lösung dieses Problems ist von den verschiedensten Seiten in Angriff genommen worden. Schon die zur Beratung des Entwurfes von 1850 niedergesetzte Kommission der ersten Kammer hat im Gegensatze zu der der zweiten, welche in ihrem Berichte kurz bemerkt, dass »zu den §§ 38—40 [40—42 des Gesetzes] keine Abänderungsvorschläge zu machen wären«, sich bereits mit der oben aufgeworfenen Frage auseinanderzusetzen gesucht, wenngleich ihr dies Unterfangen m. E. nicht sonderlich geglückt ist. Die Kommission hat nämlich die von mehreren Mitgliedern gestellten Anträge, den § 38 des Entwurfs weiter zu fassen, als überflüssig abgelehnt, jedoch ihren Standpunkt in einer Weise begründet, die durchaus nicht überzeugend erscheint. Trotzdem glaube ich bei der Wichtigkeit des Gegenstandes den betreffenden Abschnitt aus dem Kommissionsberichte[38]) wörtlich bringen zu müssen:

»Die in § 38 gegebene Aufzählung der Fälle der Unzurechnungsfähigkeit wurde von mehreren Seiten als nicht ausreichend angefochten. Man machte geltend, dass die Begriffe des Wahn- und Blödsinnes keineswegs alle hierher gehörigen Seelenkrankheiten umfassten, und dass ausser der Gewalt und der Drohung noch andere äussere Einwirkungen denkbar seien, welche die Willensfreiheit ausschlössen oder lähmten. Es wurde daher eine allgemeinere Fassung dieser Gesetzesstelle etwa in der Weise des § 16 II 20 ALR.'s gewünscht, und

[38]) Beide Kommissionsberichte sind abgedruckt in den »Verhandlungen der ersten und zweiten Kammer über die Entwürfe des Strafgesetzbuches für die preussischen Staaten und des Gesetzes über die Einführung desselben« [vergl. l. c. S. 77 bezw. S. 453 f.].

wurden zu diesem Zwecke folgende Verbesserungsvorschläge gemacht:

1) Statt der Worte des Entwurfs: »wenn der Thäter zur Zeit der That wahnsinnig oder blödsinnig — war«, die Worte zu setzen: wenn bei dem Thäter zur Zeit der That der freie Gebrauch der Vernunft aufgehoben war.
2) Statt der Worte des Entwurfs zu sagen: wenn zur Zeit der That die freie Willensbestimmung des Thäters gänzlich ausgeschlossen war.
3) Die Worte des Entwurfs: durch Gewalt oder Drohung — zu streichen.

Der diesen Vorschlägen zu Grunde liegenden Kritik des Entwurfes wurde jedoch von anderer Seite entgegengetreten. Auf wissenschaftliche Vollständigkeit bei Aufzählung der möglichen Seelenkrankheiten könne und dürfe das Gesetz nicht Anspruch machen. Seine praktische Zweckmässigkeit müsse nach dem Strafverfahren beurteilt werden, und der gegenwärtige Entwurf setze ein Verfahren voraus, bei welchem der erkennende Richter nicht durch positive Beweisregeln geleitet und beschränkt, sondern verpflichtet und durch das mündliche Verfahren befähigt sei, die Schuld des Thäters, mithin auch den Vorsatz, den Willen und also auch die Willensfreiheit zu prüfen und ihn nur dann zu verurteilen, wenn er diese notwendigen Bedingungen der Strafbarkeit begründet finde. Er werde daher, ohne dass es dazu einer gesetzlichen Vorschrift bedürfe (??), — — die Gründe, welche die freie Selbstbestimmung des Thäters beeinträchtigen, berücksichtigen. Die vorliegende Gesetzesstelle bezwecke daher auch nicht, dem erkennenden Richter Verhaltungsmassregeln zu geben[39]), sondern vielmehr die Fälle zu bezeichnen, wo es seiner Beurteilung nicht bedürfe, wo vielmehr die Nichtexistenz eines Verbrechens oder Vergehens so klar vorliege, dass die Verfolgung entweder gar nicht einzuleiten oder vor der mündlichen Verhandlung einzustellen sei (??). [Gewiss sind die letzten Sätze mehr als bedenklich; denn

[39]) Wie stimmt hierzu die oben citierte Stelle aus den Motiven, welche von der zur Vermeidung von Missgriffen erfolgten speziellen Bezeichnung der Fälle des aufgehobenen Vernunftgebrauches sprach?

sie ergeben, da konsequenterweise die in ihnen ausgesprochenen Ansichten auch für die übrigen im preussischen Strafgesetzbuch aufgeführten Schuldausschliessungsgründe gelten müssen, das unhaltbare Resultat, dass sämtliche in jenem Gesetzbuche erwähnten Zustände der Unzurechnungsfähigkeit letztlich mit fehlenden Prozessvoraussetzungen in eine Linie gestellt würden. Ferner ist aber auch die Einteilung der Zustände aufgehobener Imputation in solche, welche nur der erkennende Richter, und solche, welche bereits die Anklagebehörde berücksichtigen muss, sicher völlig verfehlt und besitzt auch keinen Anhalt im Gesetze. — Doch fahren wir in der Wiedergabe des Kommissionsberichtes fort:] Es sei daher die oben gerügte anscheinende Unvollständigkeit des Gesetzes keineswegs vorhanden, dasselbe vielmehr dem praktischen Bedürfnisse sehr wohl entsprechend. Es wurde hiernach von der Mehrheit der Kommission unter Verwerfung der oben erwähnten Vorschläge die unveränderte Annahme des § 38 beantragt.«

Gegenüber diesen Ausführungen könnte man allerdings mit Fug und Recht fragen: »Weshalb ist die Kommission nicht noch einen Schritt weitergegangen und hat nicht auch, was doch gewiss nur billig gewesen wäre, der Anklagebehörde dieselbe souveräne Stellung zu den einzelnen Schuldausschliessungsgründen wie dem erkennenden Richter imputiert? Dann hätte sie doch sogar den § 38 aus dem Entwurfe völlig wegstreichen können!« Aber selbst einigen Mitgliedern der Kommission muss jene Rechtfertigung des § 38[40]) nicht imponiert haben, wenigstens brachte eins derselben, der Abgeordnete Strohn, noch am Tage vor der entscheidenden Plenarberatung den im Kommissionsberichte sub Ziff. 2 erwähnten Antrag wieder ein (vergl. Verhandlungen der 1. u. 2. Kammer S. 504), sah sich jedoch bei der tagsdarauf in der Kammer herrschenden Hurra-Stimmung zur Zurückziehung desselben genötigt (l. c. S. 438). Vielleicht aber könnte man an dieser Stelle die Frage einwerfen, weshalb ich überhaupt auf diese parlamentarischen Vorgänge des nähern hingewiesen hätte. Darauf

---

[40]) Jedoch wird dieselbe von Goltdammer, der gleichfalls der Kommission angehörte, in seinen Materialien I S. 404f. unter Berufung auf die französische Praxis als »durch die Natur der Sache geboten« verteidigt.

entgegne ich: »Weil wiederholt bei den Schlussberatungen in den Kammern anderer deutscher Staaten, weil namentlich auch im Reichstage bei der Beratung des Bundesstrafgesetzbuchs eine ähnliche Überhastung, eine ähnliche Angst, auf irgend ein kompliziertes Problem und vor allem gar auf das der Zurechnungsfähigkeit näher einzugehen, wiederholt in Erscheinung getreten ist.« Und was ist denn schliesslich die Folge eines solchen Verfahrens? Nun, gerade hinsichtlich der actio libera in causa können wir es schon gegenüber dem preussischen, mit noch grösserem Rechte aber — wie unten näher darzulegen sein wird — gegenüber dem Reichsstrafgesetzbuche aussprechen: Durch eine derartige Stellungnahme wird der eigentliche Wille des Gesetzgebers oft bis zur Unerkenntlichkeit verdunkelt, und falschen, einseitigen Ansichten Thür und Thor geöffnet. Das ist ja gerade wieder einer der grossen Vorzüge der absoluten Monarchie vor unserm gegenwärtigen Konstitutionalismus. In jener hat der Gesetzgeber — die tiefeindringenden, oben nur kurz angedeuteten Beratungen in der Gesetz-Revisions-Kommission, im Staats- und im Justizministerium, sowie schliesslich im Staatsrat und dessen Immediatkommission sind Zeugnisse hierfür — es sich nicht der Mühe verdriessen lassen, auch mit den schwierigsten Problemen sich auseinanderzusetzen; in jedem der frühern preussischen Entwürfe können wir unzweideutig die Stellung des Gesetzgebers zur actio libera in causa erkennen; sobald aber Preussen eine Verfassung erhält, da zeigt sich bei Regierung und Volksvertretung bewusst oder unbewusst bald mehr, bald minder die Tendenz, der Entscheidung von Prinzipienfragen im Gesetzbuche thunlichst aus dem Wege zu gehen, um nur ja nicht die ganze Vorlage zum Scheitern zu bringen. Und wo sich, wie namentlich wiederum in der Zurechnungslehre, ein näheres Eingehen auf derartige Prinzipalfragen nicht ganz vermeiden lässt, da bewegen sich sowohl das Gesetz selbst wie vorzüglich auch die Materialien mit Vorliebe in möglichst viel- und daher oft eben nichtssagenden Ausdrücken. Ein in ihrer Art vielleicht mustergültiges Beispiel für die Richtigkeit dieser Behauptung bilden die Motive zu dem unglücklichen § 40 des preussischen Strafgesetzbuchs. — Aber was frommen uns derartige Klagen; können sie uns doch nicht von der Aufgabe befreien, aus dem Wortlaut des § 40 vor allem in Verbindung mit gerade jenen höchst allgemein gehaltenen Motiven den eigentlichen Willen des Gesetzgebers in Bezug auf die Ausdehnung des Gebietes der Unzurechnungsfähigkeit und namentlich seine Stellung zur actio libera in causa nach bestem Vermögen zu ermitteln. Und da ergiebt sich zunächst aus den Motiven ein wichtiges Resultat, wenn auch vorerst nur ein negatives: die Ausdrücke »wahnsinnig« und »blödsinnig« können vom Gesetzgeber unmöglich im medizinischen Sinne gemeint sein. Denn wie könnten sonst die Motive zu § 38 (40) mit den Worten beginnen:

»An die Spitze dieses [vierten, »von den Gründen, welche die Strafbarkeit ausschliessen oder mildern« handelnden] Abschnittes ist der allgemeine Grundsatz gestellt, dass die Strafbarkeit jeder Handlung bedingt ist durch die Zurechnungsfähigkeit, durch den freien Gebrauch der Vernunft und durch die freie Willensbestimmung.«

Ja, das Obertribunal ist, gestützt auf diese Stelle, noch einen Schritt weitergegangen und hat aus derselben gar eine positive Folgerung ziehen wollen. In einem seiner Zeit viel besprochenen Präjudiz führt nämlich jener Gerichtshof aus:

»— dass der die Straflosigkeit einer Handlung wegen Mangels der Zurechnungsfähigkeit erwähnende § 40 des StGB.'s neben der Ausschliessung der Willensfreiheit durch Gewalt oder Drohungen nur die Fälle des Wahnsinns und Blödsinns heraushebt, dass sich jedoch aus den Motiven des StGB.'s ergiebt, dass der allgemeine Grundsatz, dass die Strafbarkeit durch die Zurechnungsfähigkeit bedingt sei, durch die gewählte Fassung des Gesetzes nicht beschränkt werden soll[41]), dass daher die Annahme der Unzurechnungsfähigkeit wegen anderer geistiger Zustände, welche den untrennbaren Zusammenhang des Bewusstseins und der freien Willensbestimmung aufheben, gesetzlich zulässig ist« (vergl. Entscheidungen d. OT.'s B. 29; Präjudiz des Senates für Strafsachen Nr. 113).

---

[41]) Wohl wahr! Doch ist die aus diesem Satze vom Obertribunal gezogene Folgerung zweifellos unrichtig (vergl. den oben S. 111 citierten Satz der Motive und Note 39, S. 115; siehe auch den Text im folgenden).

Endlich sei noch erwähnt, dass bei anderer Gelegenheit das Obertribunal wiederholt (vergl. namentlich GA. Bd. 8 S. 407) einen weitern Gesichtspunkt angeführt hat, aus welchem die Unrichtigkeit einer Verbalinterpretation des § 40 deduziert werden müsse, und diesen Gesichtspunkt fand das Gericht in der grossen Entwicklungsgeschichte des eben genannten Paragraphen. Wie sehr ich einen derartigen Hinweis für gerechtfertigt erachte, das brauche ich wohl nicht erst besonders auszuführen, dafür geben doch wohl meine bisherigen Ausführungen ein beredtes Zeugnis! Und fürwahr, mögen auch bei der Abfassung des Entwurfes von 1850 die deutschrechtlichen Grundsätze zu Gunsten des Code pénal viel mehr als in sämtlichen frühern Projekten in den Hintergrund gedrängt worden sein, so völlig kann doch das Gesetzbuch nicht mit seiner Vergangenheit gebrochen haben, dass es in einer der wichtigsten Fragen, der von der Umgrenzung des Gebietes der Unzurechnungsfähigkeit, unter Ignorierung der deutschen Rechtsüberzeugung, unter Ignorierung seiner eigenen Vorgeschichte lediglich dem fremden Rechte zu Gefallen gewesen wäre und jenen Begriff in der einschneidendsten Weise beschränkt hätte.

III. Schliesslich sei es mir nun auch gestattet, selbst auf einen in der bisherigen Litteratur nur selten erwähnten Gesichtspunkt hinzuweisen, der mir eine brauchbare Lösung für die aus der Fassung des § 40 sich ergebenden Schwierigkeiten zu bieten scheint. Zu diesem Zwecke möchte ich zunächst die bisher über die Tragweite des erstern gemachten Ausführungen kurz zusammenfassen: Danach wurde abgelehnt die Ansicht derer, welche den § 40 lediglich als Übertragung des Art. 64 des Code pénal ansehen und daher die Ausdrücke »Wahnsinn« und »Blödsinn« in medizinisch-technischem Sinne nehmen; denn einmal vermag diese Auffassung gegenüber einer genauern Prüfung der beiden erwähnten Gesetzesstellen nicht standzuhalten, sodann aber widerspricht sie vor allem den Motiven, die keinen Zweifel darüber aufkommen lassen, dass § 40 ein Prinzip, nämlich das der Abhängigkeit jeglicher Strafe von dem Vorhandensein der Zurechnungsfähigkeit, habe zum Ausdruck bringen wollen. Diese Erwägung darf uns aber nun nicht veranlassen, in das der eben betrachteten Auffassung des

§ 40 entgegengesetzte Extrem zu verfallen und anzunehmen, dass nach preussischem Recht der Richter unbeschränkt nach eigenem Ermessen hätte entscheiden dürfen, ob eine That »frei« und damit »zurechenbar« sei oder nicht[42]). Denn folgende Argumente sprechen auf das bestimmteste gegen eine derartige Annahme: Zunächst das Gesetz selbst; träfe nämlich dieselbe zu, so würde auch § 40 nimmermehr seine gegenwärtige Fassung erhalten haben. Nein, hätte der Legislator wirklich die eben zurückgewiesene Ansicht vertreten, so hätte er auch entweder die letztere mit klaren unzweideutigen Worten nach Art des § 16 II 20 ALR.'s — vergl. oben S. 75 — zum Ausdruck bringen oder gerade umgekehrt über die einzelnen Seelenzustände, welche die Imputation aufheben, ein völliges Stillschweigen beobachten müssen, wofern er wenigstens gleich der Kommission der ersten Kammer von der Ansicht ausgegangen wäre, dass die Gerichte ohne Rücksicht auf eine gesetzliche Bestimmung das Gebiet der unzurechenbaren Geisteszustände lediglich nach ihrer freien Überzeugung abzugrenzen hätten. Da aber der Gesetzgeber keine der beiden Möglichkeiten wählte, so ist es gewiss höchst willkürlich, mit dem Obertribunal und der obgedachten Kommission die Fassung des § 40 einfach zu ignorieren, zumal ja doch — und damit gelangen wir zu unserm zweiten Argument gegen die hier zurückgewiesene Ansicht — in den Motiven jene Fassung als »zur Vermeidung von Missgriffen« erfolgt bezeichnet wird. »Doch halt!«, so mag vielleicht an dieser Stelle der Leser einwerfen, »bewegt sich denn nicht der Verfasser nebst seinen Motiven, an die er sich »sklavisch« anklammert, offensichtlich in einem circulus inextricabilis? Auf der einen Seite soll § 40 einen allgemeinen Grundsatz enthalten, auf der andern die ausdrückliche Hervorhebung des Wahnsinns und Blödsinns eine »spezielle Bezeichnung« der de lege lata die Zurechnung aufhebenden Zustände involvieren! Wie kann der Verfasser diesen Widerspruch erklären?« Nun, ich hoffe, dass mir die letztere Aufgabe nicht zu schwer fallen wird. In der That nämlich dürften die oben aufgestellten,

[42]) Allerdings wird diese Meinung von der Kommission der 1. Kammer in ihrem Berichte (oben S. 114 ff.) und vor allem von dem S. 118 angeführten Präjudiz des Obertribunals vertreten.

scheinbar einander widersprechenden Sätze sich auf folgender Linie vereinigen: Der Gesetzgeber wollte zweifellos im § 40 den »allgemeinen Grundsatz zum Ausdruck bringen, dass die Strafbarkeit jeder Handlung bedingt sei durch die Zurechnungsfähigkeit«, er fürchtete sich aber — und, wenn wir an die damals in der gerichtlichen Medizin herumspukende Pyromanie, an die berüchtigte manie sans délire und ähnliche derzeit beliebte Überspannungen des Begriffes der Unzurechnungsfähigkeit denken, fürchtete sich mit vollem Recht — jenen Grundsatz nach Art des landrechtlichen Strafrechts (§ 16 II 20) und der meisten frühern Entwürfe in schrankenloser Allgemeinheit aufzustellen, sondern glaubte ihn »zur Vermeidung von Missgriffen«, wie sie sich aus der eben erwähnten Überspannung der Unzurechnungsfähigkeit selbstverständlich ergaben, angemessen modifizieren zu müssen. Zu diesem Zwecke wählte er die Termini »Wahnsinn« und »Blödsinn«. Denn sie waren ihm bekannt, sie hatten sich in einer mehr als fünfzigjährigen Praxis bewährt; beide Ausdrücke stammen nämlich aus dem landrechtlichen Privatrecht, welches im Gegensatz zum Strafrecht sich zur Bezeichnung der Zustände aufgehobener Imputation nicht mit einer ganz unbestimmten, allgemeinen Formel begnügte, sondern im ersten Titel des ersten Teils sub margine »Unterschied der Seelenkräfte« in einer der Terminologie des § 40 durchaus entsprechenden Weise »Wahnsinn« und »Blödsinn« als juristische, nicht etwa als medizinische termini technici voneinander schied. Die in Betracht kommenden Gesetzesstellen haben folgenden Wortlaut:

»I, 1 § 27: [Rasende und] Wahnsinnige heissen diejenigen, welche des Gebrauches ihrer Vernunft gänzlich beraubt sind.

§ 28: Menschen, welchen das Vermögen, die Folgen ihrer Handlungen zu überlegen, ermangelt, werden blödsinnig genannt.«

Aber auch darin stimmt das landrechtliche Privatrecht mit dem § 40 StGB.'s überein, dass es unter dem obgedachten Marginale keine sonstigen Geisteszustände, in denen die Imputation aufgehoben sei, anführt[43]. Erst an einer ganz andern

[43]) Die Erwähnung der Rasenden in § 27 stellt eine reine Tautologie dar. Es ist daher die Nichterwähnung derselben im § 40 StGB.'s mit der von uns verteidigten Ableitung desselben aus dem landrechtlichen Privatrecht wohl vereinbar.

Stelle, bei Gelegenheit der Lehre von den Willenserklärungen wird auch einmal der Trunkenheit gedacht und zwar in einer Weise, die, von der hier vertretenen Auffassung des § 40 aus betrachtet, eine weitere Rechtfertigung für die Nichterwähnung der Trunkenheit in dem letztern enthält. Denn § 28 I 4 verordnet:

»Personen, welche durch den Trunk des Gebrauches ihrer Vernunft beraubt worden, sind, solange diese Trunkenheit dauert, den Wahnsinnigen gleichzuachten.«

Wenn wir uns nunmehr jene merkwürdige terminologische Übereinstimmung zwischen den §§ 27 und 28 I 1 ALR.'s einer-, und dem § 40 StGB.'s andererseits ins Gedächtnis zurückrufen, wenn wir ferner uns daran erinnern, dass die Übernahme strafrechtlicher Begriffe in das Civilrecht und umgekehrt durchaus nichts Ungewöhnliches ist, nein im Gegenteil von manchen und bedeutenden Autoren der Gegenwart eine derartige Reciprocität geradezu als eine Selbstverständlichkeit betrachtet wird, so erscheint doch die hier vertretene Hypothese über die Entstehungsgeschichte des § 40 nicht unwahrscheinlich; ja sie wird dadurch zur unumstösslichen Gewissheit, dass nur unter ihrer Zugrundelegung die auf den ersten Blick sich widersprechenden Ausführungen der Motive verständlich werden. Denn wenn wir die Begriffsbestimmungen der §§ 27 und 28 I 1 ALR.'s dem § 40 StGB.'s supponieren, dann enthält der letztere implicite wirklich »den allgemeinen Grundsatz, dass die Strafbarkeit jeder Handlung bedingt ist durch die Zurechnungsfähigkeit«; zugleich aber wird jener allgemeine Grundsatz durch die ausdrückliche Hervorhebung der — ich wiederhole es — juristisch-, nicht etwa medizinisch-technisch zu fassenden Begriffe des Wahnsinns und Blödsinns »zur Vermeidung von Missgriffen« angemessen beschränkt, wofern wir nur das Wörtchen »gänzlich« in § 27 I 1 – ich möchte nicht sagen — scharf betonen, denn dann könnte § 40 leicht zu eng gefasst werden, aber wenn wir es doch wenigstens nicht vergessen.

Und so bleibt es uns nur noch übrig, auf einige Äusserungen in der Litteratur hinzuweisen, welche mehr oder weniger die von uns vertretene Auslegung des § 40 zu billigen scheinen. Da hätte ich nun zunächst Ideler zu nennen, der in seinem

Aufsatz »Über die Mitwirkung der Ärzte bei der Bestimmung der Zurechnungsfähigkeit zweifelhafter Gemütszustände« in GA. B. I S. 435 ff. von den »in das Landrecht und in § 40 des neuen Strafgesetzbuchs aufgenommenen Begriffen des Wahnsinns und Blödsinns« spricht. Besonders interessant sind aber zwei Belegstellen, welche sich in der schon S. 113 erwähnten »Erörterung gerichtlich-medizinischer Fragen« befinden. Zunächst sei auf eine Stelle in dem Schreiben des Justizministers Leonhardt an den Kultusminister Mühler (l. c. S. 1 ff.) hingewiesen, eine Stelle, welche allerdings mit dem S. 113 gegebenen, demselben Schreiben entnommenen Citate durchaus nicht im Einklang steht. Der hier ins Auge gefasste Passus lautet nämlich folgendermassen: S. 2 eod.:

»Dazu kommt, dass das ALR. in den §§ 27 und 28 I 1 den Begriff des Wahnsinns und Blödsinns anders als die medizinische Wissenschaft und zum Teil (??) anders, als es in dem § 40 des Strafgesetzbuchs geschieht, auffasst, so dass die praktische Anwendbarkeit dieses letztern dadurch noch besonders erschwert wird.«

Dann aber hat auch die Königl. Wissenschaftliche Deputation für das Medizinalwesen selbst in ihrem Gutachten ausgeführt: S. 12 l. c.:

»Um einen Anhalt dafür zu erhalten, was unter Wahnsinn und Blödsinn »im Sinne des Gesetzes« zu verstehen sei, griffen die Ärzte auf die Erklärung zurück, welche das ALR. (§§ 27 und 28 I 1) für jene Begriffe giebt, liessen die Termini, welche aufgehört hatten, [medizinisch-]technisch zu sein, ganz beiseite und fragten sich nur, ob der Thäter zur Zeit der That entweder »gänzlich des Gebrauches der Vernunft beraubt oder ausser stande gewesen sei, die Folge seiner Handlungen zu überlegen.«

IV. Und nunmehr erst — und diese Erwägung möge die lange Abschweifung von meinem eigentlichen Thema entschuldigen —, nachdem wir festgestellt haben, dass sämtliche für die actio libera in causa in Betracht kommenden Zustände, also namentlich die Trunkenheit, an sich, d. h. vorläufig ohne Rücksicht auf den verschuldeten oder unverschuldeten Eintritt derselben, von § 40 StGB.'s gedeckt werden, können wir eine endgültige Antwort auf die schon S. 109 gestellte Frage geben. Unter

Berücksichtigung der oben dargelegten historischen Entwicklung unter Berücksichtigung der eben ermittelten Tragweite des § 40 kann aber diese Antwort zweifellos nur dahin lauten: Durch Nichtaufnahme einer Strafbestimmung gegen die actio libera in causa hat auch das preussische Strafgesetzbuch positiv die Straflosigkeit der erstern zum Ausdruck bringen wollen.

Prüfen wir jetzt, welche Antwort Wissenschaft und Praxis auf unsere Frage gegeben haben.

§ 17. Die Stellung der Wissenschaft.

I. Unter den Schriftstellern, welche sich mit dem Verhältnis des Strafgesetzbuchs von 1851 zur actio libera in causa beschäftigt haben, möchte ich zunächst den bereits mehrfach erwähnten Temme nennen, denselben Temme, der noch in seiner Kritik des Entwurfes von 1843 die unbedingte Strafbarkeit der actio libera in causa verfochten und die Aufnahme einer ausdrücklichen Bestimmung gegen dieselbe in das Gesetzbuch als unbedingt erforderlich betrachtet hatte. Wie anders lauten dagegen schon seine Ausführungen in den 1852 erschienenen »Glossen«. Hier vertritt der Autor einen seiner frühern Meinung beinahe entgegengesetzten Standpunkt; denn hier schreibt er S. 115 Note 1:

»Wer sich vorsätzlich, um ein bestimmtes Verbrechen zu begehen, (durch Trunk) in einen Zustand der Bewusstlosigkeit versetzt, kann wegen dolosen Verbrechens nicht gestraft werden.«

Jedoch tritt in dem hier angeführten Werke Temmes noch jene schon so oft gerügte Mittelmeinung hervor, die wir noch zuletzt in Bischoffs »Revision des Entwurfs des Strafgesetzbuchs von 1843« — vergl. S. 101 ff. — anerkannt fanden, jene verwerfliche Kompromissansicht, welche — wie wir schon im ersten Teile der Arbeit bemerkt haben (oben S. 38) — namentlich in der preussischen Litteratur sich einer fast unbegreiflichen Beliebtheit erfreute. Unmittelbar nach dem eben citierten Satze fährt nämlich Temme fort:

»Inwiefern ihn [d. h. denjenigen, der in absichtlich herbeigeführter Unzurechnungsfähigkeit den Thatbestand eines Deliktes äusserlich verwirklicht] die Strafe des Verbrechens aus Fahrlässigkeit trifft, ist nach den Umständen des konkreten Falles zu beurteilen.«

Dagegen verrät uns Temme nicht, wie denn diese Umstände beschaffen sein müssen, die nach seinen Darlegungen die Zurechenbarkeit einer Handlung zur Fahrlässigkeit rechtfertigen sollen, trotzdem eben jene Handlung nach Temmes Auffassung (vergl. den oben wiedergegebenen Satz), als erst im Zustande der Bewusstlosigkeit begangen, nicht zum Dolus imputiert werden kann. — Jedoch muss der innere Widerspruch der in den »Glossen« von Temme vertretenen Kompromissansicht auch dem Autor selbst zum Bewusstsein gekommen sein. Denn in seinem ausführlichen »Lehrbuch des preussischen Strafrechts« hat er sich von jener abgewandt, da hat er von dem prinzipiellen Standpunkte aus, dass die actio libera in causa zeitlich erst in einen nicht mehr imputabeln Zustand falle und daher die Bestrafung derselben eine schroffe Ausnahme von den Grundregeln der Zurechnungslehre involviere, auch aus dem Schweigen des preussischen Strafgesetzbuches über die erstere rückhaltslos die letzten Konsequenzen gezogen und mit aller Energie die unbedingte Straflosigkeit der actio libera in causa vertreten. Vergl. l. c. S. 179f.:

»Die im Zustande der besinnungslosen Trunkenheit verübte That ist, so wie sie begangen worden, unter allen Umständen nicht das Produkt des Willens ihres Urhebers, sondern nur das zufällige Erzeugnis von Naturkräften, die von keinem menschlichen Willen geleitet und in Thätigkeit gesetzt waren. Die Annahme des Gegenteils müsste konsequent auch bei jedem andern Grunde der Aufhebung der Zurechnungsfähigkeit für den Fall der verschuldeten Herbeiführung desselben die nämliche Ausnahme aufstellen und mithin zur fahrlässigen oder vorsätzlichen Schuld zurechnen, was der Fieberkranke im Delirium that, der sein Fieber durch Leichtsinn sich zugezogen hatte. Ja, der durch Leidenschaften herbeigeführte, also selbstverschuldete Wahnsinn könnte als Grund der Aufhebung der Zurechnungsfähigkeit nicht mehr angesehen werden. — — Die Bestrafung der im Zustande einer verschuldeten Sinnenverwirrung verübten Gesetzesübertretung kann bestenfalls nur unter dem Gesichtspunkte einer immerhin sehr willkürlichen [sic!] Polizeistrafe sich darstellen.«

Jedoch noch bedeutsamer als die eben angeführten Darlegungen Temmes scheint mir namentlich in Rücksicht auf die Kardinalfrage meines Aufsatzes, auf die Stellung des RStGB.'s zur actio libera in causa, das Zeugnis eines ausserpreussischen Schriftstellers, des Bremer Senators Dr. Donandt, zu sein. Denn einmal fallen die hier in Frage kommenden Ausführungen des eben genannten Autors der Zeit nach fast unmittelbar vor das Inkrafttreten des RStGB.'s, sodann aber gehörte auch Dr. Donandt der zur Beratung über den ersten Entwurf des Bundesstrafgesetzbuches eingesetzten Kommission an, und schliesslich vertritt er in viel schärferer Form als Temme den Satz, den auch wir an die Spitze unserer historischen Abteilung gesetzt haben, dass nämlich die Strafbarkeit der actio libera in causa eine Sondernorm sei, wie sie nur der Gesetzgeber und niemand sonst statuieren könne. Selbstverständlich kann ich auf die hochinteressanten Ausführungen Donandts, die sich in den 1868 erschienenen »Motiven zum Entwurf des Strafgesetzbuchs der freien Hansestadt Bremen« befinden, an dieser Stelle noch nicht näher eingehen. Nur einen Satz möchte ich aus den erstern herausgreifen; da beklagt sich nämlich Donandt, der einer der eifrigsten Verfechter der unbedingten Straflosigkeit der actio libera in causa war, bitter darüber, dass

»mit Ausnahme des preussischen und des sächsischen Gesetzbuches alle[44]) deutschen Strafgesetzbücher die Ausnahmebestimmung hätten, dass die Zurechnung nicht ausgeschlossen sein solle, wenn der Handelnde in den Zustand vorübergehender Bewusstlosigkeit oder gänzlicher Verwirrung der Sinne oder des Verstandes, in welchem die That geschehen, sich absichtlich zu diesem Zwecke versetzt gehabt habe« (l. c. S. 57).

II. Und so könnten wir schon jetzt den gegenwärtigen Paragraphen beschliessen, wenn nicht auch in der Litteratur

---

[44]) Das stimmt allerdings — wie weiter unten dargelegt werden soll — nicht ganz genau.

des preussischen Strafgesetzbuchs einige Autoren und zwar leider sehr angesehene Vertreter der erstern allerdings nicht zur heute herrschenden Ansicht sich bekannt — denn soweit konnten sie doch gegenüber der oben dargestellten Entwicklungsgeschichte unseres Problems innerhalb der preussischen Straflegislation nicht gehen —, aber doch jener unleidlichen Kompromissansicht sich angeschlossen hätten: Nun sollte man freilich zum mindesten erwarten, dass Männer wie Hälschner und Goltdammer — denn selbst diese beiden Schriftsteller haben sich der letztern Meinung zugewandt — ihren Standpunkt in einigermassen befriedigender Weise zu rechtfertigen verstanden hätten. Aber wir finden weder bei dem einen noch bei dem andern Autor auch nur einen ernst zu nehmenden Versuch einer derartigen Motivierung. Oder können wir es als einen solchen ansehen, wenn Hälschner in seinem preussischen Strafrecht I S. 115f.[45]) die poena doli verwirft, weil die actio libera in causa erst im unzurechenbaren Zustande begangen würde, dagegen die Fahrlässigkeitsstrafe mit Berufung auf eine mittelbare Culpa zu rechtfertigen sucht, oder wenn gar Goltdammer die horrende Behauptung aufstellt, man müsse annehmen, dass das kulpose Verbrechen nicht denselben Grad des Bewusstseins zur Zeit der That voraussetze wie das dolose (!!) (vgl. Materialien S. 410)? Es ist wirklich schwer begreiflich, dass Juristen von der wissenschaftlichen Bedeutung wie Hälschner und Goltdammer das Widerspruchsvolle ihrer Auffassung nicht bemerkt haben sollen, obwohl doch die letztere in ihrer Haltlosigkeit selbst von einem Temme erkannt und überwunden wurde. Ja, bei einer genauern Prüfung der Ausführungen jener beiden Autoren kommt man fast unwillkürlich zu der Überzeugung: beide haben recht gut gewusst, welche Konsequenz das Schweigen des preussischen Strafgesetzbuchs über die actio libera in causa de lege lata mit sich brachte, aber diese Konsequenz erschien ihrem wissenschaftlichen Gewissen als de lege ferenda so ver-

[45]) Später hat sich H. in seinem deutschen Strafrecht I S. 212f. — wie bereits oben S. 8f. bemerkt wurde — für die unbedingte Strafbarkeit der act. lib. i. c. ausgesprochen, ohne allerdings seines Gesinnungswechsels mit einem Worte Erwähnung zu thun.

werflich, dass sie, um das letztere wenigstens einigermassen zu salvieren, sich für die obgedachte Mittelmeinung erklärten, mochten auch die Gründe, welche sie für ihre Stellungnahme anführen konnten, noch so fadenscheinig sein. — Im folgenden werde ich nunmehr die in Frage kommenden Darlegungen Hälschners und Goltdammers im einzelnen wiedergeben; der erstere lässt sich nämlich über unser Problem folgendermassen aus: l. c. S. 115f.:

»Erreicht die Trunkenheit den Grad, welcher die Zurechnungsfähigkeit aufhebt, so steht, wenn diese Trunkenheit eine unverschuldete war, der Trunkene dem unzurechnungsfähigen Kinde und dem Wahnsinnigen völlig gleich. Ist dieser Grad der Trunkenheit ein verschuldeter, so hat sie ebenso wie die in solchem Zustande begangene Rechtsverletzung die Freiheit und Zurechnungsfähigkeit zu ihrer Voraussetzung, und es erscheint die Rechtsverletzung zwar nicht als eine beabsichtigte, aber doch als eine durch Fahrlässigkeit herbeigeführte, für welche der Thäter die Verantwortung zu tragen hat; denn hier wie in allen Fällen der Fahrlässigkeit (!!) erscheint zwar der rechtsverletzende Erfolg an sich als Wirkung des Naturkausalismus [sic!], während er mittelbar (?) seine Ursache im freien Willen hat. Hieraus folgt von selbst, dass auch bei verschuldeter Trunkenheit von der Zurechnung solcher Verbrechen, welche die absichtliche Begehung zu ihrem Thatbestande erfordern, nicht [nach den obigen Ausführungen Hälschners möchte man das gerade Gegenteil erwarten] die Rede sein kann. Die in der Doktrin seit langem und bis in die neuere Zeit herrschende Ansicht, dass die absichtlich zum Zwecke der Begehung eines Verbrechens durch Trunk herbeigeführte Unzurechnungsfähigkeit keine Berücksichtigung verdiene oder wohl gar als Strafschärfungsgrund zu betrachten sei, ist bei den Beratungen über das preussische Strafgesetzbuch mit Recht als eine sich selbst widersprechende verworfen worden, da durch die Unzurechnungsfähigkeit der Kausalzusammenhang des früher gefassten Entschlusses und der That aufgehoben wird. Gleichwohl wird auch in solchem Fall ein fahrlässig begangenes Verbrechen angenommen werden müssen [?, trotz der Unzurechnungsfähigkeit?, trotz der Unterbrechung des Kausalzusammenhanges?].«

Ähnliche, handgreifliche Widersprüche finden sich auch in den Ausführungen Goltdammers: vergl. Materialien I. S. 409 f.:

»Weil es unmöglich ist, dass das Gesetz eine Maschine straft, deren sich ein Dritter zur Ausübung eines Verbrechens bedient, so kann es auch den nicht strafen wollen, den ein Dritter bewusstlos trunken macht, um durch ihn ein Verbrechen zu begehen. Strafrechtlich liegt der Fall auch nicht anders bei selbstverschuldeter Trunkenheit, soweit es sich um die Strafe des Dolus handelt [weshalb diese Beschränkung auf die poena doli?]. Wer im Augenblicke der That nicht weiss, was er thut, den schützt das Gesetz durch die allgemeinen Regeln des Dolus [vergl. die eben gemachte Anmerkung]. — — Doch fragt es sich, ob das Verbrechen nicht gleichwohl als ein fahrlässiges anzurechnen sei? Diese Frage ist bei der Redaktion fast durchgängig bejaht worden[46]) (??). Voraussetzung ist es aber auch hierbei, dass ein Verbrechen vorliege, welches überhaupt als ein fahrlässiges strafbar ist. Wollte man von dieser Bedingung absehen, so würde man nur die gefährliche Trunkenheit, nicht aber das in der Trunkenheit begangene Verbrechen strafen. — — Man muss, wenn der Fall einer zulässigen Strafbarkeit wegen Fahrlässigkeit vorliegt, allerdings annehmen, dass die Culpa an sich n i c h t denjenigen Grad des Bewusstseins während der Handlung voraussetzt, welcher, wenn er mit dem auf das Verbrechen gerichteten Dolus verbunden ist, den Charakter des dolosen Verbrechens bilden würde. [??] Man muss vielmehr die Strafe der C u l p a auch dann für gerechtfertigt halten, wenn der Thäter sich selbst mit Bewusstsein zum willenlosen Werkzeug abrichtet in der Voraussicht oder doch in der Kenntnis der Möglichkeit, dass das Werkzeug schaden werde. [??]«

Der wissenschaftlichen Vollständigkeit halber hielt ich es für erforderlich, auf die Darlegungen Hälschners und Goltdammers so ausführlich einzugehen. Doch glaube ich, dass dieselben den hier verfochtenen Lehren in keiner Weise Ab-

---

[46]) Selbst wenn diese Behauptung zuträfe, bewiese sie doch nichts gegen die Richtigkeit unserer These (vergl. die oben S. 103f. zu den Ausführungen Bischoffs gemachten Bemerkungen).

bruch zu thun vermögen. Denn wenn uns, um es noch einmal zu wiederholen, die oben angestellte historische Untersuchung mit unabweisbarer Notwendigkeit dazu gezwungen hat — und auch Hälschner und Goltdammer vertreten bekanntlich diese Ansicht —, anzunehmen, dass der preussische Gesetzgeber die actio libera in causa ausschliesslich in die Zeit der aufgehobenen Imputation verlegt hat, so bleibt uns auch nichts anderes übrig, als aus dem Mangel einer Strafbestimmung gegen jene doch erst im unzurechnungsfähigen Zustande begangene That auf die unbedingte Straflosigkeit derselben de lege lata zu schliessen. Und daher ist es durchaus zu billigen, wenn Geyer in seinem Aufsatze »Über die Zurechenbarkeit der in der Trunkenheit verübten Handlungen« in der AÖG. Jahrgang 1863 S. 563 mit ähnlichen Worten wie später Binding in seinem Grundriss (vergl. oben S. 47f.) gegen die von Hälschner und Goltdammer vertretene Mittelmeinung polemisiert, indem er bemerkt:

»Diejenigen, welche wie Köstlin (System S. 144/145), Hälschner (System S. 115/116) bei den actiones liberae in causa keine Zurechnung zum Dolus zulassen wollen, weil der Kausalzusammenhang zwischen dem früher gefassten Entschluss und der That fehle, fühlen sich doch meistens gedrängt, für solche Fälle nicht gänzliche Straflosigkeit zuzulassen, und wollen dieselben darum als kulpose behandeln. Allein damit verwickeln sie sich in innere Widersprüche. Eine Culpa kann hier [d. h. natürlich bei der vorsätzlichen act. lib. i. c.] unmöglich in Frage kommen, denn es war die Absicht bei der Berauschung, in derselben ein Verbrechen zu begehen. Sonach ist es nur möglich, entweder den Kausalzusammenhang anzuerkennen und daher die That zum Dolus zuzurechnen oder ihn nicht anzuerkennen, dann aber auch die That ganz straflos zu lassen. Denn sobald kein ursächlicher Zusammenhang mit dem Wollen des Thäters vorhanden ist, kann man ja das Geschehene überhaupt gar nicht zurechnen.«

Nunmehr darf ich mich wohl von dem gegenwärtigen Paragraphen abwenden; denn die Darlegungen Oppenhoffs und Hahns in ihren Kommentaren über das preussische Strafgesetzbuch werden zweckmässig erst in Verbindung mit der Frage nach der Stellung des preussischen Obertribunals zu unserm Problem besprochen; und mit dieser Untersuchung wollen wir uns gleich im folgenden beschäftigen.

§ 18. Die Stellung des Obertribunals.

I. Wiederholt muss der ehemalige höchste preussische Gerichtshof sich mit der actio libera in causa zu befassen gehabt haben (vergl. Oppenhoff, Rechtsprechung B. 8 S. 114), doch sind meines Wissens nur drei hierher gehörige Urteile publiziert worden und zwar zwei aus dem Jahre 1860 und eines aus dem Jahre 1867. Aber in keinem dieser Erkenntnisse deutet es das Obertribunal auch nur mit einem Worte an, dass im Fall einer actio libera in causa die strafrechtlich relevante Handlung noch in den Zustand der Zurechnungsfähigkeit fiele, und dass infolgedessen etwa auch trotz des Schweigens des Gesetzgebers schon aus den allgemeinen Lehren über die Zurechnungsfähigkeit die Strafbarkeit jener zu folgern sei. Nein, bereits in dem zeitlich an erster Stelle zu besprechenden Urteile vom 29./3. 1860 geht jenes Gericht von dem völlig entgegengesetzten Standpunkte aus, dass nämlich nach der Ansicht des Gesetzgebers — und auf diese legt das Obertribunal ein viel grösseres Gewicht als die beiden im ersten Teile unserer Arbeit erwähnten Reichsgerichtsurteile (vergl. oben S. 11 f.) — bei einer actio libera in causa die That erst in die Zeit der Unzurechnungsfähigkeit falle und daher die Nichterwähnung der erstern im Gesetzbuche nur im Sinne der unbedingten Straflosigkeit derselben ausgelegt werden dürfe. Im einzelnen lautet der in GA. B. 8 S. 407 f. gegebene Abdruck der hier besprochenen, von der zweiten Abteilung des Senates für Strafsachen gefällten Entscheidung folgendermassen:

»Das Urteil des Obertribunals vom 29./3. 1860 reprobiert den Entscheidungsgrund des Appellationsrichters [die zweite Instanz hatte nämlich den Satz aufgestellt, dass eine selbstverschuldete Trunkenheit »nach § 40 des StGB.'s die Strafbarkeit nicht ausschliesse«] in Erwägung, dass derselbe unverkennbar eine unrichtige Rechtsansicht enthält, da die Bestimmung des frühern Strafrechts — § 22 Titel 20 Teil II des ALR.'s — wonach der Fall verschuldeter Trunkenheit eine völlige Ausschliessung der Strafe niemals begründen soll, in das Strafgesetzbuch nicht übergegangen ist, vielmehr auch dieser Fall der Trunkenheit unter die die Zurechnungsfähigkeit ausschliessenden Geisteszustände fallen kann, wie dies sowohl aus der allgemeinen Fassung des § 40[47]) als insbesondere daraus folgt, dass nach den Materialien zu demselben bei den Beratungen, aus denen die Redaktion desselben hervorgegangen ist, ausdrücklich anerkannt worden ist, dass die Trunkenheit mit völliger Bewusstlosigkeit auch völlige Zurechnungsunfähigkeit zur Folge haben müsse und solche auch dann, wenn sie nicht bloss an und für sich als eine nicht unverschuldete erscheint, sondern sogar absichtlich zum Zwecke der Ausführung des Verbrechens vom Thäter selbst veranlasst worden ist.«

II. Während so die zweite Abteilung des Strafsenats am Obertribunal von vornherein mit aller Bestimmtheit die unbedingte Straflosigkeit der actio libera in causa vertrat und zwar mit einer Motivierung, welche einen klassischen Beweis für die Richtigkeit jener an die Spitze der ganzen historischen Abteilung gestellten Grundgedanken enthält, verraten hingegen die Entscheidungen der ersten Abteilung desselben Senates ein auffälliges Schwanken in der Behandlung unseres Problems. Vergleichen wir nämlich die beiden publizierten Erkenntnisse der letztgenannten Abteilung miteinander, so ist in dem einen, welches am 9. November 1860, also nur wenige Monate nach dem oben besprochenen Urteile gefällt wurde, die schon so häufig konstatierte Kompromissansicht zum Ausdruck gekommen, während das andere vom 13. Februar 1867 mit der zuerst behandelten Entscheidung der zweiten Abteilung vollkommen übereinstimmt. Gehen wir nunmehr zunächst auf jenes dissentierende Urteil näher ein, so haben wir vorerst zu bemerken, dass es in einem und zwar, wie ich glaube, gerade dem für unsere Untersuchung wichtigsten Punkte dieselbe Ansicht vertritt

---

[47]) Und § 51 des RStGB.'s ist doch — in parenthesi bemerkt — mindestens ebenso allgemein gefasst.

wie die Erkenntnisse vom 29. März 1860 und 13. Februar 1867. Alle drei halten nämlich hinsichtlich der Auffassung der actio libera in causa daran fest, dass die letztere erst im Zustande aufgehobener Imputation begangen werde. Aber während die beiden eben erwähnten Urteile auch die vollen Konsequenzen aus ihrem prinzipiellen Standpunkt zur actio libera in causa ziehen, vermeint die Entscheidung vom 9. November 1860, trotz jenes Prinzipes wenigstens die poena culpae verhängen zu können, und sucht diese höchst eigenartige Rechtsauffassung gegenüber dem freisprechenden Erkenntnisse des Appellationsgerichtes mit folgenden Ausführungen (vergl. GA. B. 9 S. 69f.) zu begründen:

»Es ist zwar dem Appellationsrichter zuzugeben, dass sinnlose Trunkenheit unter Umständen die in diesem Zustande begangene That straflos machen kann. Allein dieser Strafausschliessungsgrund tritt im allgemeinen nur bei solchen gesetzwidrigen Handlungen ein, bei denen der Vorsatz des Thäters zur Anwendung des Strafgesetzes erforderlich ist. Bei Gesetzesverletzungen aus Fahrlässigkeit dagegen erscheint die durch eigne Schuld herbeigeführte Trunkenheit des Thäters an sich als eine Fahrlässigkeit, für deren schädlichen Erfolg er einstehen muss, da er dessen möglichen Eintritt vorherzusehen imstande war.«

Nun aber glaube ich nicht, dass selbst der eifrigste Vertreter der herrschenden Lehre ein derartig motiviertes Urteil auch nur in irgend einer Richtung hin zur Unterstützung seiner wissenschaftlichen Ansicht verwenden wird, wie ich andererseits auch meine, dass durch dasselbe der Richtigkeit der hier verteidigten These keinerlei Abbruch geschieht. Denn einmal lassen sich gegen diese Entscheidung alle diejenigen Argumente ins Feld führen, die wir bereits an frühern Stellen (vergl. namentlich S. 41 ff. und S. 127 ff.) zur Widerlegung der von jener vertretenen Mittelmeinung benutzt haben, sodann aber enthält das oben gegebene Citat ausserdem noch einen handgreiflichen Widerspruch. Denn während die beiden ersten Sätze die Frage erörtern, ob und inwieweit im Falle einer actio libera in causa »die in sinnloser Trunkenheit begangene That« straflos wäre, und jene Frage in Anbetracht der Vorsatzstrafe bejahen, sucht der Schlusssatz des obigen Citates nun nicht etwa die poena culpae für die im unzurechnungsfähigen Zustande verübte That, sondern plötzlich für die de lege lata doch gewiss straflose schuldhafte Trunkenheit zu rechtfertigen. Bei diesen mannigfachen Mängeln, welche das hier besprochene Urteil enthielt, ist es wohl begreiflich, wenn dasselbe von den verschiedensten Seiten in herber Weise angegriffen wurde; so wies z. B. Loos in seinem Aufsatz »Über den Dolus bei Übertretungen« in der Strafrechtszeitung Jahrg. X (1870) S. 323ff. mit ähnlichen Worten, wie dies eben von uns geschehen, auf die Diskrepanz zwischen den beiden ersten und dem Schlusssatze des oben angeführten Citates hin und schleuderte dem Gerichte den harten Vorwurf entgegen, dass es

»die (durch kein Gesetz mit Strafe bedrohte) verschuldete Trunkenheit selbst mit einer willkürlich herangezogenen Strafe belegt habe«.

Ja, sogar Oppenhoff [!] erklärte sich in seinem Kommentar zum preussischen Strafgesetzbuche gegen das an dieser Stelle behandelte Erkenntnis, wenigstens führte er dasselbe S. 130 Note 4 mit »contra« ein, nur Hahn druckte in seinem »Strafgesetzbuch für die preussischen Staaten« zu § 40 die verschiedenen Urteile des Obertribunals unbekümmert um die offenbare Unrichtigkeit des hier erwähnten ruhig nebeneinander ab.

III. Jedoch auch das Obertribunal selbst hat schliesslich die Unhaltbarkeit des letztbesprochenen Urteils erkannt, und gerade jene erste Abteilung des Strafsenats, welche dasselbe einst gefällt hatte, hat unter völliger Ignorierung ihrer frühern Entscheidung allein mit Berufung auf das S. 131f. besprochene Urteil der zweiten Abteilung vom 29. März 1860 in ihrem Erkenntnisse vom 13. Februar 1867 mit der grössten Bestimmtheit, mit einer die gegenteilige Auffassung des Appellationsgerichtes beinahe verhöhnenden Schärfe ohne irgend welche Einschränkung den von uns schon so oft erwähnten Satz ausgesprochen, dass zufolge der Entstehungsgeschichte des § 40 das Schweigen des Gesetzgebers über die actio libera in causa nur im Sinne einer unbedingten Straflosigkeit aufgefasst werden könne: vergl. Oppenhoff, Rechtsprechung B. 8 S. 113f.:

»Eine durch Trunkenheit bewirkte Unzurechnungsfähigkeit

hat selbst dann Straflosigkeit zur Folge, wenn jene eine selbstverschuldete war. — Erkenntnis (der ersten Abteilung) vom 13./2. 1867 —:

A., wegen Steuerdefraude bestraft, hatte in zweiter Instanz unter Beweis gestellt, dass er bei seiner Handlung »sinnlos« betrunken gewesen sei. Das AG. bestätigte das erste Urteil, indem es jene Beweisaufnahme für unerheblich erklärte, weil durch sie nur die unbestrittene Thatsache der Trunkenheit erwiesen werden könne, welche übrigens A. durch sein eignes Verschulden herbeigeführt habe. — Nichtigkeitsbeschwerde. — Vernichtung des angefochtenen Urteils. Gründe:

Der Angeklagte hatte unter Beweis gestellt, dass er sinnlos, also bis zur Unzurechnungsfähigkeit betrunken gewesen sei. Der Appellations-Richter hat mithin das thema probandum weder richtig aufgefasst noch erschöpft. Ausserdem hat aber das Obertribunal bereits wiederholt und namentlich in dem Urteil vom 29. März 1860 ausgesprochen und näher ausgeführt, dass auch eine selbstverschuldete Trunkenheit mit völliger Bewusstlosigkeit als ein Fall der Unzurechnungsfähigkeit angesehen werden müsse, auf den § 40 StGB.'s Anwendung finde.«[48])

IV. Nun ist aber doch gerade das letzterwähnte Urteil für den Zweck unserer Arbeit von der grössten Bedeutung, weil es nur drei Jahre vor der Emanation des Bundesstrafgesetzbuchs, ja sogar nur ein Jahr vor dem Beginn der Ausarbeitung des letztern gefällt wurde. Und da darf ich doch wohl, am Ende meiner Darstellung des Entwicklungsganges der actio libera in causa im preussischen Strafrecht angelangt, jene uns schon längst bekannte Frage aufs neue stellen: Wenn der höchste preussische Gerichtshof noch im Jahre 1867 von der Ansicht ausging, dass

[48]) Darauf, dass das Obertribunal mit seiner Entscheidung vom 13./2. 1867 bewusstermassen das Urteil vom 9./11. 1860 hat rektifizieren wollen, scheint auch der merkwürdige Umstand zu deuten, dass Hahn, welcher in seiner Handausgabe des preussischen Strafgesetzbuchs zu § 40 unter Anführung der beiden Obertribunalserkenntnisse vom Jahre 1860 jene Kompromissansicht vertritt, in seinem »Strafgesetzbuch für das Deutsche Reich« schon von der ersten Auflage an (vgl. Note 79) unter alleiniger Berufung auf das Urteil vom 13./2. 1867 die unbedingte Straflosigkeit der actio libera in causa verficht (vergl. auch oben S. 34).

im Falle einer actio libera in causa die entscheidende That nicht etwa schon im Zustande der Imputabilität, sondern erst in dem der Unzurechnungsfähigkeit begangen wurde, wenn er demgemäss bei strikter Durchführung dieses Prinzipes die Strafbarkeit der actio libera in causa nicht als eine Konsequenz, sondern im Gegenteil als eine Ausnahme von den allgemeinen Regeln der Zurechnungslehre betrachtete, wenn ferner — wie wir gesehen haben — die umfangreichen Materialien des preussischen Strafgesetzbuchs, sowie die preussische Wissenschaft grundsätzlich in ihrer Auffassung der actio libera in causa mit dem Obertribunal übereinstimmten, können wir dann noch alle diesen Momenten zum Trotz annehmen, dass die Verfasser des RStGB.'s, welche doch fast sämtlich oder wenigstens in ihrer überwiegenden Mehrheit preussische Juristen waren, welche ferner ihren Beratungen das preussische Strafgesetzbuch zu Grunde legten, plötzlich und, ohne sich irgendwie darüber zu äussern, eine der in Preussens Wissenschaft und Praxis beliebten Auffassung der actio libera in causa gänzlich entgegengesetzte Ansicht bei der Abfassung ihres Entwurfes befolgt hätten, dass sie plötzlich auf den Einfall gekommen wären, die actio libera in causa würde noch im Zustande der Zurechnungsfähigkeit begangen, und daher brauche ihre Strafbarkeit im Gesetze nicht ausdrücklich sanktioniert zu werden, sondern verstände sich aus allgemeinen Grundsätzen von selbst? Ich glaube, man wird diese Frage bei einer einigermassen unbefangenen Prüfung schon nach dem bisher angeführten Material unbedingt verneinen müssen. Und vollends erscheint mir die Straflosigkeit der actio libera in causa nach dem RStGB. als zweifellos feststehend, wenn wir auch bei einer Betrachtung der Strafgesetzbücher resp. -entwürfe der übrigen deutschen Staaten zu dem gleichen Ergebnisse wie gegenüber der preussischen Legislation gelangen.

II. Bayern.

1. § 19. Das Strafgesetzbuch vom Jahre 1813.

I. Gemäss der in der Einleitung unserer historischen Abteilung gegebenen Disposition haben wir im folgenden die Stellung der bayrischen Strafgesetzgebung zur actio libera in causa in den Kreis unserer Erörterung zu ziehen und müssen hier zunächst uns mit dem Meisterwerke Anselms v. Feuerbach, dem Strafgesetzbuche für das Königreich Bayern vom Jahre 1813, befassen. Doch ehe wir unmittelbar auf dasselbe eingehen, wird es zweckmässig sein, eine kurze Weile bei der Vorgeschichte des letztern stehen zu bleiben. Denn diese ist bekanntlich dadurch bemerkenswert, dass der erste Entwurf zu einem bayrischen Kriminalgesetzbuch nicht von Feuerbach, sondern von Kleinschrod herrührt[49]). Aber nicht allein dieser Umstand macht eine Auseinandersetzung auch mit jenem Projekt erwünscht, sondern vor allem die für den Zweck unserer Arbeit so wichtige Erwägung, dass gerade der Kleinschrodsche Entwurf wiederum ein typisches Beispiel für die am Eingange des historischen Teils behauptete Stellung der deutschen Partikularlegislation zur actio libera in causa darstellt. Ja, selten ist der Gedanke, dass die Bestrafung der letztern als einer erst im Zustande aufgehobener Imputation begangenen Handlung eine einschneidende Verletzung der Grundlehren unserer Wissenschaft involviere, eine Verletzung, deren Anerkennung lediglich Sache des Gesetzgebers sei, mit einer solchen fast lächerlichen Schärfe betont worden, wie in dem Kleinschrodschen Projekte. Dies beweist schon ein oberflächlicher Blick auf die recht stattliche Anzahl von Paragraphen, welche der actio libera in causa gewidmet sind. Hier heisst es nämlich:[50])

»§ 19. Wenn sich jemand absichtlich des Gebrauches seiner Vernunft beraubt und die That in einer Lage vollbringt, worin er seiner Vernunft garnicht mächtig war, so kann die ordentliche Strafe nicht stattfinden.

§ 20. Wenn in dem im § 19 festgesetzten Falle der Verbrecher vorhersah, dass er auch ohne den Gebrauch der Vernunft die That gewöhnlich ausführe, welche er sich mit Über-

---

[49]) Dabei sehe ich selbstverständlich schon gemäss der S. 64 gegebenen Umgrenzung der historischen Untersuchung von der vor dem neunzehnten Jahrhundert liegenden Kriminallegislation Bayerns völlig ab.

[50]) Vergl. auch die S. 28f. angeführten Stellen aus Kleinschrods »Grundbegriffen«, welche gewissermassen eine Art von Kommentar zu den Bestimmungen seines Entwurfes enthalten.

legung vornahm, so sollen zwei Drittel oder drei Viertel der gewöhnlichen Strafe erkannt werden.

§ 21. Wenn aber der Missethäter das § 20 Bestimmte nicht vorhersah, so wird nur der Entschluss der That und die ababsichtliche Beraubung der Vernunft [sic!] mit dem Drittel der gewöhnlichen Strafe belegt. [Den Satz »Cogitationis nulla poena« scheint Kleinschrod wie in seinen »Grundbegriffen« (vergl. oben S. 29 Note 7), so auch in seinem Entwurfe nicht gekannt zu haben!]

§ 22. Alsdann tritt die Hälfte dieser Strafe ein, wenn der Verbrecher den § 20 vorausgesetzten Punkt zwar nicht vorhersah, aber doch leicht hätte vorhersehen können.

§ 235. Verbrechen, welche im Schlafe begangen werden, können nie als vorsätzlich, wohl aber als fahrlässig zugerechnet werden, wenn der Schlafende sich einer wirklichen Fahrlässigkeit schuldig machte. [!!]

§ 236. Ein Nachtwandler, welcher im Schlafe eine unerlaubte That verübt, kann in keinem Falle als vorsätzlicher Verbrecher behandelt werden.

§ 237. Derselbe ist aber des höchsten Grades der Fahrlässigkeit schuldig, wenn von ihm erwiesen werden kann, dass er den Entschluss zu einem Verbrechen wachend mit Vorbedacht deswegen nährt, weil er weiss, dass er diesen Vorsatz sodann im Schlafe ausführt, und er wirklich im Schlafe die vorgenommene That beging.

§ 238. Der nämliche höchste Grad von Fahrlässigkeit tritt ein, wenn hergestellt ist, dass der Nachtwandler aus Erfahrung weiss, dass er jene Handlung im Schlafe ausführt, woran er wachend viel und aufmerksam denkt, und er dessenungeachtet diesen Gedanken nicht unterdrückt und die That, woran er dachte, im Schlafe verübte. [!!]

§ 258. Wenn sich der Verbrecher der Trunkenheit freiwillig ergab und im höchsten Grade derselben ein Verbrechen, woran er zuvor nicht dachte, beging, so ist er zwar nicht als vorsätzlicher, aber als fahrlässiger Verbrecher zu bestrafen, und die Strafe nach dem Grade der Fahrlässigkeit zu bestimmen.

§ 259. Derjenige ist nach den Grundsätzen der §§ 19—23 zu bestrafen, welcher sich ein Verbrechen vornahm und, um sich zu dessen Ausführung Mut zu machen, sich berauscht, auch in diesem Zustande die That ausführt.«

II. Nun halte ich es allerdings für überflüssig, an dieser Stelle die eben angeführten erbärmlichen Kodifikationsversuche irgendwie eingehend zu kritisieren; das hat bekanntlich schon vor fast 100 Jahren eine viel berufenere Feder gethan, nein, wenn ich diese Elaborate Kleinschrods hier in solcher Ausführlichkeit gab, so geschah dies, um dem Leser den Beweis dafür zu erbringen, dass die erstern trotz oder vielleicht gerade wegen ihrer Mangelhaftigkeit ein getreues Spiegelbild des von uns den deutschen Partikulargesetzgebern unterstellten Verhältnisses zur actio libera in causa geben. Und ich will bei dieser Gelegenheit gleich von vornherein bemerken, dass auch das bayrische Strafgesetzbuch in der prinzipiellen Frage nach dem Zeitpunkte der Begehung die actio libera in causa in der gleichen Weise wie der eben besprochene Entwurf behandelt. — Freilich wenn wir die scharfen Worte lesen, mit denen Feuerbach in seiner »Kritik« die oben citierten Vorschriften und zwar vor allem den § 19 bekämpft, so können wir uns des Eindrucks kaum erwehren, dass Feuerbach, vielleicht noch unbewusst, die Auffassung der heute herrschenden Lehre über den Augenblick der Verübung einer actio libera in causa geteilt habe: vergl. Kritik II, 83:

»Wer mit freier Überlegung den Entschluss fasst, an einem andern ein Verbrechen zu begehen, wer dann, damit es ausgeführt werden kann, die Beraubung seiner eigenen Vernunft als Mittel der Ausführung wählt und nun wirklich die That vollbringt, sowie er sie beschlossen hat, der ist in dolo, der hat durch seinen bösen überlegten Vorsatz directe die That hervorgebracht. Das entstandene Verbrechen war nicht bloss durch den Verbrecher bewirkt, sondern es war auch der Zweck und zwar der mit Überlegung gefasste Zweck seines Willens; es war auch durch Überlegung bewirkt, inwiefern das Mittel der Ausführung mit Überlegung und Absicht gewählt war. Man wendet vielleicht ein: wenn ein Mensch im Zustande der Vernunftlosigkeit sei, so stehe es nicht mehr in seiner Gewalt, die That zu unterlassen. Hierauf antworte ich: »War die gefährliche Bewegung mit dem Finger geschehen, welcher das Schussgewehr abdrückt, so ist auch nicht mehr die Richtung und die Wirksamkeit der Kugel in der Gewalt des Verbrechers.« — — — Er [d. h. der Verüber einer actio libera in causa] wird demnach bestraft und mit Recht als doloser Übertreter bestraft, weil er mit Absicht das Mittel wählte und ins Werk setzte, das nach den Gesetzen der Natur, ohne dass nachher die Willkür eingreifen könnte, das Verbrechen bewirkt.«

III. Doch von dem Geiste, der die eben angeführten Worte durchweht, ist — wie schon S. 139 angedeutet — im Strafgesetzbuche selbst nichts zu verspüren; da heisst es vielmehr mit dürren Worten, dass die That beim Vorliegen des hier besprochenen Problems erst im Zustande der Unzurechnungsfähigkeit vollbracht würde, da wird durch die Stellung des von der absichtlichen Versetzung in den Zustand der Unzurechnungsfähigkeit handelnden art. 40 im Systeme des Gesetzbuches und ferner durch die Schlussworte des erstern — »soll als ein vorsätzlicher Verbrecher bestraft werden« — klar zum Ausdruck gebracht, dass diese Strafbarkeit der actio libera in causa dem Legislator nicht als eine Konsequenz, sondern als einschneidende Ausnahme von den Grundlehren des Strafrechts erscheint, als eine Sondernorm, deren Geltung und Umfang nur von seinem — des Gesetzgebers — souveränen Ermessen abhängt: vergl. art. 39 Abs. I und art. 40:

»art. 39 Abs. 1: Mit rechtswidrigem Vorsatze (dolus) wird ein Verbrechen begangen, wenn eine Person die Hervorbringung des aus ihrer Handlung entstandenen Verbrechens sich als Zweck und Absicht dieser ihrer Handlung vorgesetzt hat und sich dabei der Rechtswidrigkeit und Strafbarkeit dieses Entschlusses bewusst gewesen ist.

art. 40: Wer mit rechtswidrigem Vorsatze ein Verbrechen beschlossen und, um dasselbe auszuführen, sich in den Zustand von Geistesabwesenheit durch Trunk oder andere Mittel absichtlich versetzt, auch in diesem Zustande kein Verbrechen anderer Art als das beabsichtigte wirklich ausgeführt hat, soll als ein vorsätzlicher Verbrecher bestraft werden[51]).

Was freilich die fahrlässige actio libera in causa angeht, so fehlt eine dem art. 40 entsprechende ausdrückliche Bestimmung gegen dieselbe, aber eine solche ist auch im System des bayrischen Strafgesetzbuchs nicht erforderlich; denn die Strafbarkeit der erstern wird dadurch gedeckt, dass laut art. 121 Ziff. 9 nur die »unverschuldete« Verwirrung der Sinne etc. die Unzurechenbarkeit der That begründet.

»art. 119: Eine gesetzwidrige Handlung oder Unterlassung, welche der Person weder aus dem Grunde eines rechtswidrigen Vorsatzes noch einer Fahrlässigkeit zugerechnet werden kann, ist unsträflich.

art. 121: Eine That ist aus gleichem Grunde straflos, — — — 9) wenn die That beschlossen und vollbracht worden ist in irgend einer unverschuldeten Verwirrung der Sinne oder des Verstandes, worin sich der Thäter seiner Handlung oder ihrer Strafbarkeit nicht bewusst gewesen ist.«

Mag es nunmehr mir gestattet sein, das Ergebnis der im vorliegenden Paragraphen angestellten Untersuchungen im Resumé kurz zu formulieren, so kann ich dasselbe in dem während des Verlaufes der Arbeit mutatis mutandis schon so oft ausgesprochenen Satze zusammenfassen: Auch für das bayrische Strafgesetzbuch von 1813 ergiebt sich offensichtlich die Richtigkeit der in der Einleitung unserer historischen Untersuchung behaupteten These von der Stellung der deutschen Gesetzgeber zur actio libera in causa. Daher können wir uns im folgenden sofort zur Betrachtung der zahlreichen schon wenige Jahre nach der Emanation jenes Kodex einsetzenden Entwürfe zu einer neuen Kriminallegislation wenden.

2. Die Entwürfe zu einem neuen Strafgesetzbuche.

§ 20. Die Entwürfe von 1822—1831.

I. Ein völlig verfehltes Elaborat, der von Gönner verfasste Entwurf aus dem Jahre 1822, wird uns gemäss dem — oben

---

[51]) Nicht aber — und dieser Abweichung von der Diktion des art. 39 kommt wohl eine charakteristische Bedeutung zu —: »hat das Verbrechen mit rechtswidrigem Vorsatze begangen«.

§ 9 S. 73 f. — entworfenen Arbeitsplane im weitern Verlaufe unserer Darstellung zunächst beschäftigen. Auch dieser hat noch eine ausdrückliche Vorschrift gegen die actio libera in causa und giebt die letztere selbstverständlich in der von uns nun schon so oft erwähnten, der Auffassung der herrschenden Meinung gründlichst widersprechenden Redaktion, auch jenem Entwurfe gilt — und die Bedeutsamkeit des Gegenstandes wird es wohl entschuldigen, wenn ich zum Nachweise meiner Behauptungen diesen Punkt wieder und wieder hervorhebe — die Strafbarkeit der actio libera in causa nicht als eine Konsequenz, sondern als eine Ausnahme von den allgemeinen Regeln der Zurechnungslehre, und daher geben sich auch die fraglichen Strafvorschriften sowohl ihrer systematischen Stellung, wie ihrer Wortfassung nach ausdrücklich als Sondernormen zu erkennen. Dies erhellt klar und deutlich aus einer Vergleichung der artt. 67/68 des ersten Teiles des behandelten Entwurfs:

»art. 67: Denjenigen, welche eine Handlung begangen haben in einem Zustande, wo sie des Gebrauches ihrer Vernunft nicht mächtig waren, kann eine solche Handlung nicht zugerechnet werden. Dahin gehören besonders — — — — 5) diejenigen, welche die That vollbracht haben in einer Verwirrung der Sinne oder des Verstandes, worin sie sich ihrer Handlung oder deren Strafbarkeit nicht bewusst waren.

art. 68: Wer im zurechnungsfähigen Zustande ein Verbrechen beschlossen und, um dasselbe auszuführen, sich in den Zustand von Geistesabwesenheit durch Trunk oder andere Mittel versetzt, auch in diesem Zustande kein Verbrechen anderer Art als das beabsichtigte wirklich ausgeführt hat, dem soll das begangene Verbrechen zugerechnet werden.«

Suchen wir nunmehr die Strafvorschriften gegen die fahrlässige actio libera in causa in jenem Entwurfe zu ermitteln, so ergiebt sich, dass in dem letztern allerdings die heilloseste Verwirrung bezüglich dieses Punktes herrscht. Könnte man nämlich aus dem Umstande, dass art. 67 Ziff. 5 das Wort »unverschuldet« des art. 121 Ziff. 9 des Strafgesetzbuches von 1813 weggelassen hat, im Zusammenhalt mit art. 68 prima facie schliessen, dass im Sinne des Gönnerschen Entwurfes die kulpose actio libera in causa straflos bleiben müsse, so widerspricht einer derartigen Annahme der art. 36 T. II des genannten Projektes, wo es ausdrücklich heisst, dass »die Zurechnung bei Übertretungen — und hierzu rechnet der Entwurf sämtliche fahrlässig begangene Delikte (vergl. art. 36 T. I) — dadurch nicht aufgehoben wird, dass der Übertreter sich zufällig [!!] in einem Zustande mangelnder Vernunftthätigkeit befunden, welchen er durch gehörige Vorsicht und Mässigung hätte von sich abhalten können« (vergl. Oersted, Ausführliche Prüfung S. 47). Aber wenn man vielleicht nach dem Gesagten der Ansicht wäre, dass Gönner die fahrlässige Versetzung in den Zustand der Unzurechnungsfähigkeit mit der ordentlichen Culpastrafe habe belegen wollen, so wird man durch den art. 238 T. II eines Bessern belehrt. Denn dieser verordnet — und seine Vorschrift dürfte wiederum ein charakteristisches Zeichen dafür sein, dass Gönner die Bestrafung der actio libera in causa nicht als eine Folge der Imputationslehre, sondern als eine aus kriminalpolitischen Gründen gebotene Notwendigkeit angesehen hat —: [52])

»Wer in einem zufälligen [sic!], jede Zurechnung zum Verbrechen oder Vergehen zwar ausschliessenden, jedoch nach art. 36 — [T. II] — schuldhaften [sic!] Zustande mangelnder Vernunftthätigkeit eine Handlung unternimmt, die sonst als Verbrechen oder Vergehen anzusehen wäre, soll mit Arrest bis zu sechs Wochen oder an Geld bis zu 150 Gulden bestraft werden; dagegen tritt Arrest nicht unter einem Monat ein, wenn sonst Todes- oder Kettenstrafe auf die Handlung gesetzt ist.«

II. Bekanntlich erfuhr der Entwurf von 1822 verdientermassen die herbste Kritik; namentlich war es Oersted, der in seinem schon mehrfach citierten Werke schonungslos die zahllosen Missgriffe des erstern aufdeckte. Auch die eben wiedergegebenen Vorschriften gegen die actio libera in causa bekämpft Oersted, aber nicht etwa aus dem Grunde, weil sie, als etwas Selbstverständliches besagend, überflüssig wären; nein bewahre, nur das rügt er an jenen Vorschriften, dass sie

---

[52]) Um Missverständnisse zu vermeiden, bemerke ich ausdrücklich, dass ich den art. 238 T. II nach den ausführlichen, bei Oersted l. c. S. 50 f. enthaltenen Angaben wiederherzustellen versucht habe.

vor allem bei der Normierung der poena culpae nicht scharf und bestimmt genug die unbedingte Strafbarkeit der actio libera in causa zum Ausdruck brächten (vergl. Oersted l. c. S. 47 ff.). — Doch für den Zweck unserer Arbeit sind vielleicht noch wichtiger die »Bemerkungen« Wellmers. Wellmer ist nämlich einer der ersten Schriftsteller, welche die uneingeschränkte Straflosigkeit der actio libera in causa fordern, und zwar begründet er — was ich besonders hervorheben möchte — in allerdings nicht sehr klarer und präziser Weise seinen Standpunkt damit, dass derselbe eine unabweisliche Konsequenz der »Grundprinzipien« des Strafrechts sei: l. c. S. 77 f.:

»Statt des in diesem Artikel [gemeint ist art. 68 T. I — vergl. oben S. 142 —] gebrauchten Ausdrucks »Geistesabwesenheit« muss ein anderer gesetzt werden, etwa: »Geistesbetäubung, Überspannung, Verwirrung«. Denn die Erregung der Geistesabwesenheit würde nicht allein ein höchst unpassendes Mittel zur Ausführung des beschlossenen Verbrechens sein, sondern sogar die wirklich erregte Geistesabwesenheit jede Ausführung unmöglich machen und allen Zusammenhang mit der frühern Willensbestimmung aufheben. Der etwa in einem solchen Zustande körperlich angerichtete zufällige Schaden würde strafrechtlich so wenig zurechenbar sein, als ob er im Schlafe verursacht worden. — In diesem Artikel zeigen sich wieder deutliche Spuren des Mangels an Klarheit in den Grundprinzipien über die Strafbarkeit und der Vernachlässigung allgemeiner philosophischer Grundsätze.«

Man sieht also, dass auch in der Litteratur des Entwurfes von 1822 keine einzige Stimme für die jetzt herrschende Lehre sich erhob, nein, von allen Autoren (unter welchen ich neben den beiden angeführten auch noch Wirth, Entwurf eines Strafgesetzbuchs zu nennen hätte) der jener Lehre gerade entgegengesetzte Standpunkt mit aller Bestimmtheit vertreten wurde.

III. Schon im Jahre 1827 erschien ein »revidierter Entwurf des Strafgesetzbuchs — München 1827 — 8° —«; auch er findet es noch für nötig, mit ausdrücklichen Worten die Strafbarkeit der actio libera in causa zu sanktionieren; doch weder die Fassung der diesbezüglichen Bestimmungen noch die Motive zu denselben weisen auch nur im entferntesten auf die heute überwiegende Meinung hin, denn gerade jene Frage, welche den Angelpunkt all unserer Erörterungen bildet, die Frage nach dem Augenblick der Begehung einer actio libera in causa entscheidet der Entwurf von 1827 unzweideutig in dem der obgedachten Meinung entgegengesetzten Sinne. Dies ergiebt sich offensichtlich aus einer Betrachtung der folgenden Normen:

»art. 57: Denjenigen, welche eine Handlung begangen haben in einem Zustande, wo sie des Gebrauches ihrer Vernunft nicht mächtig waren, kann diese That nicht zugerechnet werden. Dahin gehören besonders — — 4) — [wörtlich wie Entwurf 1822 art. 67 Ziff. 5 — oben S. 142 —] —

art. 60: Wer im zurechnungsfähigen Zustande eine strafbare Handlung beschlossen und, um dieselbe auszuführen, sich in den Zustand einer Verwirrung der Sinne oder des Verstandes durch Trunk oder andere Mittel versetzt hat, dem soll die in diesem Zustande wirklich verübte That, wenn es die beabsichtigte ist, für voll, wenn es aber eine andere ist, in gemindertem Grade zugerechnet werden.

art. 61: Wer in einem jede Zurechnung ausschliessenden [sic!!], jedoch schuldhaft veranlassten Zustande mangelnder Vernunftthätigkeit eine strafbare That begangen hat, der soll mit derjenigen Strafe, welche die That, aus Fahrlässigkeit begangen, nach sich gezogen hätte, bis zum vierten Teile, jedoch nicht unter dem geringsten gesetzlichen Strafmasse belegt werden.«

Ich glaube, schon aus den Schlussworten des art. 60, noch mehr aber aus dem art. 61 lässt sich deutlich ersehen, dass dem Verfasser des hier besprochenen Entwurfes die Strafbarkeit der actio libera in causa nicht als ein Ausfluss allgemeiner strafrechtlicher Grundsätze, sondern als ein Gebot der Zweckmässigkeit erschien; und diese Auffassung kann nur bestärkt werden durch die Motive zu art. 61 [53]), welche meinen:

»Die Beifügung des art. 61 scheint erst den Cyklus der möglichen Fälle zu schliessen und die Materie zu vervoll-

---

[53]) Citiert nach der oben S. 87 erwähnten »Zusammenstellung der Strafgesetze auswärtiger Staaten« T. I S. 235.

ständigen. Dass derjenige, der sich schuldhaft in einen die Zurechnung ausschliessenden Zustand mangelnder Vernunftthätigkeit versetzt und in diesem Zustande eine Handlung, die sonst ein schweres Verbrechen, begangen hat, keine Strafe verdient haben soll, lässt sich schwer begreifen. Die Strafe als blosse Übertretungsstrafe [sic!] ist so normiert, dass der Gerechtigkeit, Billigkeit und den allgemeinen Grundsätzen [wirklich? — Nach »allgemeinen Grundsätzen« wäre doch eine in dem oben gedachten Zustande begangene »Handlung« unbedingt straflos. —] zugleich Genüge geleistet wird.«

IV. Fast gleichlautend sind — um den vorliegenden Paragraphen zum Abschluss zu bringen — schliesslich noch die Vorschriften des 1831 herausgegebenen »Entwurfs des Strafgesetzbuchs«, welche bezüglich der actio libera in causa folgendes verordnen:

»art. 81: Denjenigen, welche eine Handlung begangen haben in einem Zustande, wo sie des Gebrauches ihrer Vernunft nicht mächtig waren, kann diese That nicht zugerechnet werden. Dahin gehören besonders — — — 4) diejenigen, welche die That vollbracht haben in einer unverschuldeten Verwirrung der Sinne oder des Verstandes, worin sie sich ihrer Handlung oder deren Strafbarkeit nicht bewusst waren.

art. 84 — [stimmt wörtlich mit art. 60 des Entwurfes von 1827 überein — vgl. oben S. 145. —] —

art. 85. Wer in einem nach art. 81 No. 4 jede Zurechnung ausschliessenden, jedoch schuldhaft veranlassten Zustande mangelnder Vernunftthätigkeit eine strafbare That begangen hat, der soll mit derjenigen Strafe, welche diese That, aus Fahrlässigkeit begangen, nach sich gezogen hätte, belegt werden nach dem Verhältnisse und Grade des Verschuldens.«

§ 21. Die Entwürfe von 1851—1860.

I. Wiesen die bisher behandelten Projekte erhebliche Ähnlichkeiten untereinander auf, so stellt sich der Entwurf, welcher nach zwanzigjähriger Pause am 24. April 1851 von dem damaligen Justizminister v. Kleinschrod der zweiten Kammer —

wenn auch zunächst nur im allgemeinen Teile — vorgelegt wurde, als eine völlige Neubearbeitung dar. Aber selbst dieser Entwurf[54]) enthielt noch eine ausdrückliche Bestimmung gegen die actio libera in causa und zwar wiederum in der von uns nun so vielfach schon erwähnten »falschen« Redaktion, auch ihm erschien also noch die Bestrafung der erstern als eine Ausnahme, nicht aber als eine selbstverständliche Folge der Grundprinzipien unserer Wissenschaft:

vergl. »art. 65: Die Zurechnung ist ausgeschlossen durch jeden Zustand, in welchem dem Handelnden das Bewusstsein seiner Handlung oder ihrer Strafbarkeit oder die Möglichkeit der freien Willensbestimmung fehlt.

art. 66: Insbesondere bleiben wegen mangelnder Zurechnungsfähigkeit mit aller Strafe verschont — — 4) diejenigen, welche die That in einem vorübergehenden Zustande der Bewusstlosigkeit oder einer Verwirrung der Sinne oder des Verstandes, z. B. im Zustande des Schlafes, des Traumwachens, einer alles Bewusstsein ausschliessenden Trunkenheit und dergleichen, verübt haben.

Wenn jedoch in dem unter Ziff. 4 bezeichneten Falle der Thäter das Verbrechen bei noch bestandener Zurechnungsfähigkeit beschlossen und sich dann, um dasselbe auszuführen, absichtlich durch Trunk oder andere Mittel in den Zustand von Bewusstlosigkeit oder Sinnesverwirrung versetzt hat, so tritt die gesetzliche Strafe ein.«

Der hier besprochene Entwurf war auch mit Motiven versehen, aber diese nehmen die Rechtfertigung jener Strafbestimmung gegen die actio libera in causa sehr leicht, sie erklären nämlich höchst einfach eine solche überhaupt für überflüssig: vergl. S. 483 der Note 54 citierten »Verhandlungen«:

»Der Schlusssatz des gegenwärtigen Artikels [i. e. art. 66] enthält lediglich eine Wiederholung der Vorschriften, welche schon das Strafgesetzbuch vom Jahre 1813 (T. I art. 40) aufge-

[54]) Er findet sich unter dem Titel »Entwurf des Gesetzbuches über Verbrechen und Vergehen; erste Abteilung: allgemeine Bestimmungen« abgedruckt als Beilage 38 in den »Verhandlungen der Kammer der Abgeordneten des bayrischen Landtags im Jahre 1851. — Beilagen-Band I.«

stellt hat; ein umständliche Motivierung desselben kann daher wohl als überflüssig betrachtet werden.«

Über diesen Entwurf erstattete nun der Referent des Gesetzgebungsausschusses der zweiten Kammer, Prof. Dr. Weis, einen eingehenden sog. »vorläufigen Bericht«, welcher als Beilage 78 in den »Verhandlungen der Kammer der Abgeordneten des bayrischen Landtags im Jahre 1851/52 — Beilagen-Band II« — abgedruckt ist. Und in diesem Berichte finden sich allerdings Gedanken ausgesprochen, welche in ganz merkwürdiger Weise an die heute herrschende Lehrmeinung erinnern, da wird die Streichung des art. 66 — und folgeweise auch der Strafbestimmungen gegen die actio libera in causa — damit befürwortet, dass jegliche Exemplifikation in den Vorschriften über die Zustände der Unzurechnungsfähigkeit nur schädlich sein könne, es vielmehr das einzig richtige Verfahren sei, einen allgemeinen Grundsatz aufzustellen, unter den der Richter den konkreten Einzelfall zu subsumieren habe. So heisst es wörtlich in jenem vorläufigen Berichte S. 367 l. c.:

»Man darf nie vergessen, dass die Beweistheorien gefallen sind, dass an ihre Stelle die frei zu gewinnende Überzeugung des Richters der That getreten ist, und dass zur That auch die Verschuldung im allgemeinen, mithin auch die Zurechnungsfähigkeit und überhaupt die Prüfung der Gründe, welche die Strafbarkeit einer dem Strafgesetz äusserlich zuwiderlaufenden Handlung ausschliessen, gehört.«

Ausserdem betont Weis noch einmal für »die Fälle, in denen der Vernunftgebrauch des Handelnden momentan aufgehoben ist«, ausdrücklich: S. 368 l. c.:

»Bei dieser Klasse von Handlungen sind Erläuterungen sehr schwierig, ja unter allen Umständen geradezu verderblich. Der Richter der That muss in jedem einzelnen Falle unter genauer Würdigung aller Verhältnisse prüfen und entscheiden, ob die That, über welche er zu erkennen hat, als Ausfluss des freien Willens des Angeklagten erscheint oder nicht. — — Ich beantrage demnach, statt des art. 64 folgenden Artikel zu setzen:

»Eine strafbare Handlung ist nicht vorhanden, wenn sich der Thäter zur Zeit der That in einem solchen Zustande oder in einer solchen Lage befunden hat, dass die Möglichkeit der freien Willensbestimmung fehlte, oder wenn die freie Willensbestimmung dadurch ausgeschlossen war, dass er zu der That durch eine körperliche oder sonstige Gewalt, welcher er nicht widerstehen konnte, gezwungen worden ist.«

Damit fallen die artt. 65, 66 von selbst.«

Und nunmehr möchten vielleicht die Anhänger der herrschenden Lehre begeisterte Lobeshymnen anstimmen auf jenen deutschen Gelehrten, der endlich, nachdem jahrhundertelang die deutschen Gesetzgebungen hinsichtlich der actio libera in causa von ganz falschen Gesichtspunkten ausgegangen waren, die »richtige« Auffassung auch in der Legislation zur Geltung zu bringen suchte. Auf derlei Dithyramben entgegne ich den Vertretern der herrschenden Meinung: »Jubelt nicht zu früh, geduldet euch nur noch wenige Seiten, und dann werde ich euch, so leid es mir auch thut, den Nachweis erbringen, dass Prof. Weis durchaus nicht eure Ansicht teilte!«

II. Die Beratungen über den Entwurf von 1851 verliefen resultatlos, aber schon am 6. Dezember 1853 wurde ein neuer Entwurf dem bayrischen Landtage vorgelegt und dann noch besonders gedruckt unter dem Titel: »Entwurf des Gesetzbuchs über Verbrechen und Vergehen für das Königreich Bayern. — Mit Motiven. — München 1854«. Auch dieser Entwurf geht noch von der unbedingten Strafbarkeit der actio libera in causa aus, auch er aber fasst noch dieselbe scharf als eine Ausnahme von den allgemeinen Regeln über die Zurechnungslehre auf, denn auch er verlegt den Zeitpunkt der That erst in den Zustand der Unzurechnungsfähigkeit. Es bestimmt nämlich art. 56:

»Die Strafbarkeit einer Handlung ist ausgeschlossen, wenn zur Zeit der Begehung derselben der Handelnde — —

2) sich in einem vorübergehenden Zustande der Bewusstlosigkeit oder einer gänzlichen Verwirrung der Sinne oder des Verstandes befunden hat.

Wenn jedoch in dem unter Ziff. 2 bezeichneten Falle der Thäter das Verbrechen bei noch bestandener Zurechnungsfähigkeit beschlossen und sich sodann, um dasselbe auszuführen, absichtlich durch Trunk oder andere Mittel in den Zustand der Bewusstlosigkeit oder Sinnesverwirrung versetzt hat, so tritt die gesetzliche Strafe ein.«

Allerdings ist bei diesem Citate hervorzuheben, dass der fahrlässigen actio libera in causa ebenso wie übrigens in dem Entwurfe von 1851 nicht gedacht ist; der Grund hierfür liegt aber nur darin, dass man sämtliche »fahrlässigen Rechtsverletzungen« der — damals erst in Aussicht gestellten — zweiten Abteilung des künftigen Gesetzbuches (Polizeistrafgesetzbuch) überweisen wollte (vergl. art. 5 des Entwurfes). — Und so durchdrungen waren die Verfasser des hier besprochenen Projektes von der Richtigkeit und Notwendigkeit jener Strafvorschrift gegen die actio libera in causa, dass sie in den beigegebenen Motiven (S. 248) auch hier in Übereinstimmung mit dem letztbesprochenen Projekte eine Begründung für unnötig erklärten.

III. Prüfen wir nunmehr, ob auch die Kritik der Auffassung des Gesetzgebers beigetreten ist, so müssen wir dies allerdings für die Mehrzahl der hierher gehörigen Autoren verneinen. »Ach«, werden vielleicht die Vertreter der herrschenden Lehre einwerfen, »die absprechende Kritik gründet sich nur darauf, dass man in der Wissenschaft endlich zu der allgemeinen Überzeugung gekommen war, dass die Strafnormen über die actio libera in causa garnicht in das Strafgesetzbuch hineingehörten, dass sie vielmehr aus den bekannten allgemeinen Grundsätzen schon sich ganz von selbst ergäben.« — Mit dieser Behauptung würden sich aber die Vertreter der herrschenden Lehre wieder einmal gründlich getäuscht haben. Denn wenn auch einer unter den Kritikern des Entwurfes scheinbar sich der von jenen verteidigten Auffassung angeschlossen hat, so ergiebt doch eine achtsame Prüfung der Ausführungen dieses einen, dass der Schein auch im vorliegenden Falle trügt. Betrachten wir nämlich die »Beiträge« Abeggs, so plädiert dieser allerdings für die Streichung des art. 56 Abs. 2 und will statt dessen für den einzelnen Fall die Entscheidung dem Richter überlassen wissen. Aber weiter reicht auch die Gemeinsamkeit zwischen der Ansicht der herrschenden Lehre und den Ausführungen Abeggs nicht, namentlich geht der letztere immer noch von der Auffassung aus, dass die That im Falle einer actio libera in causa erst im Zustande der Unzurechnungsfähigkeit begangen würde; doch verwickelt er sich infolge dieses prinzipiellen Standpunktes unvermeidlich und augenfällig in unentwirrbare Widersprüche, wenn er Thatbestände konstruieren will, bei deren Vorliegen der Richter auch trotz des Mangels einer ausdrücklichen gesetzlichen Bestimmung die actio libera in causa — obwohl sie erst im unzurechnungsfähigen Zustande gesetzt würde — als Strafthat zurechnen könne. Vergl. Beiträge S. 40f.:

»Es lässt sich manches für, aber, wie ich glaube, mehr gegen eine solche Vorschrift [den art 56 Abs. 2] beibringen. Sie wird höchst selten zur Anwendung kommen und dürfte ohne Nachteile ganz wegbleiben, indem man, wenn ein solcher Fall vorläge, die Entscheidung dem Ermessen der Urteiler überlassen kann. Schon die hier aufgestellten thatsächlichen Voraussetzungen sind schwer zu erweisen, noch schwerer aber die Folgerung, dass des Zustandes der Bewusstlosigkeit oder Sinnesverwirrung ohnerachtet ein Zustand der Zurechnungsfähigkeit [sic!] und des Festhaltens und Ausführens eines vorher gefassten verbrecherischen Entschlusses so fortbestehen bleibe, um die gesetzliche Strafe als verwirkt erachten zu können.« — [Eine derartig kühne Folgerung dürfte allerdings recht schwer zu erweisen sein!]

Aber Abegg ist mit seinen doch gewiss äusserst seltsamen Ausführungen unter den Kritikern des Entwurfes völlig allein geblieben. Denn die übrigen hierher zu zählenden Autoren, welche die Streichung des art. 56 Abs. 2 befürworteten, thaten dies nur, weil sie die actio libera in causa überhaupt straflos lassen wollten und zwar begründeten sie ihre Ansicht — wohlgemerkt noch in der Mitte des neunzehnten Jahrhunderts — damit, dass die Bestrafung der actio libera in causa eine Verletzung der elementarsten Lehren des Strafrechts darstelle, denn überall sei die erste Bedingung für die Entstehung des staatlichen Strafanspruches eine freie That, und gerade diese sei bei einer actio libera in causa nicht vorhanden. Zum Beleg für das eben Gesagte will ich zwei Schriftsteller anführen, einmal einen Juristen — Dollmann — und dann einen Mediziner — Friedreich —. Jener äussert sich in seinem Aufsatze »Zur neusten Kodifikation des Strafrechts« in der »kritischen Überschau« B. II S. 75 folgendermassen:

»Nur der Vorbehalt der gesetzlichen Strafe, welchen der zweite Satz des art. 56 (nach art. 40 des bayrischen StGB.'s) für den Fall macht, dass der Thäter das Verbrechen bei noch bestandener Zurechnungsfähigkeit beschlossen und sich sodann, um dasselbe auszuführen, absichtlich durch Trunk oder andere Mittel in den Zustand der Bewusstlosigkeit oder Sinnesverwirrung versetzt hat, wäre wegzuwünschen gewesen. Die schlagende [sic!] Bemerkung Savignys, wie jene Unterstellung auf einem offnen Widerspruch beruht, da derjenige, welcher völlig das Bewusstsein verloren hat, auch nicht mehr die früher beabsichtigte Handlung infolge des frühern Entschlusses vollziehen könne, hat in den Motiven zum Entwurfe keine Entgegnung gefunden.«

Noch schärfer aber sind die Ausführungen in Friedreichs »anthropologisch-psychologischen Bemerkungen« S. 63f.:

»Der art. 56 sagt ferner: — [folgt Abs. 2] —. Die Bestimmung steht mit dem Prinzipe der psychologischen Imputationslehre und einem strengen Rechtsgefühle [!!] in direktem Widerspruche. Es ist durch den Ausspruch dieses Artikels der unbestrittene Grundsatz verletzt, dass in ihrem Wesen und ihrer Erscheinung gleiche psychologische Zustände auch hinsichtlich des Ausspruches über die Zurechnungsfähigkeit und Strafbarkeit einer gleichen Beurteilung unterworfen werden müssen, und dass nicht die Veranlassung zur Entstehung des psychischen Zustandes, sondern lediglich nur dieser selbst (und dieser ist sich gleich, er mag zufällig oder absichtlich hervorgerufen sein) massgebend sein darf. — — Man nimmt keinen Anstand, ein Individuum für eine in einer zufällig und unverschuldet entstandenen Betrunkenheit begangene That für nicht zurechnungsfähig zu erklären, warum soll dies nicht auch für jenen gelten, der die That in einer absichtlich herbeigeführten Betrunkenheit begangen hat; dieser war im Zustande seiner Betrunkenheit ebenso psychisch unfrei, somit ebenso unzurechnungsfähig als jener; warum bei gleichen psychischen Zuständen eine verschiedene Imputation? — Für die im Zustande der absichtlich veranlassten Betrunkenheit begangene

Handlung kann demnach keine Zurechnungsfähigkeit, folglich auch keine Strafe gelten, weil diese That in einem willensunfreien Zustande begangen wurde. — — Der Vorsatz zur That und zur absichtlichen Betrunkenheit geschah im psychisch freien (zurechnungsfähigen), die That selbst aber im psychisch unfreien (unzurechnungsfähigen) Zustande; welch ein wesentlicher Unterschied!«

Zum Abschluss meiner Übersicht möchte ich endlich noch hervorheben, dass auch ein Autor sich für die Beibehaltung des art. 56 Abs. 2 erklärt hat; und zwar ist dies Sundelin in dem von ihm, Mittermaier, Berner und Barth herausgegebenen Sammelwerke »Über die neue bayrische Strafgesetzgebung«. Aber aus seinen kurzen Ausführungen geht deutlich hervor, dass auch er noch die That bei einer actio libera in causa erst in den Zeitpunkt der Unzurechnungsfähigkeit verlegt, auch ihm muss deshalb die Bestrafung der letztern als eine Ausnahme, nicht aber als eine Konsequenz der allgemeinen Lehren über die Zurechnungsfähigkeit erscheinen[55]).

IV. Aber der hier gegebenen Übersicht über die Litteratur des Entwurfes von 1853 wohnt eine über die Zwecke eines blossen Litteraturnachweises weit hinausreichende Bedeutung bei. Sie bestätigt nämlich aufs neue die bereits in der dogmatischen Abteilung (vergl. § 5 S. 32) angedeutete Bemerkung, dass etwa von der Mitte des vergangenen Jahrhunderts an in rascher Folge sich die Zahl derjenigen Autoren mehrt, welche die unbedingte Straflosigkeit der actio libera in causa als einer nur in der »causa«, nicht aber in der Ausführung freien Handlung verfechten. Und um so mehr glaubte ich auf diese bedeutsame Erscheinung gerade an dieser Stelle noch einmal aufmerksam machen zu müssen, als die erstere ähnlich wie in Preussen auch in Bayern auf den weitern Gang der legislatorischen Arbeiten von entscheidender Bedeutung wurde. — — Denn bereits im Jahre 1855 wurde der Entwurf von 1853 in

[55]) Vergl. l. c. S. 25: »Richtig ist die Ausschliessung der Straflosigkeit für den Fall, wo nach beschlossenem Verbrechen der Zustand des mangelnden Vernunftgebrauches absichtlich zur Begehung des Verbrechens herbeigeführt wird.«

völlig unveränderter Fassung dem bayrischen Landtage wieder vorgelegt und bei den Beratungen desselben in den Gesetzgebungsausschüssen der beiden Kammern des erstern kam es gerade über die Frage der Beibehaltung des art. 56 Abs. 2 zu den interessantesten Debatten. Im GGA. II[56]) beantragte nämlich der Referent Prof. Weis die Streichung des Abs. 2 des Art. 56, aber nicht etwa, weil er als Mann der Wissenschaft die »richtige« Auffassung vom Wesen der actio libera in causa besass, weil er wusste, dass die strafrechtlich relevante That noch im imputationsfähigen Zustande begangen würde und infolgedessen auch ohne eine ausdrückliche Vorschrift im Gesetze die Strafbarkeit der actio libera in causa sich von selbst ergäbe; nein, ganz im Gegenteil, kaum jemals ist die Auffassung, dass es bei einer actio libera in causa an der freien That fehle, dass folgeweise die Pönalisierung derselben einer Verhöhnung der einfachsten Regeln des Strafrechtes gleichstehe, mit solcher Schärfe betont wie in dem Referate, welches Weis im GGA. II vortrug. In Betracht kommen namentlich folgende Ausführungen (vergl. Verhandlungen des GGA. II im Jahre 1856/1857 B. I S. 47 f.):

»Man hat hier [i. e. beim Abs. 2 des art. 56], wie auch die Motive sagen, den Fall vor Augen, dass jemand im Zustande der Willensfreiheit ein Verbrechen beschliesst, sich sodann, um dasselbe auszuführen, absichtlich in den Zustand voller Bewusstlosigkeit versetzt und in diesem Zustande [!] das Verbrechen auch wirklich ausführt. — Dieser Fall wird im Leben kaum je vorkommen. Derjenige, welcher sich in seiner Trunkenheit dessen, was er früher beschlossen, noch erinnert und auch im stande ist, sein Vorhaben auszuführen, von dem kann nicht gesagt werden, er habe sich zur Zeit der That im Zustande der höchten, jedes Bewusstsein aufhebenden Trunkenheit befunden[57]). Nimmt man aber den Fall auch als möglich an, so lässt sich die Bestimmung doch nicht rechtfertigen, denn dann

---

56) GGA. II = Gesetzgebungsausschuss der Kammer der Abgeordneten; GGA. I = Gesetzgebungsausschuss der Kammer der Reichsräte.

57) Der Einfluss Savignys auf diese Argumentation ist unverkennbar (vergl. oben § 15 S. 108 f.).

fehlt immerhin dasjenige, was bei einer strafbaren Handlung nie fehlen darf, die freie That [sic!]. Das Strafgesetzbuch beschäftigt sich nicht mit verbrecherischen Plänen, sondern nur mit verbrecherischen Handlungen, die Handlung muss der Ausfluss eines verbrecherischen Willens sein, welcher im Augenblicke der Handlung vorhanden war, der früher vorhandene genügt für sich allein nicht.«

Und so gewaltig war der Eindruck dieser Worte, dass der GGA. II laut den oben citierten »Verhandlungen« S. 199 den Abs. 2 des art. 56 einstimmig und ohne Debatte strich.

V. Viel komplizierter gestalteten sich die Verhandlungen über die Beibehaltung des Abs. 2 des art. 56 im GGA. I. Doch glaube ich verhältnismässig rasch über dieselben hinweggehen zu können, da die Äusserungen der meisten Redner von einer geradezu erquickenden Unkenntnis juristischer Technik getragen wurden. Und so will ich denn nur erwähnen, dass auch im GGA. I der Referent die Streichung der Strafbestimmung gegen die actio libera in causa verlangte, da dieselbe eine »nicht mehr zulässige gesetzliche Präsumtion« enthalte (vergl. Vortrag im GGA. I S. 127). Ja der Referent ging noch weiter, er meinte nämlich l. c.:

»Jene Vorschrift [i. e. art. 56 Abs. 2] kann im einzelnen Falle zu grosser Härte und Ungerechtigkeit führen. Denn zwischen dem im Zustande der Zurechnungsfähigkeit beschlossenen Verbrechen und zwischen der im Zustand der Bewusstlosigkeit ausgeführten That [!!] liegt doch noch etwas in der Mitte.«

Doch vermochte der Referent im GGA. I selbst mit seiner Ansicht nicht durchzudringen (vergl. Verhandlungen des GGA. I während der Jahre 1856/1857 und 1858; S. 255 ff.). Aber keiner der Redner, welche für die Wiederaufnahme einer Strafbestimmung gegen die actio libera in causa sich erklärten, motivierte seinen Standpunkt mit dem Hinweise, dass diese »actio« nicht nur in der »causa«, sondern auch in der Ausführung »libera« sei. Vor allem wusste selbst der Justizminister v. Ringelmann zur Rechtfertigung der Regierungsvorlage nur eine Erwägung kriminalpolitischer Natur ins Feld zu führen. Er meinte nämlich, »dass nach dieser [i. e. der vom GGA. II hinsichtlich der actio libera in causa gebilligten] Auffassung dem Verbrecher offenbar eine zu günstige Beurteilung zu teil werden würde« (vergl. l. c. S. 256). Aus dem weitern Verlaufe der Debatte möchte ich noch hervorheben, dass von verschiedenen Seiten die Streichung des Abs. 2 des art. 56 mit der tiefsinnigen Motivierung begründet wurde, die Trunkenheit sei im Gesetze nicht besonders als Aufhebungsgrund der Imputation erwähnt (vergl. l. c. S. 258 ff.), folglich sei die actio libera in causa — [wenigstens in ihrer wichtigsten Erscheinungsform] — unbedingt strafbar. Daran dachten allerdings jene trefflichen Gesetzgeber nicht, dass die Trunkenheit schon hinreichend durch den in art. 56 Abs. 1 Ziff. 2 als Schuldausschliessungsgrund bezeichneten vorübergehenden Zustand der Bewusstlosigkeit oder einer gänzlichen Sinnesverwirrung gedeckt sei. Doch möchte vielleicht es den Leser wundernehmen, weshalb ich jener unsinnigen Argumentation ausdrücklich Erwähnung gethan habe. Die Erklärung für mein Verfahren wird in den Erörterungen über den im folgenden zu behandelnden Entwurf von 1860 gegeben werden.

VI. Der Entwurf von 1855 gelangte aus hier nicht interessierenden Gründen nicht zur Verabschiedung. Erst nachdem ein neues Ministerium ins Amt getreten war, wurde ein weiterer — definitiver — Entwurf im Jahre 1860 dem Landtage vorgelegt, ein Entwurf, der trotz mannigfacher Modifikationen im einzelnen doch in den Grundzügen mit seinem Vorgänger übereinstimmte. Mustern wir aber die Vorschriften desselben über die Schuldausschliessungsgründe durch, so bemerken wir vielleicht zu unserer Überraschung, dass die Bestimmungen über die actio libera in causa gestrichen worden sind. Vielmehr verordnete art. 68 Abs. 1 kategorisch:

»Eine strafbare Handlung ist nicht vorhanden, wenn dem Handelnden zur Zeit der That wegen Blödsinnes, Wahnsinnes, Raserei, höchsten Grades der Betrunkenheit [sic!!] oder aus ähnlichen Ursachen die Fähigkeit der Selbstbestimmung oder die zur Erkenntnis der Strafbarkeit der That nötige Urteilskraft gänzlich ermangelt hat.« —

Und nunmehr darf ich an dieser Stelle wohl wiederum jene alte schon so oft gestellte Frage von neuem aufwerfen: »Wie können, ja wie müssen wir diese Nichtaufnahme der in dem Gesetzbuche von 1813 und in allen übrigen darauf folgenden Entwürfen enthaltenen Strafvorschrift gegen die actio libera in causa auslegen? Dürfen wir wirklich, nachdem sämtliche vorhergehenden Projekte stets und ständig die That im Falle einer actio libera in causa erst in die Zeit der aufgehobenen Imputation verlegt und daher die Bestrafung der erstern als eine scharfe, nur vom Gesetzgeber zu treffende Sondervorschrift angesehen hatten, dürfen wir noch, nachdem bereits einer der Gesetzgebungsausschüsse jene Strafnorm gerade wegen ihres Ausnahmecharakters einstimmig gestrichen hatte, annehmen, dass die Regierung ganz unvermutet im Laufe weniger Jahre zu einer vollkommen von der frühern Auffassung verschiedenen Beurteilung der actio libera in causa übergegangen wäre, dass die Verfasser des Entwurfes von 1860 sich plötzlich der heute herrschenden Ansicht angeschlossen hätten und ihnen infolgedessen eine Strafvorschrift gegen die actio libera in causa aus allgemeinen Grundsätzen als völlig überflüssig erschienen wäre?« Dann müssten doch die Motive zu dem hier besprochenen Entwurfe einer so fundamentalen Sinnesänderung des Legislators Erwähnung thun. Dass dies der Fall, weiss aber keiner der Autoren, welche den Entwurf bezw. das vollendete Gesetzbuch selbst behandelt haben, zu berichten. — — Freilich hatten bereits bei den Verhandlungen über das Projekt von 1855 im GGA. I einige Stimmen sich dahin vernehmen lassen, dass auch ohne ausdrückliche Bestimmung im Gesetze an der Strafbarkeit der actio libera in causa nicht zu zweifeln sei. Doch keinen bessern Grund wussten die Vertreter dieser Meinung ins Feld zu führen als den, dass der Entwurf von 1855 nicht ausdrücklich die Trunkenheit als Schuldausschliessungsgrund anführe (vergl. oben S. 156). War nun — wie wir oben dargethan haben — eine derartige Argumentation schon gegenüber dem Entwurfe von 1855 nicht stichhaltig, so war sie vollends gegenüber dem hier besprochenen Projekte ganz und gar unmöglich. Bezeichnete doch art. 68 des letztern mit dürren Worten den »höchsten Grad der Betrunkenheit« als Schuldausschliessungsgrund. Und wir werden wohl nicht gerade fehlgehen, wenn wir annehmen, dass der Entwurf von 1860 um dessentwillen des Zustandes der Trunkenheit ausdrücklich Erwähnung that, weil er den obgedachten perversen Deduktionen, mit denen einzelne Mitglieder des GGA. I die Entbehrlichkeit einer besondern Strafbestimmung gegen die actio libera in causa zu beweisen geglaubt hatten, von vornherein jeglichen Anschein einer Existenzberechtigung zu nehmen beabsichtigte. — — Aber wir können noch ein anderes gewichtiges Argument zur Unterstützung der hier verfochtenen Ansicht beibringen, dass der Entwurf durch sein Schweigen über die actio libera in causa die unbedingte Straflosigkeit der letztern habe proklamieren wollen. Der art. 68 des erstern stimmt nämlich mit der bei den Beratungen über den Entwurf von 1855 vom GGA. II an die Stelle der Bestimmungen der Regierungsvorlage gesetzten Vorschrift wörtlich [!!] überein, abgesehen allerdings von einer höchst charakteristischen Abweichung. Es fehlt nämlich dem durch den GGA. II eingestellten Artikel die Exemplifizierung auf die einzelnen Zustände der Unzurechnungsfähigkeit. Wenn nun aber trotz dieses Mangels schon der erstere die unbedingte Straffreiheit der actio libera in causa sanktionieren wollte, um wie viel mehr muss das Gleiche für den aus jenen fast wörtlich entlehnten art. 68 gelten, zumal doch derselbe ausdrücklich und ohne Vorbehalt den höchsten Grad der Betrunkenheit als Schuldausschliessungsgrund anerkannte. — — Auch aus den parlamentarischen Verhandlungen ist kein Moment ersichtlich, welches für eine der herrschenden Lehre adäquate Auffassung des art. 68 spräche; im Gegenteil der GGA. II hielt eine Diskussion über den letztern für völlig unnötig, indem er sich einfach auf die frühern — hinsichtlich des Entwurfes von 1855 gepflogenen — Verhandlungen zurückbezog (vergl. Verhandlungen der Kammer der Abgeordneten des bayrischen Landtags in den Jahren 1859/61, Beilagen-Band III: Verhandlungen des GGA. S. 12); und wenn dann noch im GGA. I der Referent »gegen die artt. 66 bis incl. 68 nichts einzuwenden« hatte und »der hohe Ausschuss gleichfalls keine Erinnerung erhob« (vergl. Verhandlungen des GGA. I vom Jahre 1859/61 B. I S. 46), so können doch diese kurzen Bemerkungen der Protokolle nichts anderes besagen, als dass auch der GGA. I durch Verzicht auf eine ausdrückliche Strafvorschrift gegen die actio libera in causa die unbedingte Straflosigkeit derselben anerkennen wollte. — — Fügen wir schliesslich hinzu, dass der art. 68 unverändert als art. 67 in das Strafgesetzbuch für das Königreich Bayern vom 10. November 1861 überging, so dürfen wir mit Fug und Recht die Behauptung aufstellen, dass das Schweigen des erstern über die actio libera in causa nur im Sinne einer bedingslosen Straffreiheit der letztern ausgelegt werden kann. Nunmehr wollen wir im folgenden Paragraphen prüfen, ob auch die Litteratur des bayrischen Strafgesetzbuches vom Jahre 1861 mit dem hier gewonnenen Resultate übereinstimmt.

3. § 22. Das Strafgesetzbuch vom Jahre 1861.

I. Bei dem erdrückenden Material, welches ich in den vorangegangenen Paragraphen zur Rechtfertigung meiner These speziell für das neue bayrische Strafgesetzbuch beigebracht habe, sollte man billigerweise annehmen, dass die hier vertretene Ansicht auch in der Litteratur desselben einstimmige Anerkennung gefunden hätte. Aber leider hat sich doch noch ein Schriftsteller gefunden, welcher die Streichung der Strafbestimmungen gegen die actio libera in causa dahin ausgelegt hat, dass der Gesetzgeber auf diese Weise die Frage nach der Behandlung derselben offen und ihre Entscheidung — [und zwar selbstverständlich im Sinne der Strafbarkeit jener] — der Wissenschaft und Praxis nach den allgemeinen Lehren über die Zurechnungsfähigkeit habe überlassen wollen. Und dieser eine Schriftsteller ist Dollmann, derselbe Dollmann, der noch in seiner etwa zehn Jahre früher erschienenen Kritik des Entwurfes von 1853 die unbedingte Straflosigkeit der actio libera in causa gefordert, derselbe Dollmann, der damals die Argumentation Savignys eine »schlagende« genannt hatte (vergl. oben S. 152). Und diese Sinnesänderung Dollmanns ist um so seltsamer und unverständlicher, als derselbe auch noch in seinem hier zu behandelnden Werke der Ansicht ist, dass die actio libera in causa erst im Zustande aufgehobener Imputation begangen würde. So erleichtert uns Dollmann selbst die Mühe, die Unzulässigkeit seines Standpunktes gegenüber dem Strafgesetzbuche von 1861 darzuthun und die unlöslichen Widersprüche, die sich in seinen Darlegungen finden, nachzuweisen. Im einzelnen führt nämlich Dollmann in seinem »Kommentar zum Strafgesetzbuche für das Königreich Bayern« Abt. I S. 429 ff. folgendes aus:

»Bei dem Mangel einer Übereinstimmung der beiden Gesetzgebungsausschüsse hinsichtlich der innern Berechtigung des weggelassenen Satzes [i. e. der Strafbestimmung gegen die actio libera in causa][58]) und bei dem Stillschweigen der Vertreter der Regierung[59]) ist vom Standpunkte unseres Gesetzbuches die ganze Frage als eine offne zu betrachten. [Ein kühner Schluss aus irrigen Prämissen!] Es darf namentlich auch in der Ausdrucksweise des Gesetzes — — keine Entscheidung derselben gesucht werden, da alle Anhaltspunkte zu der Annahme fehlen, dass der Gesetzgeber hiermit die Frage implicite habe lösen wollen — [ich glaube doch im vorhergehenden eine ganze Reihe solcher »Anhaltspunkte« aufgeführt zu haben] —, und da es sich nicht um die Zurechnung der im unzurechnungsfähigen Zustande begangenen Rechtsverletzung als solcher, sondern nur in ihrer Rückbeziehung auf einen frühern zurechenbaren Willensakt handelt. Vielmehr steht nichts [??] entgegen, diese Lösung den allgemeinen Grundsätzen über Schuld und Zurechnung zu entnehmen. — — Hiernach kann vor allem 1. an der Zurechenbarkeit einer im unzurechnungsfähigen Zustande begangenen Rechtsverletzung dann nicht gezweifelt werden — [Dollmann widerspricht sich, nach den »allgemeinen Grundsätzen« ist eine solche stets straflos] —, wenn die letztere in der Unterlassung einer besondern Pflichterfüllung bestand und der Zustand der Unzurechnungsfähigkeit in der Absicht herbeigeführt ist, um sich zur Pflichterfüllung unfähig zu machen,

---

58) Diese Behauptung trifft nicht zu. Ein derartiger »Mangel einer Übereinstimmung« ist wohl bei den Beratungen über den Entwurf von 1855, nicht aber bei denen über den Entwurf von 1860 zu konstatieren.

59) M. E. hat die Regierung dadurch ihrer Meinung einen hinlänglich deutlichen Ausdruck gegeben, dass sie den vom GGA. II bei den Beratungen über den Entwurf von 1855 vorgeschlagenen Artikel nahezu wörtlich adoptierte (vergl. oben S. 158).

und dadurch eine Rechtsverletzung zu bewirken, oder wenn bei der Herbeiführung jenes Zustandes diese Folge desselben vorausgesehen werden konnte. —

Vergl. ferner S. 434: 2. Zweifelhafter ist die Sache, wenn die im unzurechnungsfähigen Zustande bewirkte Rechtsverletzung in einem positiven Eingriffe in eine fremde Rechtssphäre besteht und jener Zustand in der Absicht herbeigeführt wurde, um in demselben eine Rechtsverletzung zu begehen. — Das Postulat der Zurechenbarkeit in solchen Fällen wird verworfen, weil durch den Zustand der Unzurechnungsfähigkeit die Beziehung der That auf einen früher gefassten Entschluss ausgeschlossen sei. — — Muss man die Basis [sic!] dieser Argumentation zugeben, so ist doch damit die Sache nichts weniger als erledigt. — [Wirklich? — Ich meine, von jener »Basis« aus kann man de lege ferenda nur zu einer unbedingten Straflosigkeit der actio libera in causa gelangen. — Doch hören wir nur, wie Dollmann den eben ausgesprochenen Satz zu rechtfertigen sucht:] — Auch in jenen Fällen besteht [nämlich] ein ursächlicher Zusammenhang zwischen dem zurechenbaren verbrecherischen Entschluss und der Ausführung desselben im unzurechenbaren Zustande. — [Wohl wahr! Aber dieser Satz beweisst nicht, was er beweisen soll, denn, wie v. Liszt S. 159 Note 4 treffend bemerkt, »berechtigt uns die Annahme des Kausalzusammenhanges noch immer nicht, den Erfolg zur Schuld zuzurechnen«.]« —

Nun, ich glaube, die Ausführungen Dollmanns richten sich selbst, und da er zudem — wie schon oben bemerkt — mit denselben völlig allein steht, so haben wir trotz des bedeutenden Namens ihres Verfassers durchaus keinen Grund, auf die ersteren das entscheidende Gewicht zu legen; wir wenden uns daher sofort zu einer kurzen Übersicht über diejenigen Autoren, welche den art. 67 in dem hier vertretenen Sinne auslegen.

II. Von den letztgedachten Schriftstellern sei zuerst Stenglein genannt. Derselbe führt in seinem Komentar T. I S. 359 f. aus:

»Ist eine bei gesundem Geiste beschlossene Handlung, zu deren Verübung sich der Handelnde absichtlich in den Zustand der Bewusstlosigkeit versetzt hat, strafbar? War sich der Handelnde noch des Entschlusses bewusst, so war er es auch bezüglich der Strafbarkeit und suchte den Zustand der Bewusstlosigkeit nur zu simulieren. War jenes nicht der Fall, so fehlt der Kausalzusammenhang zwischen Entschluss und Handlung, diese wurde überhaupt nicht bei gesundem Geiste beschlossen [sic!?], ist also straflos.«

Man sieht aus diesem Citat, dass Stenglein, nachdem einmal die lex lata sich für die Straflosigkeit der actio libera in causa erklärt hat, noch einen Schritt weiter geht und diese Vorschrift nun auch — freilich nicht gerade glücklich — de lege ferenda zu rechtfertigen sucht. Das gleiche Verfahren beobachtet auch Hocheder, Strafgesetzbuch B. I S. 325 f, und er muss sich dafür den Tadel eines der eifrigsten Verfechter der unbedingten Strafbarkeit der actio libera in causa, des berühmten Geyer, gefallen lassen. Aber selbst Geyer giebt trotz dieser Rüge zu, dass Hocheder »de lege lata« die richtige Ansicht vertrete: vergl. AÖG. Jahrgang 1863 S. 561:

»Wir hoffen, dass unsere [d. h. die österreichische] künftige Gesetzgebung nicht dem Beispiele folgen wird, welches in unserer Frage [i. e. der Behandlung der actio libera in causa] die neuesten selbständigen deutschen Strafgesetzbücher — — das sächsische und das bayrische [!!] gegeben haben. Hocheder freilich in seinem Kommentar zu dem letztern I S. 325f. findet es vollkommen gerechtfertigt, den Thäter für eine actio libera in causa garnicht verantwortlich zu machen!«

Schliesslich ist unter den Schriftstellern, welche die Straflosigkeit der actio libera in causa für das bayrische Recht anerkannt haben, neben Weis, das Strafgesetzbuch für das Königreich Bayern B. I S. 195 wohl auch noch Wahlberg, Prinzip der Individualisierung S. 36 zu erwähnen, obwohl seine Darlegungen nicht ganz klar sind. Er bemerkt nämlich l. c.:

»Mehrere ältere Gesetzbücher schliessen das Verbrechen, in Bezug auf welches der Thäter sich absichtlich in den Zustand der vollen Berauschung versetzt hat, von der Zurechnung nicht aus. — — Neuere Gesetzbücher geben die alte Unterscheidung zwischen selbstverschuldeter und unverschuldeter Trunkenheit auf, wie B a y e r n.«

Damit hätten wir auch die historische Übersicht über die bayrische Strafgesetzgebung beendigt, und wenn wir auf das Gesagte noch einmal einen kurzen Rückblick werfen, so können wir wohl mit dem befriedigenden Gefühle, auch für jene die Richtigkeit unserer These nachgewiesen zu haben, uns zu der Gesetzgebung des drittgrössten deutschen Staates, also des sächsischen, wenden.

III. Sachsen.

1. § 23. Die Entwürfe zum Kriminalgesetzbuch.

I. Vielleicht eine der interessantesten Partien aus der Geschichte der legislativ-politischen Behandlung der actio libera in causa im Laufe der einzelnen deutschen Partikulargesetzgebungen ist derjenige Abschnitt, welcher sich mit der Darstellung dieser Entwicklung innerhalb der sächsischen Kriminallegislation befasst, und zwar um dessentwillen, weil sich schon das erste sächsische Strafgesetzbuch in der eingehendsten Weise mit der actio libera in causa auseinanderzusetzen gesucht hat. Die beiden ersten Entwürfe zu einem den Bedürfnissen des beginnenden neunzehnten Jahrhunderts entsprechenden Kriminalgesetzbuche waren einmal der von Tittmann verfasste »Entwurf zu einem Strafgesetzbuche für das Königreich Sachsen« — 1813 — und daneben der von Erhard bearbeitete und nach seinem Tode von Friderici herausgegebene »Entwurf eines Gesetzbuchs über Verbrechen und Strafen für die zum Königreich Sachsen gehörigen Staaten« — 1816. Beide enthalten eine ausdrückliche Strafvorschrift gegen die actio libera in causa, und zwar beide in der schon wiederholt angeführten »falschen« Redaktion, beide sehen infolgedessen jene Strafbestimmung als eine Ausnahmenorm von den Grundregeln der Zurechnungslehre an, aber beide gleichen sich auch darin, dass sie — und diesen merkwürdigen Vorgang werden wir auch beim sächsischen Kriminalgesetzbuch selbst zu konstatieren haben — jene Strafvorschrift nur für die Fälle der absichtlichen Versetzung in den Zustand der Unzurechnungsfähigkeit aussprechen und damit zufolge ihrer prinzipiellen Auffassung der actio libera in causa als einer erst im Zustande aufgehobener Imputation begangenen

Handlung' die Straflosigkeit der fahrlässigen Versetzung in einen solchen Zustand sanktionieren. Die für unsere Arbeit in Betracht kommenden Bestimmungen lauten nun im einzelnen so:

I. bei Tittmann:

»I. Teil 1. Kapitel § 27: Wer sich in der Absicht bewusstlos gemacht hat, um während dieses Zustandes eine gesetzwidrige That auszuführen, ist in Rücksicht derselben einem mit völligem Bewusstsein handelnden Menschen gleichzuachten.

§ 28. Die Handlung, die er in einem solchen Zustande wirklich vollbringt, ist ihm daher insoweit, als er sie zuvor beschlossen hatte, ebenso anzurechnen, als wenn er sie bei völligem Verstande ausgeführt hätte.«

II. bei Erhard:

»I. Abschnitt 3. Titel art. 50: Wegen Mangels an Bewusstsein ist alle dasjenige, was von einem Schlafenden, Schlaftrunkenen, Nachtwandler, im höchsten Grade Betrunkenen — — zum Nachteil anderer geschieht, bloss für ein schädliches Naturereignis zu halten und für keine menschliche Handlung, also auch für kein Verbrechen zu achten.

art. 51: Wer jedoch absichtlich, indem er noch bei Bewusstsein ist, solche Vorkehrungen trifft, durch welche bewirkt wird, dass ein von ihm beabsichtigter verbrecherischer Erfolg aus seiner Bewusstlosigkeit und während derselben entstehe, oder wer sich in verbrecherischer Absicht in einen bewusstlosen Zustand versetzt, den kann dieser Zustand keineswegs von der Strafe befreien.«

II. In der Folgezeit wurde dann von einer zur Herstellung eines Strafgesetzbuches bestellten Kommission ein unvollständiges Projekt eines solchen [nur den allgemeinen und einige Kapitel des besondern Teiles enthaltend] im Jahre 1818 fertig gestellt (vergl. Berner, Strafgesetzgebung S. 93f.). Leider vermag ich aber auf das erstere nicht näher einzugehen, da ich mir dasselbe nicht verschaffen konnte. Ebenso habe ich auch den folgenden Entwurf, welcher im Jahre 1824 von Stübel vollendet wurde, nicht in Originalabdrücken zu Gesicht bekommen.

Doch will ich die einschlagenden Bestimmungen desselben, so gut dies nach Lage der Dinge möglich ist, aus den Angaben zu restituieren suchen, welche sich bei Mittermaier, »Über den neuesten Zustand der Kriminalgesetzgebung in Deutschland. — Mit einem Anhange, enthaltend: allgemeine Bemerkungen über den besondern Teil des Kriminalgesetzbuchs von Verbrechen und Strafen[60]) — von Stübel —« finden. Danach lautete § 153 des Entwurfes folgendermassen (vergl. S. 47 des Anhangs):

»Der Strafzurechnung sind für unfähig zu achten:

a) Kinder vor nicht vollendetem zwölften Jahre;

b) alle, die an Wahnsinn, Raserei, einem hohen Grade von Blödsinn und überhaupt an einer Seelenkrankheit leiden, wodurch das Vermögen richtig zu urteilen gehemmt ist und unrichtige Vorstellungen entstehen oder der Kranke zu einem Verbrechen unwiderstehlich hingerissen wird;

c) alle Taubstummgeborenen;

d) die im Schlafe oder gänzlicher Schlaftrunkenheit handelten;

e) [die] durch hitzige Getränke oder andere betäubende Sachen oder heftige Affekte in Sinnenlosigkeit geraten sind und in diesem Zustande ein Verbrechen begehen.

Eine Strafbestimmung gegen die actio libera in causa fehlte dem Stübelschen Entwurfe, der in dieser Beziehung sämtlichen übrigen Projekten der deutschen Partikularlegislation voranging. Ja, in einer andern Hinsicht steht er sogar einzig unter ihnen da. Im Gegensatze nämlich zu allen bisher besprochenen Entwürfen und Gesetzbüchern, im Gegensatze zu sämtlichen künftighin zu erwähnenden geht Stübel bezüglich der actio libera in causa von der heute herrschenden Auffassung aus, von jener Ansicht, welche den Anfang der Ausführung noch in die Zeit der Zurechnungsfähigkeit verlegt. Wenigstens glaube ich diese in der Geschichte der deutschen Partikulargesetzgebung nur dies eine Mal auftauchende Behandlungsweise der actio libera in causa, aus den »Bemerkungen ad § 153« herauslesen zu

[60]) Damit ist der eben genannte Entwurf gemeint.

müssen[61]), welche sich in dem oben citierten Anhange S. 40ff. abgedruckt finden. Dort heisst es nämlich S. 43 ad 5:

»Ich setze also hier [i. e. bei den § 153 Ziff. e aufgezählten Zuständen] ebenfalls Sinnenlosigkeit voraus; dass diese unter andern durch hitzige Getränke, betäubende Sachen und Affekte bewirkt werden könne, lehrt die Erfahrung. Dessenungeachtet giebt es verschiedene Ansichten und Meinungen über die Zurechnung der in einem solchen Zustande verübten Verbrechen. Man macht davon gewöhnlich nur unter der Voraussetzung eine Ausnahme, wenn jemand unverschuldet in den Zustand der Sinnenlosigkeit versetzt worden ist. Dieser Meinung liegt aber eine Verwechslung der Gegenstände zu Grunde. Man unterscheidet nicht gehörig die Handlungen, welche jemand in einem sinnenlosen Zustand unternommen hat, von den Handlungen, durch die sich eben derselbe in den Zustand versetzt hat. Da der Mangel des Bewusstseins die Strafzurechnung unwidersprechlich ausschliesst, so kann die in diesem Zustande unternommene Handlung, der Zustand mag entstanden sein, wie er will, dem Handelnden auf keinen Fall zugerechnet werden. Eine ganz andere Frage ist aber: ob und inwiefern jemandem die Handlung, durch welche er sich den Zustand zugezogen hat, zur Strafe zugerechnet werden könne. — — Es kommen allerdings Fälle vor, dass jemand im nüchternen Zustande und mit vollkommener Besinnung den Vorsatz fasst, ein Verbrechen zu begehen, sich aber zur Ausführung desselben zu furchtsam oder zu weich fühlt und in der Absicht, um sich verwegener und gefühlloser zu machen, hitzige Getränke zu sich nimmt. Wenn ein solcher Mensch nachher auch das vorher beschlossene Verbrechen in dem höchsten Grade der Trunkenheit ausübt — [diese Wendung ist zum mindesten bedenklich, da sie den Anschein erweckt, als ob Stübel auch die von uns vertretene Auffassung der actio libera in causa gebilligt hätte; doch glaube ich, aus den weitern sogleich im folgenden wiederzugebenden Ausführungen Stübels entnehmen zu müssen, dass jene Wendung

[61]) Ich möchte jedoch bemerken, dass v. Wächter bezüglich der Stellung Stübels zur actio libera in causa anderer Meinung zu sein scheint als wir (vergl. v. Wächter 408 I 1).

auf einer Ungenauigkeit des Ausdrucks beruht] —, so handelt er dennoch vorsätzlich. Die Trunkenheit und Sinnenlosigkeit ist in dem Falle als das Mittel anzusehen, dessen sich der Verbrecher zur Vollbringung der That bediente.«

Treten wir nunmehr in eine Würdigung der Ausführungen Stübels ein, so haben wir in dieser Beziehung nur zu bemerken, dass dieselben an den unserer Arbeit zu Grunde liegenden Lehren in keiner Weise zu rütteln vermögen. Denn, wie wir bereits mehrfach betont und zum Teil schon in den vorangegangenen Abschnitten unserer Darstellung nachgewiesen haben, zum andern Teil aber im folgenden darthun werden, ist die von Stübel vertretene Auffassung der actio libera in causa innerhalb der deutschen Partikularlegislation eine durchaus sporadische Erscheinung geblieben; hinzukommt, dass der Entwurf von 1824 auch insofern ganz isoliert dasteht, als die ihm folgenden Projekte, aus denen schliesslich das sächsische Kriminalgesetzbuch hervorging, auf einer durchaus selbständigen Grundlage von andern Verfassern geschaffen sind. Und um so unsinniger vollends wäre es, auf die Meinung Stübels irgend welches Gewicht zu legen, als es ja — wie die Note 61 und die von uns in den Text des oben stehenden Citates eingeschobene Bemerkung zeigen — noch nicht über jeden Zweifel erhaben ist, ob Stübel wirklich die actio libera in causa als eine nicht bloss in der Ursache, sondern auch in der Ausführung freie That aufgefasst hat. — Mit diesen Auseinandersetzungen dürfen wir wohl das Stübelsche Projekt als erledigt betrachten; wir wenden uns daher sogleich zu dem jenem zunächst folgenden Entwurfe vom Jahre 1835.

III. Im Jahre 1834 erhielt der GJR. Dr. Gross den Auftrag zur Herstellung eines neuen Entwurfes, und es gelang ihm, schon im folgenden Jahre seine Arbeit zu beenden. Und sein Werk wiederum enthielt eine Bestimmung gegen die actio libera in causa, wenn auch nur implicite; art. 65 desselben schrieb nämlich einfach vor:

»Desgleichen findet die Zurechnung eines Verbrechens nicht statt: — — c) bei denjenigen, welche zu der Zeit des

Verbrechens durch Krankheit oder andere zufällige[62]) Umstände in dem Zustande völliger Bewusstlosigkeit sich befunden haben.«

Der Entwurf von 1835 wurde in einer dreigliederigen Kommission einer wiederholten Beratung unterzogen und dann, mit verschiedenen Abänderungen versehen, im März 1836 den Deputationen der sächsischen Stände vorgelegt (vergl. Berner, Strafgesetzgebung S. 94). Von besonderer Wichtigkeit aber für den Gegenstand unserer Untersuchung ist der Umstand, dass zu den umgestalteten Vorschriften auch der art. 65 gehörte. Es hatte nämlich die Ziff. c) einen für unser Thema höchst bedeutsamen Zusatz erhalten, so dass dieselbe nunmehr folgendermassen lautete:

»[Desgleichen findet die Zurechnung eines Verbrechens nicht statt — — —] c) bei denjenigen, welche zu der Zeit des verübten Verbrechens durch Krankheit oder andere zufällige[63])[!!] Umstände in dem Zustande völliger Bewusstlosigkeit sich befunden haben, insofern sie sich nicht absichtlich in diesen Zustand versetzt haben, um das Verbrechen zu verüben. [Vergl. Hartitsch, Kriminalgesetzbuch S. 141.]«

Durch den eben wiedergegebenen Zusatz unterscheidet der Entwurf von 1836 sich von sämtlichen bisher besprochenen Projekten und Gesetzbüchern; alle diese nämlich poenalisieren entweder die actio libera in causa unbedingt oder lassen sie unbedingt straflos. Der sächsische Entwurf hingegen distinguiert: Nur die absichtliche Versetzung in den Zustand völliger Bewusstlosigkeit soll ausnahmsweise die Zurechenbarkeit bestehen lassen; folglich wird die fahrlässige actio libera in causa nicht bestraft. Denn die Annahme fürwahr, dass der hier behandelte Entwurf eine ausdrückliche Bestimmung gegen die fahrlässig herbeigeführte Unzurechnungsfähigkeit aus dem Grunde nicht gebracht hätte, weil ihm die Strafbarkeit der letztern als selbstverständlich

---

[62]) Bei nicht zufälligen, sondern vorsätzlich oder fahrlässig verschuldeten Umständen — also beim Vorliegen einer actio libera in causa — bleibt demnach trotz der völligen Bewusstlosigkeit die Zurechnung bestehen.

[63]) Die Beibehaltung des Wortes »zufällige« beruht zweifellos nur auf einem redaktionellen Versehen; dasselbe ist denn auch im Gesetze selbst (vergl. S. 171 f.) ausgemerzt worden.

erschienen sei, ist doch gegenüber dem Wortlaute des art. 65 geradezu unsinnig und — soweit ich sehe — auch von niemandem vertreten worden. Dagegen wird die hier verteidigte Auslegung des art. 65 beispielsweise auch von Herrmann, »Zur Beurteilung des Entwurfs eines Kriminalgesetzbuches für das Königreich Sachsen« geteilt; dieser Autor bemerkt nämlich tadelnd S. 136 f.:

»Noch scheint in der Äusserung des Entwurfs, dass Bewusstlosigkeit zur Zeit des verübten Verbrechens nur insofern die Zurechnungsfähigkeit ausschliesse, als sich der Thäter nicht absichtlich, um das Verbrechen zu verüben, in diesen Zustand versetzt habe, der Mangel angetroffen zu werden, dass der fahrlässigen Versetzung in einen solchen Zustand nicht gedacht wird. Eine völlige Straflosigkeit lässt sich nicht annehmen, weil der zu bestrafende Willensfehler noch in die Zeit des freien Bewusstseins hineinfällt, und so möchte sich der allgemeine Ausdruck mehr empfehlen, dass nur der unverschuldete Zustand der Bewusstlosigkeit alle Strafe ausschliesse.«

IV. Doch noch viel bedeutsamer als die Ausführungen Herrmanns sind die Verhandlungen des sächsischen Landtags über den art. 65; denn aus denselben ergiebt sich mit unumstösslicher Gewissheit, dass Regierung und Volksvertretung das Schweigen des Entwurfes über die fahrlässige actio libera in causa im Sinne einer Straflosigkeit der letztern aufgefasst wissen wollten. Über die Frage nach Strafbarkeit oder Straflosigkeit derselben kam es nämlich in der ersten Kammer des sächsischen Landtags wiederholt zu den lebhaftesten Auseinandersetzungen zwischen den Mitgliedern der letztern und den Vertretern der Regierung. Bereits die »zur Vorberatung über den Entwurf eines Kriminalgesetzbuches für das Königreich Sachsen von der ersten Kammer der Ständeversammlung niedergesetzte Deputation« hatte eine Ergänzung des art. 65 zwecks Pönalisierung der fahrlässigen actio libera in causa vorgeschlagen; vergl. S. 77 ihres Berichtes in den »Landtags-Akten von den Jahren 1836/37; Beilagen zu den Protokollen der ersten Kammer; Erste Sammlung« und Breidenbach, Kommentar B. I, 1 S. 520 Note 2. — — Am erstgedachten Orte heisst es:

»Die Mehrheit der Deputation schlägt vor, unter Wegfall

des letzten Satzes [des art. 65] von den Worten »insofern sie« an am Schlusse beizufügen: Hat sich der Thäter selbst in einen solchen Zustand versetzt, so ist ihm, dafern solches absichtlich geschah, um das Verbrechen zu verüben, die That als vorsätzlich zuzurechnen, ausserdem kann ihm dieselbe in geeigneten Fällen als Fahrlässigkeit angerechnet werden.«

Dieser Antrag kam dann auch im Plenum der Kammer selbst zur Sprache. Hier wurde derselbe aber von den Regierungsbevollmächtigten mit der grössten Entschiedenheit bekämpft und zwar hauptsächlich mit der Motivierung: »die Fahrlässigkeit setze eine mit Bewusstsein begangene Handlung voraus, wobei nur der eingetretene Erfolg nicht beabsichtigt worden sei, und es passe sonach der Vorschlag der Majorität der Deputation nicht« (Landtags-Akten vom Jahre 1836; Zweite Abteilung: die Protokolle der ersten Kammer enthaltend B. I S. 161). Schärfer kann man wohl kaum die Ansicht zum Ausdruck bringen, dass es im Falle einer actio libera in causa an einer freien That mangele! Aber es sollte in derselben Sitzung doch noch schlimmer kommen; denn als dem eben wiedergegebenen Argumente entgegengehalten wurde; »[es] beweise zu viel, denn dann würde auch die in absichtlich herbeigeführter Trunkenheit begangene That nicht bestraft werden können« (l. c. S. 161), suchte die Regierung die Pönalisierung der letztern mit dem vom Standpunkte der herrschenden Lehre geradezu exorbitanten Satze zu rechtfertigen, dass in einem derartigen Falle wenn auch keine zurechenbare That, so doch wenigstens ein auf den verbrecherischen Erfolg gerichteter Wille vorhanden sei und diesen Willen könne man immerhin bestrafen, oder, wie es in den bei Hartitsch, Kriminalgesetzbuch S. 143f. wiedergegebenen Auszügen aus den Entgegnungen der Regierungsvertreter heisst:

»Wer wirklich bewusstlos ein Verbrechen verübe, sei dieses Verbrechens halber straflos, er müsse denn den bewusstlosen Zustand absichtlich herbeigeführt und das Verbrechen selbst gewollt haben [!! — man erkennt, von der Auffassung der heute herrschenden Lehre war die sächsische Regierung zu jener Zeit noch recht weit entfernt —]. Wolle man hierbei [i. e. bei einer actio libera in causa] eine Fahrlässigkeit bestrafen, so könne es [da ja — so müssen wir hinzudenken — letzternfalls der Thäter das Verbrechen nicht gewollt habe] nur die sein, dass der Thäter sich betrunken habe, nicht was er in der Trunkenheit begangen; erstere gehöre aber vor die Polizei.«

Gewiss gebe ich zu, dass die Stichhaltigkeit dieser Regierungserklärungen recht, recht zweifelhaft ist, aber trotzdem sind dieselben als Beweismittel für die Richtigkeit der unserer Arbeit zu Grunde liegenden Ansicht von der grössten Wichtigkeit. Denn wiederum zeigen jene Ausführungen mit aller Schärfe, wie grundverschieden die wirkliche Stellung der deutschen Gesetzgeber zur actio libera in causa von jenem Standpunkte war, welchen die Vertreter der herrschenden Meinung den ersteren nur zu gerne imputieren, wiederum thun die eben angeführten Worte unwiderleglich dar, dass auch der sächsische Legislator gleich dem preussischen und bayrischen die Bestrafung der actio libera in causa als eine Verletzung der allgemeinen Regeln der Zurechnungslehre ansah, als eine Verletzung, welche aus kriminalpolitischen Gründen zwar vom Gesetzgeber, aber auch nur von ihm sanktioniert werden könne und nur soweit und solange Geltung habe, als sie von ihm ausdrücklich anerkannt sei. — — Kehren wir nach diesem Exkurse nunmehr zu der weitern Besprechung der Verhandlungen des sächsischen Landtags über den art. 65 zurück, so wollen wir noch kurz erwähnen, dass die zweite Kammer sich ohne Diskussion auf den Standpunkt der Regierung stellte (vergl. Landtags-Akten vom Jahre 1836; Dritte Abteilung, die Protokolle der zweiten Kammer enthaltend — B. I S. 735), worauf denn schliesslich auch die erste Kammer auf die Bestrafung der fahrlässigen actio libera in causa verzichtete, indem sie die Endworte des von ihr zu art. 65 proponierten Schlussabsatzes (vergl. S. 170) von »ausserdem kann ihm« an strich. Und so erschien schliesslich art. 65 des Entwurfes im »Kriminalgesetzbuche für das Königreich Sachsen« vom Jahre 1838 als art. 67 in folgender Gestalt:

»Desgleichen findet die Zurechnung eines Verbrechens nicht statt — —

c) bei denjenigen, welche zur Zeit des verübten Verbrechens durch Krankheit oder andere Umstände in dem Zustande völliger Bewusstlosigkeit sich befunden haben.

Hat sich jedoch der Thäter selbst in einen solchen Zustand versetzt, so ist ihm, dafern solches absichtlich geschah, um das Verbrechen zu verüben, die That als vorsätzlich zuzurechnen.«

2. § 24. Das Kriminalgesetzbuch vom Jahre 1838.

Schon aus dem Wortlaut des art. 67 ergiebt sich, dass das sächsische Kriminalgesetzbuch die Poenalisierung der absichtlichen Versetzung in den Zustand völliger Bewusstlosigkeit nicht als eine Konsequenz, sondern als eine Ausnahme von den Grundsätzen der Imputationslehre betrachtet hat, und da auch, wenn wir von dem Stübelschen Entwurfe an dieser Stelle absehen, durch die ganze im vorigen Paragraphen dargestellte Entwicklungsgeschichte der gleiche Gedanke sich hindurchzieht, so wird es uns nicht überraschen, wenn wir dieselbe Auffassung der actio libera in causa auch in der gesamten Litteratur des Kriminalgesetzbuches bald mehr, bald minder deutlich ausgesprochen finden und keine Stimme in dieser sich erhebt, welche die Vorschrift des art. 67 Abs. 2 etwa aus dem Grunde als überflüssig bekämpft, weil jene Norm einen Übergriff in eine lediglich der Wissenschaft und Praxis überlassene Materie involviere. Haben doch selbst solche Schriftsteller, welche — wie Schüler, Beiträge S. 56, Haeberlin, Grundsätze B. I S. 26f. und v. Wächter S. 397ff. — de lege ferenda die unbedingte Strafbarkeit der actio libera in causa vertraten, dem Kriminalgesetzbuche gegenüber zugeben müssen, dass infolge der eigenartigen Fassung des art. 67 Abs. 2 unter seiner Herrschaft eine Bestrafung der in fahrlässig herbeigeführter Unzurechnungsfähigkeit begangenen That unzweifelhaft ausgeschlossen sei. So führt Schüler, Beiträge S. 56 aus:

»In den Worten des art. 67 [Abs. 2] ist die Strafbarkeit nur für den Fall der absichtlichen Versetzung in den Zustand der Unzurechnungsfähigkeit, um darin ein Verbrechen zu begehen, ausgesprochen, die Strafbarkeit ist daher gewiss mit Unrecht ausgeschlossen, wenn sich jemand in einen solchen Zustand versetzte, obgleich er wissen konnte, dass er in diesem Zustande wahrscheinlich oder möglicherweise eine rechtswidrige Handlung begehen konnte (mittelbare Culpa [sic!].«[64]) — Vergl. ferner Haeberlin l. c. S. 27:

»Das sächsische Kr.-G.-B. schliesst für den Fall der fahrlässigen actio libera in causa die Zurechnung aus und beschränkt sie ausdrücklich auf die absichtliche Versetzung in einen zurechnungslosen Zustand, um in demselben ein Verbrechen zu begehen.«

Ähnlich auch v. Wächter l. c. S. 398. —

Im weitern Verlaufe meiner Litteraturübersicht habe ich dann noch kurz auf Günther, die neuen Kriminalgesetze S. 49 und Held und Siebdrat, Kriminalgesetzbuch für das Kgr. Sachsen S. 129 hinzuweisen; doch ist es kaum erforderlich, auf die Ausführungen dieser Autoren zur actio libera in causa näher einzugehen, weil die ersteren nichts anderes als einen Extrakt aus den von uns bereits mitgeteilten Kammerverhandlungen geben. — Nur mit einem Autor möchte ich mich eingehender beschäftigen; es ist dies Krug, Studien; erste Abteilung S. 139ff. Derselbe nimmt nämlich in der Litteratur des sächsischen Kriminalgesetzbuches, wenigstens so weit mir die letztere bekannt geworden ist, eine Sonderstellung ein. Alle bisher angeführten Schriftsteller stellen sich entweder auf den Boden der lex lata oder, wenn sie dieselbe bekämpfen, thun sie dies nur aus dem Grunde, weil das Gesetz die fahrlässige actio libera in causa straflos gelassen habe. Krug' hingegen vertritt die Ansicht, dass die actio libera in causa als eine erst im Zustande aufgehobener Imputation begangene Handlung prinzipiell überhaupt nicht bestraft werden dürfe; was aber seine Darlegungen besonders interessant macht, ist der Umstand, dass er, um seine Auffassung gegenüber dem art. 67 Abs. 2 durchführen zu können, diese Gesetzesstelle entgegen ihrem klaren

---

64) Übrigens ergiebt sich aus den oben citierten Worten mit hinreichender Deutlichkeit, dass Schüler, wenn er auch im Resultate mit der jetzt herrschenden Lehre übereinstimmte, doch bezüglich der systematischen Auffassung der actio libera in causa gleich den meisten ältern Autoren (vergl. oben § 4) einen ganz anderen Standpunkt einnahm.

Wortlaut mit Aufbietung aller Künste der Dialektik auf die Fälle der sog. verminderten Zurechnung einzuschränken sucht, ein Verfahren, das eine ganz merkwürdige Ähnlichkeit mit der schon S. 77 erwähnten Stellung der preussischen Praxis zu § 22 II 20 ALR.'s hat: vergl. Krug l. c. S. 139ff.:

»Unter den Mangel des Vernunftgebrauches rechnet das GB. drei Fälle, nämlich — — — c) Völlige Bewusstlosigkeit; dass in dem Zustande völliger Bewusstlosigkeit — — ein Verbrechen schwerlich begangen werden könne, ist auch von seiten der Regierung bei den Verhandlungen über diesen Artikel [i. e. art. 67] ausdrücklich anerkannt worden. Dies gilt auch von dem in art. 67 besonders erwähnten Falle, wo sich jemand absichtlich in den Zustand völliger Bewusstlosigkeit versetzt hat, um in demselben ein früher beschlossenes Verbrechen auszuführen; denn die Ausführung des Verbrechens würde ja eine fortdauernde Einwirkung des vorher gefassten Entschlusses auf den Willen des Verbrechers voraussetzen, und diese ist ohne fortdauerndes Bewusstsein völlig undenkbar, man müsste denn bloss solche Verbrechen im Sinne haben, welche lediglich in einer Unterlassung bestehen — [Auch bei Unterlassungsdelikten, welche sich als actiones liberae in causa darstellen, dürfte von einer »fortdauernden Einwirkung« des im zurechnungsfähigen Zustande gefassten Entschlusses auf den »Willen des [doch inzwischen unzurechnungsfähig gewordenen] Verbrechers« in Wahrheit keine Rede sein] —. Gleichwohl ist der in beiden Kammern zur Sprache gekommene Antrag, dass bei nicht völlig aufgehobenem Bewusstsein Strafmilderung eintreten möge, von der Regierung lebhaft bestritten und endlich in beiden Kammern verworfen worden. Auch die Theorie, dass in selbstverschuldeter Trunkenheit verübte Verbrechen als kulpose zu bestrafen seien, wurde auf den Einwand, dass hier entweder Unzurechnungsfähigkeit oder dolus, mindestens eventualis, [??] vorhanden sei, ausdrücklich gemissbilligt. Aus dem allen scheint aber hervorzugehen, dass man den Begriff der völligen Bewusstlosigkeit keineswegs mit logischer Schärfe festzuhalten habe [Führwahr eine recht kühne Deduktion!]. Denn unmöglich kann man annehmen, dass das Gesetz über undenkbare Fälle habe disponieren wollen. Die Absicht ging dahin zu vermeiden, dass nicht, wenn man gestörtes Bewusstsein zu einem Milderungsgrund erhebe, dieser Milderungsgrund das Strafensystem des Gesetzbuches ganz über den Haufen werfe.«

3. § 25. Der Entwurf von 1853.

Nur eine verhältnismässig kurze Zeit blieb das Kriminalgesetzbuch in Kraft. Denn schon im April 1853 wurde der Entwurf zu einem neuen Strafgesetzbuche von seiten der Regierung der ständischen Deputation übergeben[65]). Und in diesem Regierungsentwurfe fehlte ebenso wie in dem preussischen von 1850, ebenso wie im bayrischen von 1860 eine ausdrückliche Bestimmung gegen die actio libera in causa. Vielmehr lauteten die in Betracht kommenden Vorschriften folgendermassen:

»art. 82: Eine ihrer äussern Erscheinung nach gesetzwidrige That kann nicht als Verbrechen zugerechnet werden: 1) wenn der Thäter zur Zeit der Begehung nicht die Fähigkeit der Selbstbestimmung besass — art. 83 —.

— — und art 83: Die Fähigkeit der Selbstbestimmung ist bei Personen, welche das vierzehnte Jahr ihres Alters zurückgelegt haben, vorauszusetzen, dafern nicht nachgewiesen werden kann — — c) dass sie die That in einem bewusstlosen Zustande oder während einer Seelenkrankheit verübt haben, welche den Vernunftgebrauch entweder im allgemeinen oder in der besonderen Richtung, welche bei der That in Betracht kommt, gänzlich aufhebt«.

Und nun muss ich wiederum meine schon sattsam bekannte Frage von neuem vorbringen: »Wie haben wir dieses Schweigen des Entwurfes über die actio libera in causa auszulegen? Dürfen wir annehmen, dass in den seit der Emanation des Kriminalgesetzbuches verflossenen fünfzehn Jahren der sächsische Gesetzgeber sich zu der nach Ansicht der heute

---

[65]) Dem oben gedachten Projekte waren bereits zwei nicht publizierte Entwürfe vorangegangen. Leider waren mir beide nicht zur Hand. Doch wird dieser Mangel einigermassen dadurch behoben, dass der letztere von beiden mit dem Entwurfe von 1853 im wesentlichen identisch ist.

herrschenden Lehre richtigen Auffassung der actio libera in causa durchgearbeitet habe, dass er endlich zu der Überzeugung gekommen sei, dass dieselbe schon im zurechnungsfähigen Zustande begangen würde und ihre Bestrafung daher auch ohne gesetzliche Bestimmung von selbst sich ergäbe?« Eine solche Annahme ist sicherlich mehr als unwahrscheinlich! Vergegenwärtigen wir uns doch bloss, in welch bestimmter Weise die sächsische Regierung ihre von der jetzt dominierenden Lehrmeinung so völlig abweichende Ansicht über den strafrechtlichen Charakter der actio libera in causa bei den Verhandlungen über den Entwurf des Kriminalgesetzbuches (vergl. oben S. 170f.) kundgegeben hatte! Und nunmehr sollte dies alles vergessen sein! Auf einmal sollte die Regierung die Überzeugung erlangt haben, nur der ihren damaligen Äusserungen gerade entgegengesetzte Standpunkt sei der richtige? Das werden doch die eifrigsten Anhänger der heute herrschenden Lehre wohl schwerlich zu behaupten wagen! Und wenn sie es trotzdem thun, wo bleibt dann der Beweis? Denn nach der von uns dargestellten Sachlage werden wir ihnen doch die Beweislast aufbürden müssen, aber sie nicht uns! — Dennoch wollen wir unsern Gegnern gar soweit entgegenkommen, sie von dieser Verpflichtung zu entbinden, da das vorhandene Material uns so erdrückend zu sein scheint, dass wir mit Hülfe desselben die Richtigkeit der von uns behaupteten These zweifellos darthun können. Zu diesem Zweck weisen wir zunächst auf die Motive hin, welche die Streichung der Strafvorschrift gegen die actio libera in causa mit folgenden Worten begründen:

»Eine absichtliche Versetzung in einen völlig unzurechnungsfähigen Zustand, wobei doch noch die Fähigkeit des Handelns bleibt, ist undenkbar.« — (Vergl. Krug, Kommentar Abt. I S. 164.) —

Schon diese Äusserung der Motive lässt mit Sicherheit erkennen, dass die sächsische Regierung bezüglich des entscheidenden Punktes, nämlich der Frage nach dem Augenblicke, in welchem die actio libera in causa begangen würde, im Jahre 1853 noch genau derselben Ansicht war wie in den Jahren 1836—1838. Noch immer sah man demnach die Bestrafung der actio libera in causa als eine Ausnahme von dem Satze: cogitationis nulla poena an, und nur der Unterschied bestand zwischen dem Entwurfe von 1836 und dem vom Jahre 1853, dass ersterer aus kriminalpolitischen Erwägungen jener Ausnahme wenigstens teilweise gesetzliche Anerkennung verlieh, wogegen die Verfasser des letztern, von der einfachen Erwägung ausgehend, dass im unzurechnungsfähigen Zustande die Fähigkeit des Handelns [d. h. doch eines strafrechtlich bedeutsamen Handelns] ausgeschlossen sei, die Verletzung des oben citierten Grundsatzes der Zurechnungslehre für bedenklicher hielten als die aus der Straflosigkeit der actiones liberae in causa sich ergebende Gefährdung der Rechtssicherheit. Und wie brachte der sächsische Gesetzgeber seine Stellung zur actio libera in causa zum Ausdruck? Nun, eben dadurch, dass er keine Strafbestimmung gegen dieselbe in den Entwurf von 1853 aufnahm und somit die in den artt. 82/83 enthaltene Regel in schrankenloser Allgemeingültigkeit aufstellte. — — Aber wir sind nicht nur auf die oben citierte Äusserung der Motive beschränkt, wenn wir nachweisen wollen, dass der sächsische Legislator durch sein Schweigen über die actio libera in causa die Entscheidung über die strafrechtliche Behandlung derselben nicht etwa der Wissenschaft und Praxis zuschieben, sondern die erstere selbst und zwar im Sinne der Straflosigkeit jener treffen wollte; nein, unmittelbar aus dem Texte des Entwurfes lässt sich die von uns vertretene Ansicht deduzieren. Denn während im art. 83 bei der Lehre von der Unzurechnungsfähigkeit die Bestimmungen über die actio libera in causa ausgelassen sind, wird im art. 84, der von der verminderten Zurechnungsfähigkeit handelt, ausdrücklich der vorsätzlichen Versetzung in den letztgenannten Zustand Erwähnung gethan mit dem Bemerken, dass in einem solchen Falle die vom art. 84 proponierte Strafmilderung nicht eintrete, es vielmehr bei der vollen gesetzlichen Strafe sein Bewenden haben solle:

»art. 84[66]): Sind Zustände oder Voraussetzungen der im vorigen Artikel gedachten Art vorhanden, ohne dass die Fähig-

66) Vergl. über art. 84 »Akten des ausserordentlichen Landtags vom Jahre 1854 — Beilagen zu den Protokollen der ersten Kammer — B. I S. 136f.

keit der Selbstbestimmung dadurch gänzlich ausgeschlossen erscheint, so kann verminderte Zurechnung angenommen werden, dafern sich der Verbrecher nicht absichtlich, um das Verbrechen zu begehen, in einen solchen Zustand versetzt hat, und hat demzufolge der Richter höchstens auf die Hälfte der ohne diesen Milderungsgrund verwirkten Strafe zu erkennen.«

Und jetzt frage ich: »Wenn die sächsische Regierung die absichtliche Versetzung in den Zustand verminderter Zurechnungsfähigkeit ausdrücklich von der beim Vorliegen eines derartigen Zustandes regelmässig nachgelassenen Strafmilderung ausschloss, musste sie dann nicht um soviel mehr die actio libera in causa von der im art. 83 statuierten Regel ausnehmen, wofern sie nur die erstere nicht etwa straflos lassen wollte?« Vielleicht aber könnte man bei einer allerdings recht oberflächlichen Betrachtung des art. 84 den Einwand erheben, diese Gesetzesstelle beweise nicht das, was sie beweisen solle; denn aus den Eingangsworten derselben ergäbe sich — wenigstens prima facie —, dass art. 84 garnicht von der verminderten, sondern von einer eigentümlichen Art der aufgehobenen Zurechnungsfähigkeit spräche. Jedoch kann dieser Einwand einer auch nur einigermassen genauen Prüfung des art. 84 nicht standhalten. Denn eine solche ergiebt, da z. B. Zustände der Bewusstlosigkeit, bei denen, »die Fähigkeit der Selbstbestimmung nicht gänzlich ausgeschlossen erscheint«, undenkbar sind, mit zweifelloser Sicherheit, dass die Eingangsworte des art. 84 lediglich einer redaktionellen Flüchtigkeit ihre Entstehung verdanken. Dass vielmehr die sächsische Regierung mit ihrem art. 84 in Wahrheit nur die Zustände einer sog. verminderten Zurechnungsfähigkeit treffen wollte, wird auch durch den Gang der ständischen Verhandlungen bestätigt. Denn als in der ersten Kammer auf die Widersinnigkeit des Wortlautes jenes art. 84 hingewiesen wurde, widersprach die Regierung nicht nur diesem Vorwurfe nicht, nein sie billigte auch den — schliesslich von beiden Kammern angenommenen — Antrag, dem art. 84 folgende Gestalt zu geben:

»Sind Zustände oder Voraussetzungen, welche an die im vorigen Artikel gedachten angrenzen [!!], vorhanden, ohne dass die Fähigkeit der Selbstbestimmung dadurch gänzlich ausgeschlossen erscheint, so ist, dafern nicht der Verbrecher sich absichtlich, um das Verbrechen zu begehen, in einen solchen Zustand versetzt hat, verminderte Zurechnungsfähigkeit anzunehmen, und hat demzufolge [etc. wie oben S. 178].« — —

Und da vollends diese Fassung auch als art. 88 in das neue »Strafgesetzbuch für das Königreich Sachsen« vom 11. August 1855 überging[67]), so kann an der Richtigkeit der von uns angewandten Deduktion für einen unbefangenen Beurteiler wohl überhaupt kein Zweifel mehr bestehen. Vielleicht aber möchte ein solcher im Geiste an mich die Frage richten, weshalb ich denn auf den eben behandelten Punkt so ausführlich eingegangen bin, und da muss ich ihm entgegnen: »Zu meinem Bedauern hielt ich eine ausführliche Erörterung desselben für erforderlich, weil sich — es ist beschämend, dies zugeben zu müssen — in der sächsischen Litteratur ein Schriftsteller gefunden hat, der trotz allem, was die Motive über die Bedeutung des art. 87 [83 des Entwurfes] sagen, trotz der ganzen Entwicklungsgeschichte, welche die Frage nach der strafrechtlichen Behandlung der actio libera in causa in der sächsischen Kriminallegislation durchlaufen hat, auch gegenüber dem sächsischen Strafgesetzbuche von 1855 die Strafbarkeit der erstern mit einer bewundernswerten oder — wie man es nehmen will — verachtungswürdigen Rabulistik und zwar vornehmlich auch aus dem art. 88 zu deduzieren gesucht hat. Und dieser Autor ist Klemm in seinen »Bemerkungen zum siebenten Kapitel des allgemeinen Teiles des Strafgesetzbuches« in der AGZ. für das Kgr. Sachsen 3. Jahrgang (vergl. S. 63ff.). Auf seine Ausführungen wollen wir sogleich im folgenden Paragraphen des nähern eingehen, in dem wir überhaupt eine Übersicht über die Litteratur des sächsischen Strafgesetzbuches von 1855 geben wollen.

4. § 26. Das Strafgesetzbuch vom Jahre 1855.

I. Eine Betrachtung der Litteratur des sächsischen Strafgesetzbuches von 1855 ist für unser Thema in mehrfacher Be-

---

67) Die oben S. 175 citierten artt. 82 und 83c des Entwurfes wurden unverändert als artt. 86 und 87c in das definitive Gesetzbuch übernommen.

ziehung von besonderm Interesse. Denn sie zeigt uns einmal, wie ein hervorragender Vertreter der Strafbarkeit der actio libera in causa de lege ferenda — v. Wächter — sich bei der Darstellung des sächsischen Strafrechts vor der Macht der Thatsachen gebeugt und in sehr interessanten, im weitern Verlaufe unserer Darstellung zu würdigenden Ausführungen dargelegt hat, dass und weshalb ein nach dem sächsischen Strafgesetzbuch urteilender Richter die mittelst einer actio libera in causa begangene That straflos lassen müsse. Aber leider bietet ein Überblick über die Litteratur jener Legislation neben einem solchen erfreulichen Bilde einige recht betrübende und auch in der Lehre von der actio libera in causa bedauerlicherweise nicht nur in der sächsischen Litteratur zu Tage tretende Erscheinungen.

Wir werden uns nämlich im gegenwärtigen Paragraphen auch mit Schriftstellern zu beschäftigen haben, welche unter Ignorierung der Entstehungsgeschichte des art. 87, der Motive zu dem letztern, des klaren Wortlautes des Gesetzbuches selbst, unter Ignorierung des übereinstimmenden Willens sämtlicher an der Legislation beteiligter Faktoren, ausschliesslich auf ihre eigne vorgefasste Meinung gestützt, sogar gegenüber dem sächsischen Strafgesetzbuch unbedingt oder wenigstens unter bestimmten Voraussetzungen die Strafbarkeit der actio libera in causa vertreten haben. Aber alle die Gründe, welche jene Autoren für ihre irrige Meinung anführen, vermögen einer unbefangenen Prüfung nicht standzuhalten, nein, es lassen sich innerhalb dieser Gründe so viele Schwächen, Unrichtigkeiten und Widersprüche nachweisen, dass die Ausführungen jener Schriftsteller gar sehr wider den Willen derselben sich zum Teil geradezu als indirektes Beweismittel für die richtige Ansicht darstellen. Dies gilt namentlich von den Auseinandersetzungen Klemms, der — wie wir bereits am Schlusse des vorigen Paragraphen bemerkten — schon in der Litteratur des hier behandelten Strafgesetzbuches die heute herrschende Lehre vertrat. Und ich glaube, dass seine gewagten, ja manchmal — sit venia verbo — haarsträubenden Deduktionen nicht besser nach Gebühr gewürdigt werden können, als indem wir ihm selbst das Wort erteilen und an den geeigneten Stellen auf die grandiosen Kühnheiten seines Gedankenganges nötigenfalls durch kurze Glossen aufmerksam machen.

II. In dem oben S. 179 citierten Aufsatze führt nun Klemm folgendes aus:

»Auch nach unserm sächsischen Strafgesetzbuche wird diese Frage [i. e. die Frage nach der Bedeutung der Volltrunkenheit für die Imputationslehre] als eine zur Beantwortung in jedem einzelnen Falle offene anzusehen sein [??]. Dasselbe sagt ganz im allgemeinen, dass ein bewusstloser Zustand zur Zeit des Handelns die Imputation ausschliessen solle, es spricht sich aber darüber nicht aus, welche Ursachen und welche Merkmale solcher Zustände es anerkenne, und überlässt daher das Urteil über das Vorhandensein derselben dem erkennenden Richter [sic! — Um zu dieser Konsequenz von der oben aufgestellten Prämisse aus gelangen zu können, bedarf es allerdings Klemmscher Logik; der »gemeine« Menschenverstand würde doch daraus, dass das sächsische Strafgesetzbuch »ganz im allgemeinen« bei einem »bewusstlosen Zustand zur Zeit des Handelns die Imputation ausschliesst«, folgern, dass jenes eben auf die »Ursachen und Merkmale solcher Zustände« weder selbst irgend welches Gewicht lege, noch auch dem Richter eine Berücksichtigung der ersteren zur Pflicht machen wolle. —]. Dieser [i. e. der Richter] wird jederzeit Bedenken tragen müssen, sein Urteil ohne gerichtsärztliches Gutachten zu sprechen. — — Somit wird aber auch der Fall eintreten können, dass der zugezogene Gerichtsarzt, gestützt auf eigne Forschung oder auf bewährte Autoritäten, zu dem Ausspruche kommt, dass es einen mit Bewusstlosigkeit verbundenen Grad der Trunkenheit, welcher physisches [sic!] Vermögen zum Handeln noch übrig lässt, gebe — [— — um eine derartige Feststellung treffen zu können, bedarf der Richter doch nicht erst des Gerichtsarztes] — und dass er im konkreten Falle vorhanden gewesen sei, und es wird nur darauf ankommen, ob dieser Ausspruch in einer Weise begründet wird, durch welche der Richter überzeugt wird. Ist aber sonach [— mit diesem »sonach« erreichen die Klemm'schen Deduktionen den Gipfelpunkt der Leichtfertigkeit —] die Möglichkeit vorhanden, dass auch jetzt noch Trunkenheit

Unzurechnungsfähigkeit [soll doch wohl heissen: »Zurechnungsfähigkeit« —?] herbeiführen kann, so sind auch die Fragen, welche sich hieran knüpfen, noch von Wichtigkeit, ob nämlich im einzelnen Falle der nachgewiesenen Bewusstlosigkeit ungeachtet [!!] die That als vorsätzlich oder unter Umständen als aus Fahrlässigkeit verübt zugerechnet werden könne. — — Dass auch der sächsische Gesetzgeber bei Emanierung des Strafgesetzbuches die Möglichkeit eines solchen ursächlichen Zusammenhanges angenommen habe, geht einmal daraus hervor, dass er in den Motiven zum art. 87 den bezüglichen Grundsatz des Kriminalgesetzbuches [gemeint ist art. 67 Abs. 2 des letztern] nicht direkt verwirft, sondern nur ausspricht, dass die absichtliche Versetzung in einen unzurechnungsfähigen Zustand; weil dann die Handlungsfähigkeit wegfalle, nicht statthaben könne [?? — was sollen diese Worte besagen? — vergl. auch die oben S. 176 citierte Äusserung der Motive, welche uns wohl den Schlüssel zum Verständnis der ersteren an die Hand giebt —], eine Aufstellung, welche dem Obigem nach möglicherweise widerlegt werden kann, und dann daraus, dass jener Grundsatz im art. 88 ausdrücklich wiederholt wird, was nicht hätte geschehen können, wenn der Gesetzgeber die Möglichkeit jenes Nexus an sich bezweifelt hätte. [Die Frivolität dieser Argumentierung erreicht — um kriminalistisch zu sprechen — doch schon den Grad der Luxuria! — Einmal können wir nämlich — worauf schon oben (vergl. S. 161) hingewiesen wurde aus der Thatsache, dass »der Gesetzgeber die Möglichkeit jenes Nexus nicht bezweifelt hat«, durchaus noch nicht die Strafbarkeit der actio libera in causa de lege lata folgern; aber ganz abgesehen von diesem Einwande, so ist es doch geradezu frevelhaft, von dem art. 88, der nur von der verminderten, nicht aber von der aufgehobenen Zurechnungsfähigkeit handelt, und von der Vorschrift jenes Artikels, dass die in einem absichtlich herbeigeführten Zustande der erstgedachten Art begangene That nicht mit einer ermässigten, sondern mit der vollen gesetzlichen Strafe belegt wird, — auf die Strafbarkeit der actio libera in causa zu schliessen. Kann man ja die eben erwähnte Bestimmung des art. 88, wie bereits S. 177 f. bemerkt wurde, doch nur im umgekehrten Sinne, also zum Nachweise dafür verwerten, dass nach sächsischem Recht die actio libera in causa nicht gestraft werden durfte!] — — [Schliesslich führt Klemm hinsichtlich der fahrlässigen actio libera in causa im besondern noch folgendes aus — l. c. S. 66:] In der Geschichte des Strafgesetzbuches findet sich ein gleicher Vorgang [wie bei der Beratung des Kriminalgesetzbuches — — gemeint ist die Streichung des von der ersten Kammer zwecks Pönalisierung der fahrlässigen actio libera in causa anfänglich beschlossenen Zusatzes zu art. 67 Abs. 2 — —] nicht, und es wird daher [?? — warum denn?] jetzt die angeregte Frage nach Massgabe der allgemeinen Grundsätze über die Culpa zu beurteilen, also die Beantwortung derselben davon abhängig sein, ob man sagen könne, dass die spätere Rechtsverletzung durch die Unbedachtsamkeit verschuldet worden sei, deren sich der Thäter bei Herbeiführung der Trunkenheit schuldig gemacht hat. [Der letzte Satz enthält wieder einmal eine leichtfertige, mit Scheingründen versehene, in Wahrheit aber unbewiesene Behauptung.]«

Fürwahr, die eben citierten Ausführungen Klemms richten sich wohl von selbst, und wenn wir ihnen überhaupt irgend welche Beachtung schenken wollen, so dürfen wir dies nur deshalb thun, weil sie — wie schon oben angedeutet wurde — in ihrer Haltlosigkeit und Unrichtigkeit ein treffliches Argument für die von uns dem sächsischen Strafgesetzbuche imputierte Stellung zur actio libera in causa bilden. — Verlassen wir nunmehr die Darlegungen Klemms, und wenden wir uns im folgenden zu den beiden bedeutendsten Werken, welche die Litteratur des sächsischen Strafgesetzbuches aufzuweisen hat, nämlich dem Krug'schen Kommentar und dem schon wiederholt erwähnten v. Wächter'schen Handbuche.

III. Von den eben citierten Werken wollen wir zunächst den Krug'schen Kommentar in den Kreis unserer Betrachtungen ziehen, freilich nicht aus dem Grunde, weil die Ausführungen des letztgenannten Autors über actio libera in causa uns etwa in noch höherm Masse zu befriedigen vermöchten, als die meisterhaften Darlegungen v. Wächters, nein im Gegenteil, die Ähnlichkeit zwischen den Auseinandersetzungen Klemms und Krugs ist es leider, die uns zu der oben bemerkten Reihenfolge die Veranlassung gegeben hat. Zwar stehen die Ausführungen Krugs an Gründlichkeit um vieles über dem Klemmschen Aufsatze, zwar erkennt jener Schriftsteller für eine grosse Anzahl von Fällen einer actio libera in causa die richtige Ansicht zunächst wenigstens an, aber leider finden wir auch bei Krug lex lata und lex ferenda völlig durcheinandergeworfen, und diese Vermengung ist für die Darstellung Krugs um so verhängnisvoller geworden, als sie ihn veranlasst hat, bei der Entscheidung über die Strafbarkeit der actio libera in causa sich einem der durchaus verfehlten Kompromisssysteme und zwar demjenigen, welches später hinsichtlich des Reichsstrafgesetzbuches Schütze in seinem S. 47 citierten Lehrbuche vertreten hat, anzuschliessen und bei der Rechtfertigung dieses an sich schon haltlosen Systems sich — wenn auch selbstverständlich unbewusst — der handgreiflichsten Widersprüche schuldig zu machen. Krug geht nämlich von dem Satz der Motive aus, dass jeglicher Zustand der Unzurechnungsfähigkeit, sei er vorsätzlich, fahrlässig oder infolge eines Zufalls herbeigeführt, die Fähigkeit des Handelns ausschliesse (vergl. oben S. 176), er schränkt aber das Wort »Handeln«, ohne aus den Materialien selbst irgend eine Begründung dafür angeben zu können, auf die Fälle des positiven Handelns, also des Thuns, ein und billigt, wie er dies bekanntlich auch schon in seinen oben S. 173 ff. besprochenen Studien gethan hatte, für jene Fälle die Straflosigkeit der actio libera in causa[68]). Aber fast in einem Atemzuge behauptet Krug die Strafbarkeit der als actiones liberae in causa verübten Omissivdelikte, und zwar stützt er seine Meinung auf die nach den bisher entwickelten Ansichten dieses Autors gewiss überraschende Behauptung, dass bei derartigen Unterlassungsverbrechen die strafbare Handlung schon in den Zeitpunkt der Zurechnungsfähigkeit fiele. Nun entspricht zwar diese letztere Auffassung der heute herrschenden

---

[68]) Aber selbst hieran hat Krug — um dies gleich an dieser Stelle zu bemerken — im Verlaufe seiner Darstellung nicht immer festgehalten. Vielmehr stellt er innerhalb der letztern einmal sogar, wenn auch vom Eifer der Polemik gegen v. Wächter hingerissen und ohne infolgedessen der Tragweite seiner Behauptung recht bewusst zu sein, den Satz auf, dass die actio libera in causa schlechthin — de lege lata — strafbar sei.

Ansicht, aber weshalb lässt sie Krug nur bei Omissivdelikten gelten? Und ausserdem darf man von einem Kommentator doch wohl verlangen, dass er sich bei der Behandlung der actio libera in causa an die Auffassung des zu kommentierenden Gesetzes hält! Hat das nun aber Krug gethan? Zweifellos nicht; denn aus den gesamten Materialien, vor allem den Motiven, dem Wortlaut des art. 87 im Vergleich zu dem des art. 88 und den parlamentarischen Verhandlungen, ergiebt sich unzweideutig, dass der sächsische Gesetzgeber die That bei einer actio libera in causa immer erst in die Zeit der Unzurechnungsfähigkeit verlegt hat, und dass infolgedessen nach dem klaren Wortlaut des Gesetzes die actio libera in causa stets, also auch im Falle eines Omissivdeliktes straflos sein muss. Und wenn Krug gegenüber diesem deutlich erklärten Willen des Gesetzgebers durch Aufstellung einer dem letztern fremden Theorie die Strafbarkeit der actio libera in causa wenigstens hinsichtlich der Unterlassungsdelikte aus den Worten des Gesetzes zu rechtfertigen sucht, so handelt er bewusst oder unbewusst in fraudem legis. Vollends aber verkehrt Krug den Sinn des art. 87 dadurch in das gerade Gegenteil und setzt gleichzeitig auf diese Weise den mannigfachen in seiner Darstellung enthaltenen Widersprüchen die Krone auf, wenn er zuletzt noch behauptet, dass auch bei »unwillkürlichen Bewegungen« im bewusstlosen Zustande die »actio« noch in die Zeit der Zurechnungsfähigkeit falle und daher auch beim Vorliegen eines derartigen Thatbestandes selbst ohne eine ausdrückliche gesetzliche Bestimmung bestraft werden könne.[69]) — Da ist man doch wirklich versucht die lächerliche Frage zu stellen: »Sind denn überhaupt im Zustande der Bewusstlosigkeit andere als unwillkürliche Handlungen denkbar?« Und da hierauf die Antwort selbstverständlich »nein« lautet, — welchen Sinn hat dann der von Krug am Eingang seiner Erörterung beliebte Hinweis auf jene Äusserung der Motive, welchen Sinn hat dann die Polemik gegen art. 67 Abs. 2 des Kriminalgesetzbuches? Man müsste dann schon annehmen, dass Krug diese Vorschrift dahin verstanden hätte, dass die letztere ein willkürliches freies

---

[69]) Vergl. aber hierzu die vorige Note.

Thun im Zustande der Unzurechnungsfähigkeit für möglich gehalten habe. Aber eine so alberne Meinung dürfen wir doch einem Gelehrten wie Krug nicht imputieren, zumal auch dieselbe aus seinen Ausführungen keineswegs hervorgeht. — Nachdem ich somit die allerdings ziemlich verworrene Auffassung Krugs einigermassen entwickelt zu haben glaube, will ich nunmehr seine in Frage kommenden Darlegungen im Wortlaute bringen und zwar einmal, um dem Leser auf diese Weise die widerspruchsvolle Darstellung des Autors besonders anschaulich zu machen und andererseits hiermit gleichzeitig dem erstern das Material für eine unparteiische Prüfung der von mir über den Standpunkt Krugs gemachten Ausführungen an die Hand zu geben: vergl. Krug, Kommentar Abt. I S. 164 ff.:

»Ziff. 4.: — — Wäre es möglich, dass jemand sich absichtlich in einen völlig unzurechnungsfähigen Zustand versetzen könnte, um in demselben ein Verbrechen zu begehen, so würde dieser Satz[70]) allerdings richtig sein, denn das Verbrechen wäre dann die vorausgesehene und beabsichtigte Folge dessen, was der Thäter im zurechnungsfähigen Zustande gethan hat. [Man sieht, Krug vertritt bezüglich der Frage nach dem Zeitpunkte der actio libera in causa schon den »modernen« Standpunkt; dass der letztere aber keineswegs der Auffassung des sächsischen Gesetzgebers entsprach, wird ganz abgesehen von den sonstigen Argumenten schon durch die wiederholt erwähnte Äusserung der Motive über die Gründe der Nichtaufnahme einer dem art. 67 Abs. 2 des KrGB.'s entsprechenden Bestimmung klipp und klar bewiesen.] — — Allein sowohl im Zustande des Schlafes und der Ohnmacht, als auch in dem der völligen (mit Bewusstlosigkeit verbundenen) Trunkenheit ist positives Handeln unmöglich. — — Dagegen ist Unthätigkeit die natürliche und notwendige Folge jedes bewusstlosen Zustandes. Insofern man also durch Unthätigkeit zum Verbrecher werden kann, würde dieselbe auch demjenigen zuzurechnen sein, der sich, um in dem entscheidenden Augenblick unthätig zu bleiben, in den bewusstlosen Zustand versetzt hat. Diese Zurechnung wird auch durch den art. 87 nicht ausgeschlossen [??]. Denn der

[70]) Gemeint ist art. 67 Abs. 2 des Kriminalgesetzbuches.

Erfolg war hier Wirkung desjenigen, was der Thäter im zurechnungsfähigen Zustande gethan hat. Die Handlung, welche ihm das pflichtgemässe Handeln unmöglich macht, ist hier der Gegenstand der strafrechtlichen Beurteilung. Durch diese Handlung ist das Verbrechen begangen! Art. 86 schliesst aber die Zurechnung nur aus, wenn der Thäter zur Zeit der Begehung nicht die Fähigkeit der Selbstbestimmung gehabt hat. Der bewusstlose Zustand ist nur ein zum Erfolge mitwirkender, von dem Verbrecher sogar vorausgesehener und herbeigeführter Umstand[71]). — — Wächter S. 406ff. billigt zwar diese Sätze an sich, zweifelt aber, ob sie mit der Fassung des Artikels vereinbar seien. Denn derselbe begreife unter That nicht bloss das positive Thun, sondern auch das negative, die Unterlassung; wenn er daher eine ihrer äussern Erscheinung nach gesetzwidrige That für unzurechenbar erkläre, wenn der Thäter zur Zeit der Begehung der That nicht die Fähigkeit der Selbstbestimmung besass, so erkläre er dadurch auch Unterlassungen in einem die Zurechnung aufhebenden Zustande für straflos. Hieraus dürfte jedoch nur soviel folgern, dass das, was lediglich Folge einer durch den unzurechnungsfähigen Zustand herbeigeführten Unterlassung ist, nicht zugerechnet werden kann. In den obigen Fällen aber ist der gesetzwidrige Erfolg die Wirkung dessen, was der Angeschuldigte im zurechnungsfähigen Zustande gethan hat. Die »That« — erstreckt sich von derjenigen Handlung, welche den unzurechnungsfähigen Zustand herbeiführte, bis zum Erfolge, und es ist willkürlich, jene Handlung von der spätern (lediglich durch sie verursachten) Unterlassung zu sondern. Von unwillkürlichen Bewegungen in einem bewusstlosen Zustande gilt natürlich ganz dasselbe, da sie ebenfalls nur Folge der Handlung sind, durch welche der bewusstlose Zustand herbeigeführt wurde. [Wie stimmt dieser Satz zu dem Anfange der Krug'schen Ausführungen?] Es ist daher auch hier [!!] volle Zurechnung anzunehmen, wenn die Absicht auf die Herbeiführung solcher unwillkürlicher Bewegungen gerichtet war.

---

71) Das ist ja alles ganz richtig, — — vorausgesetzt nur dass die Prämisse richtig wäre. Aber letzteres ist, wie wir gesehen haben, eben gerade nicht der Fall.

Ziff. 5. Dadurch, dass man im Zustande völliger Trunkenheit nicht handeln kann — [Krug vergisst wieder einmal, was er kurz zuvor gesagt hat, und kehrt zu der im ersten Teile seiner Darstellung aufgestellten Ansicht zurück] —, erledigt sich auch die Frage, ob das, was jemand in verschuldeter (jedoch nicht absichtlich herbeigeführter) Trunkenheit gethan hat, ihm wenigstens zur Culpa zuzurechnen sei.«

IV. Und nun höre ich schon den Spott meiner Gegner. »Wie«, rufen sie mir zu, »selbst in der Litteratur des sächsischen Strafgesetzbuches, auf das sich der Verfasser dieser Arbeit mit solch apodiktischer Gewissheit berief, haben sich so energische Verteidiger der herrschenden Lehre wie Krug [??] und vor allem Klemm gefunden! — Da scheint doch wirklich das Fundament, auf dem der Verfasser baut, ein gar trügerisches zu sein.« Auf diesen Vorwurf erwidere ich folgendes: »Wenn es meinen Gegnern Vergnügen machen sollte, sich auf die Ausführungen eines Klemm oder auch auf die gewiss nicht besonders klaren Darlegungen Krugs mit solcher Emphase zu berufen, so will ich sie in diesem Vergnügen durchaus nicht stören. Nur mögen sie mir gestatten, aus dem Umstande, dass gegenüber dem sächsischen Strafgesetzbuche von 1855 überhaupt solche Darstellungen wie die der beiden eben genannten Autoren möglich waren, auch meinerseits meine Schlüsse ziehen zu dürfen. Ich meine nämlich so: Wenn selbst in der sächsischen Litteratur bei einem Strafgesetzbuche, über dessen Stellung zur actio libera in causa für jeden, der sich nicht blind der Wahrheit verschliessen will, kein Zweifel bestehen kann, mit solchem Eifer wie namentlich in dem Klemm'schen Aufsatze eine de lege lata durchaus irrige Auffassung jener Erscheinung vertreten wird, um wieviel mehr ist es dann bezüglich des Reichsstrafgesetzbuches, dessen Verhältnis zur actio libera in causa ja allerdings keineswegs mit einer solchen Klarheit zu Tage tritt, begreiflich und erklärlich, wenn die grosse Mehrheit der modernen strafrechtlichen Autoren ihre Privatmeinung zur Ansicht des Gesetzes stempeln möchte!« — Doch will ich nach dieser Abschweifung wiederum zu der weitern Übersicht über die sächsische Kriminallitteratur zurückkehren. Denn hier bin ich nicht bloss auf solche Arbeiten wie die beiden bisher besprochenen beschränkt, vielmehr haben wir uns jetzt mit einem Schriftsteller zu befassen, dessen Ausführungen fast in allen Punkten den Gedankengang wiederspiegeln, der in dieser Arbeit vielleicht schon zu oft dargelegt ist. Und dieser Autor ist der berühmte Carl Georg v. Wächter. Sein wissenschaftlicher Standpunkt ist zwar durchaus der der herrschenden Lehre, aber mit einer bei den Vertretern derselben leider seltenen Unbefangenheit führt er aus, dass das sächsische Strafgesetzbuch auf einem ganz andern Standpunkte stehe. Wegen dieser Unparteilichkeit und da — wie gesagt — in allen in Betracht kommenden Punkten die Wächter'schen Ausführungen mit den hier vertretenen Lehren übereinstimmen, erscheint es mir angemessen, dieselben trotz ihres Umfanges in wesentlicher Vollständigkeit zu bringen. Vergl. v. Wächter S. 399:

»— — [Unser Strafgesetzbuch] verneint in solchen Fällen [i. e. bei der actio libera in causa] jede Zurechnungsfähigkeit. Es soll nach ihm bei dem im unzurechnungsfähigen Zustande Begangenen weder eine Zurechnung zum Dolus noch eine Zurechnung zur Culpa irgend stattfinden können. Deshalb sagt es ganz allgemein, dass eine That dem Thäter dann nicht zugerechnet werden kann, wenn er zur Zeit der Begehung nicht die Fähigkeit der Selbstbestimmung besass, und lässt die beschränkende Bestimmung [art. 67 Abs. 2] des KrGB.'s weg. — [v. Wächter verlangt also gleich dem Verfasser dieser Arbeit eine ausdrückliche gesetzliche Vorschrift zur Strafbarkeit der actio libera in causa, obwohl er l. c. S. 398 die Pönalisierung derselben als »ein aus den allgemeinen Grundsätzen über Zurechenbarkeit folgendes Resultat« bezeichnet.] —

— [Dann besonders scharf S. 404]: Nach unserm Recht gilt [bezüglich der actio libera in causa] folgendes: Das, was jemand in einem die Fähigkeit der Selbstbestimmung ausschliessenden Zustande that, darf ihm in keiner Weise auf dem Gebiete des Strafrechts zur Schuld zugerechnet werden; auf das, was vorangegangen ist, kommt es nicht an; er ist für sein Thun nicht verantwortlich, selbst dann nicht, wenn er sich in jenen Zustand vorsätzlich versetzt hatte, um in ihm die Verletzung zu begehen, oder wenn er es zwar nicht vorätzlich, aber unter Umständen that, unter denen er hätte voraussehen können, dass er leicht jemanden verletzen könnte. Das Strafgesetzbuch drückt dies im art. 86 dadurch aus, dass es unbedingt jede strafrechtliche Zurechnung einer ihrer äussern Erscheinung nach strafbaren That ausschliesst, wenn der Thäter zur Zeit der Begehung nicht die Fähigkeit der Selbstbestimmung besass, dieser Bestimmung aber nicht, wie es andere Gesetzbücher thun, und wie es das Kriminalgesetzbuch that — — für die actio libera in causa eine Ausnahme beifügt.

Vergl. ferner S. 406ff.: Auch bei einer pflichtwidrigen Unterlassung kann von actio libera in causa die Rede sein. — Aber gilt nach unserm Strafgesetzbuche auch [für solche Fälle Straflosigkeit] —? — Allerdings lag es schwerlich im Sinne des Strafgesetzbuches, auch in solchen Unterlassungsfällen die Zurechnung und zwar je nach der Verschiedenheit des Falles zum Dolus oder zur Culpa auszuschliessen. Wenn es aber sie nicht ausschliessen wollte: so hätte im Gesetzbuche dieser Sinn auf irgend eine Weise angedeutet werden sollen; denn die Worte des Gesetzes führen auf das Gegenteil.«

Neben diesen meisterhaft begründeten Darlegungen v. Wächters möchte ich nur noch auf die bereits S. 162 citierte Äusserung Geyers in der AÖG. Jahrgang 1863 S. 561 hinweisen, aus der sich ergiebt. dass auch der letztgenannte Autor in der Frage nach der Stellung des sächsischen Strafgesetzbuches zur actio libera in causa die gleiche Ansicht wie v. Wächter vertritt. — Endlich sei noch erwähnt, dass die artt. 86/87 von der teilweisen Revision, welche das sächsische Strafgesetzbuch im Jahre 1868 erfuhr, in keiner Weise betroffen wurden. — Und nunmehr darf ich wohl in kurzem Rückblick auf den historischen Gang der Behandlung der actio libera in causa im Königreiche Sachsen ebenso wie für die beiden bisher besprochenen Staaten getrost die Behauptung aufstellen, dass trotz der abweichenden Ausführungen Klemms und Krugs doch aus jener geschichtlichen Betrachtung sich unzweideutig der von mir vertretene Satz ergiebt, dass auch das sächsische Strafgesetzbuch vom

Jahre 1855 durch Nichtaufnahme einer ausdrücklichen Bestimmung gegen die actio libera in causa die Straflosigkeit derselben hat sanktionieren wollen.

IV. Oldenburg.

1. § 27. Das Strafgesetzbuch vom Jahre 1814.

Gemäss der in der Einleitung des historischen Teiles gegebenen Disposition haben wir im Schlussabschnitt des ersten Hauptteils nur noch die Strafgesetzgebung des Grossherzogtums Oldenburg zu besprechen. Hierbei können wir uns aber sehr kurz fassen. Denn das erste oldenburgische Strafgesetzbuch vom Jahre 1814 ist aus dem bayrischen von 1813, das zweite vom 3. Juli 1858 ist aus dem preussischen von 1851 abgeschrieben. — Das erste hat also an zwei Stellen eine ausdrückliche Bestimmung gegen die actio libera in causa und zwar eine ausführliche im art. 53 — entsprechend dem bayrischen art. 40 — und eine kurze, nur durch den Zusatz »unverschuldete« [sc. Verwirrung der Sinne oder des Verstandes] angedeutete im art. 126 Ziff. 9 — entsprechend dem bayrischen art. 121 Ziff. 9. — Beide Vorschriften des oldenburgischen Strafgesetzbuches stimmen mit denen des bayrischen wörtlich überein, namentlich giebt art. 53 auch die Strafbestimmung gegen die vorsätzliche actio libera in causa in der schon mehrfach erwähnten, der jetzt herrschenden Lehre völlig widersprechenden Redaktion. [72]) — Was aber dem art. 53 eine über das Interesse, welches sonst ein aus einer fremden Legislation abgeschriebenes Gesetzbuch bei uns zu erregen vermöchte, weit hervorragende Bedeutung gewährt, ist der Umstand, dass jene Vorschrift auch in Oldenburg — gleichwie wir es schon an andern Stellen unserer Arbeit wiederholt konstatieren mussten — einfach gegen ihren klaren Wortlaut auf die Fälle der sog. verminderten Zurechnungsfähigkeit beschränkt wurde. Zum Zeugnisse hierfür möchte ich mich auf auf einen Aufsatz Rundes »Über den Einfluss der

[72]) Aus diesem Grunde brauche ich auch wohl die artt. 53 und 126 Ziff. 9 nicht dem Wortlaute nach zu citieren, sondern kann auf die S. 140f. angeführten artt. 40 und 121 Ziff. 9 des alten bayrischen Strafgesetzbuches hinweisen.

Trunkenheit auf die Zurechnung und Strafanwendung nach dem oldenburgischen Strafgesetzbuche« berufen, welcher im »Archiv für die Praxis des gesamten im Grossherzogtum Oldenburg geltenden Rechtes« B. I S. 115/130 abgedruckt ist, den ich aber wegen seines grossen Umfanges im wesentlichen in dem Auszuge wiedergeben werde, welchen Schwarze in den »Neuen Jahrbüchern für sächsisches Strafrecht« B. II S. 244 veröffentlicht hat:

»Betrinkt sich jemand in der Absicht, ein Verbrechen zu begehen, welches dann auch wirklich zur Ausführung gekommen ist, so soll der Thäter anscheinend nach dem Wortlaute des Gesetzes als vorsätzlicher Verbrecher bestraft werden. Allein dies ist nicht anzunehmen. Denn der früher auf dieselbe That gerichtete rechtswidrige Wille ist durch die völlige Geistesabwesenheit aus allem Zusammenhange mit der That selbst gerissen, und letztere beruht nicht mehr auf dem frühern Willen. Das die früher beabsichtigte That dennoch wirklich ausgeführt wurde, kann zufällig sein, unmöglich ist sie aber eine Äusserung des frühern Willens, eben weil eine völlige Geistesabwesenheit dazwischen getreten ist[73]). Kann sich der Richter in solchen Fällen nicht von einem Zufalle überzeugen, so ist dieses nur ein Zeichen, dass man vielleicht eine völlige Geistesabwesenheit annimmt, wo nur eine im hohen Grade geminderte Überlegungsfähigkeit vorhanden ist, die immer noch eine Beziehung zwischen Willen und That zulässt, so schwach solche auch sein mag.«[74])

Sollte nun gar auch der Satz, mit dem Runde seine Darlegungen abschliesst: l. c. S. 130:

»Mit diesen Resultaten stimmt denn auch die Praxis der oldenburgischen Gerichte, so viel bekannt, in den meisten Fällen überein« —

auf die bezüglich der actio libera in causa entwickelten Lehren unbedingt anwendbar sein, so hätten wir in der olden-

---

[73]) Das sind schon dieselben Gedanken, die wenige Jahre später Savigny aussprach (vergl. oben S. 108f.).

[74]) Runde selbst sagt l. c. S. 129: »Unter der Geistesabwesenheit, von welcher art. 53 des StGB.'s redet, muss keine völlige, sondern nur eine solche verstanden werden, welche in andern Fällen die Strafbarkeit mindert, dies im Falle des art. 53 aber nicht soll.«

burgischen Praxis die gleiche merkwürdige Erscheinung zu konstatieren, welche in der alten landrechtlichen Kriminaljudikatur bei der Anwendung des § 22 II 20 ALR.'s zu Tage getreten ist (vergl. oben S. 77).

2. § 28. Das Strafgesetzbuch vom Jahre 1858.

I. Wenn wir am Eingang dieses Paragraphen noch einmal einen Rückblick auf die eben besprochenen Darlegungen Rundes werfen, so sind dieselben nicht nur aus dem Grunde für uns von Interesse, weil sie wiederum zeigen, wie die Praxis sich so oft mit allen Mitteln, sei es selbst durch eine offenbar falsche restriktive Interpretation, gegen die Bestrafung der actio libera in causa gewehrt hat; nein, auch in anderer Beziehung sind sie für unsere Arbeit von besonderm Werte. Denn wir ersehen aus ihnen, dass in Oldenburg nicht nur — wie sich schon aus art. 53 ergiebt — der Gesetzgeber, sondern auch Wissenschaft und Praxis [noch im Jahre 1844] mit aller Schärfe die Meinung festhalten, dass im Falle der actio libera in causa die That selbst erst im Zustande der Unzurechnungsfähigkeit begangen würde. — Und wenn nun Oldenburg vierzehn Jahre später ein neues Strafgesetzbuch promulgierte und in dieses eine ausdrückliche Bestimmung gegen die actio libera in causa nicht aufnahm, ist es dann glaublich, dass man mittlerweile — und zwar die oldenburgische Gesetzgebung allen andern deutschen voran — zu der Überzeugung gekommen sei, dass die Strafbarkeit der erstern sich schon aus den allgemeinen von der Wissenschaft und Praxis festzustellenden Grundsätzen der Zurechnungslehre ergebe, da ja die actio libera in causa garnicht erst im Zustande der Unzurechnungsfähigkeit begangen würde? Auf diese Frage werden wir doch sicherlich mit »Nein« antworten müssen, zumal wenn wir uns vergegenwärtigen, dass man in Oldenburg nicht nur das preussische Strafgesetzbuch zum Vorbild nahm, sondern auch bei den Beratungen über den neuen Entwurf immer auf die preussischen Materialien rekurrierte und ausserdem noch im art. 36, welcher dem preussischen § 40 entsprach, ausdrücklich eine Änderung aufnahm, um nur ja die bei einer Verbalinterpretation der letztgenannten Bestimmung möglichen Zweifel über den Umfang des Gebietes der Unzurechnungsfähigkeit von vornherein abzuschneiden [vergl. auch oben § 16]. Ziehen wir alle diese Momente in Betracht, so werden wir mit Fug und Recht sagen können und müssen: »Auch das oldenburgische Strafgesetzbuch vom 3./7. 1858 hat dadurch, dass es eine ausdrückliche Bestimmung gegen die actio libera in causa nicht aufnahm, sondern im art. 36 einfach verordnete:

> »Ein Verbrechen oder Vergehen ist nicht vorhanden, wenn der Thäter zur Zeit der That wahnsinnig oder blödsinnig oder die freie Willensbestimmung desselben aus andern Gründen ausgeschlossen war« —,

die Straflosigkeit der erstern positiv sanktionieren wollen.

II. Damit hätte ich den ersten Hauptabschnitt in der Betrachtung der Bestimmungen, welche von den einzelnen deutschen Staaten bezüglich der actio libera in causa getroffen sind, beendet, und ich glaube, dass ich schon jetzt mit dem Bewusstsein, meine Aufgabe erfüllt zu haben, die Feder aus der Hand legen könnte. Denn zu der von uns eben abgeschlossenen Gruppe gehören doch die drei grössten deutschen Staaten, gehört vor allem der Staat, dessen Gesetzbuch bekanntlich die Grundlage des RStGB.'s bildet; ich glaube doch nachgewiesen zu haben, dass sowohl in jenem wie in den beiden nächst grössten Staaten — von Oldenburg kann bei dieser Gelegenheit füglich abgesehen werden — die Nichtaufnahme einer Strafbestimmung gegen die actio libera in causa nur in dem Sinne gedeutet werden kann, dass der Gesetzgeber auf diese Weise positiv die Straflosigkeit der actio libera in causa hat sanktionieren wollen. Bei dieser Sachlage wäre es — wie ich ausdrücklich betonen möchte — Pflicht meiner Gegner, mir zu beweisen, dass dem Schweigen des RStGB.'s über das uns hier beschäftigende Problem nicht die gleiche Bedeutung beigelegt werden dürfe, vielmehr das erstere dahin verstanden werden müsse, dass der Gesetzgeber im Jahre 1870 auf einmal die geschichtliche Entwicklung der actio libera in causa in den drei grössten deutschen Staaten vergessen habe und nunmehr durch die Nichtaufnahme einer Bestimmung gegen die erstere die Entscheidung über die strafrechtlichen Folgen derselben der Wissenschaft und Praxis nach den allgemeinen Regeln der Zurechnungslehre hätte überlassen wollen. — Doch ich will trotzdem diesen Einflüsterungen der Bequemlichkeit kein Gehör schenken, einmal weil es mir daran gelegen ist, die historische Entwicklung der legislativ-politischen Behandlung der actio libera in causa in den neuern deutschen Legislationen, soweit mir das erforderliche Material zu Gebote stand, vollständig zu geben; und ausserdem vermag die Thatsache, dass die von uns aufgestellten Leitsätze auch bei sämtlichen noch zu besprechenden Strafgesetzbüchern bezw. -entwürfen Anerkennung gefunden haben, das Fundament, auf dem wir bauen, nur noch zu befestigen und zwar so sehr, dass wir am Ende unserer Arbeit uns nicht mehr darauf zu beschränken brauchen, von den Gegnern einen schlüssigen Beweis für ihre Auffassung des Verhältnisses des RStGB.'s zur actio libera in causa zu fordern, sondern selbst mit positiver Sicherheit den Nachweis für die Richtigkeit der von uns behaupteten Stellung des deutschen RStGB.'s zu jenem Probleme erbringen können.

Zweite Gruppe.

A. Die Legislationen vor Erscheinen des preussischen Strafgesetzbuches.

I. Württemberg.

§ 29. Das Strafgesetzbuch vom Jahre 1839.

I. Wenden wir uns nunmehr zur Betrachtung der als zweiten Hauptgruppe zusammengefassten Staaten, so käme, da wir innerhalb derselben im wesentlichen die historische Reihenfolge beobachten wollen, zunächst das Strafgesetzbuch für das Königreich Württemberg vom Jahre 1839 in Betracht. Prüfen wir die einzelnen Entwürfe[75]), aus denen das erstere schliesslich

[75]) Übrigens bemerke ich, dass ich für den Wortlaut der in Frage kommenden Bestimmungen der württembergischen Entwürfe nicht die volle Verantwortung übernehmen kann. Ich gebe dieselben nämlich, da mir die Originaltexte nicht zu Gebote standen, so gut wie möglich nach den bei Hepp, Kommentar B. I S. 670ff. enthaltenen Nachweisungen.

hervorgegangen ist, so finden wir in denselben den mannigfaltigsten Wechsel bezüglich der Behandlung der actio libera in causa. Der erste in jener Reihe, welcher im Jahre 1823 vom Obertribunalsrat v. Weber vollendet wurde, gab in seinem art. 120 eine Strafbestimmung gegen die actio libera in causa in ähnlicher Weise, wie dies der art. 121 Ziff. 9 des bayrischen Strafgesetzbuches that, nämlich dadurch, dass er nur die »unverschuldete« Verwirrung der Sinne als Schuldausschliessungsgrund bezeichnete:

»Eine unerlaubte Handlung ist straflos, wenn die That beschlossen und vollbracht wurde in einem unverschuldeten Zustande von Sinnenverwirrung oder unterdrückter Verstandesthätigkeit, z. B. völliger Betrunkenheit, höchstem gerechten Zorne.« [Vergl. Hepp, Kommentar S. 674f. Note 11.]

Im schroffsten Gegensatze zu dem eben behandelten Projekte steht der Entwurf von 1832. Ihm fehlt nämlich jegliche Bestimmung bezüglich der actio libera in causa; vielmehr verordnet art. 81 kategorisch:

»Eine unerlaubte Handlung, welche in einem Zustande begangen wurde, in welchem der Vernunftgebrauch entweder a) durch Gemütskrankheit oder b) durch Blödsinn oder c) durch eine vorübergehende Sinnenverwirrung aufgehoben war, ist straflos.« [Vergl. Hepp l. c. S. 670f. Note 1.]

Wie aber wollen wir über dieses Schweigen des Entwurfes denken? Ist wirklich anzunehmen, dass der Verfasser des letztern schon soweit der gesamten übrigen deutschen Kriminallegislation vorausgewesen sei, dass er die Strafbarkeit der actio libera in causa als eine selbstverständliche Konsequenz aus den allgemeinen Grundsätzen der Zurechnungslehre angesehen habe? Das ist wohl ausgeschlossen. Sah man doch damals sowohl in der Wissenschaft und Praxis wie bei der Gesetzgebung in der Pönalisierung der actio libera in causa ganz allgemein eine nur vom Gesetzgeber zu sanktionierende Ausnahme, nicht aber eine Schlussfolgerung aus den Grundlehren über die Zurechnungsfähigkeit; und um so unsinniger wäre die Annahme, dass der Entwurf von 1832 sich in solch fundamentaler Weise von den Ansichten seiner Zeit hätte emanzipieren wollen, da schon das nächst folgende, nur drei Jahre später vollendete Projekt (der sog. Regierungsentwurf) einen schlagenden Beweis gegen eine derartige Annahme in sich birgt, insofern es nämlich wiederum eine Bestimmung gegen die actio libera in causa, aber diesmal merkwürdigerweise nur für den Fall der absichtlichen Versetzung in den Zustand der Unzurechnungsfähigkeit aufgenommen hat. Gleichzeitig aber giebt es die letztere Norm in einer Redaktion, welche deutlich zeigt, dass man im Jahre 1835 in Württemberg von der nach Ansicht der heute herrschenden Lehre »richtigen« Auffassung noch sehr, sehr weit entfernt war.

Art. 91 des Regierungsentwurfes verordnete nämlich:

»Eine unerlaubte Handlung ist straflos, wenn sie in einem Zustande begangen wurde, in welchem der Gebrauch der Vernunft aufgehoben war. — Dahin gehört hauptsächlich Raserei, allgemeiner und besonderer Wahnsinn, völliger Blödsinn und vorübergehende gänzliche Verwirrung der Sinne oder des Verstandes. — Die Straflosigkeit fällt weg, wenn sich der Thäter in den Zustand der vorübergehenden Sinnenverwirrung durch Trunk oder andere Mittel absichtlich versetzt hatte, um in demselben [!!] ein im zurechnungsfähigen Zustande beschlossenes Verbrechen auszuführen.«

Der Entwurf von 1835 ist auch mit Motiven versehen, aber diese schweigen sich über den hier in Frage kommenden Schlusssatz des art. 91 und somit namentlich über die Gründe völlig aus, welche seine Aufnahme in das Projekt veranlassten, über die Bedeutung, welche man einer ausdrücklichen Erwähnung der vorsätzlichen actio libera in causa beilegen wollte. Aber ich halte dieses Verstummen der Motive durchaus nicht für ein grosses Unglück. Denn die Wortfassung der hier besprochenen Gesetzesstelle ist doch so klar, dass sie über den ihr innewohnenden Charakter durchaus keinen Zweifel lässt. Nein, aus jener ergiebt sich einmal mit unumstösslicher Sicherheit, dass nach Auffassung des württembergischen Legislators die actio libera in causa wirklich nur »libera in causa«, nicht aber auch frei in der Ausführung ist, und überdies folgt noch aus den Eingangsworten des hier behandelten Schlusssatzes: »Die Straflosigkeit fällt weg« —, dass die Pönalisierung der actio libera in causa eine vom Gesetzgeber nach Befinden aufzustellende Sondernorm involviert. Aus dem Gesagten aber ergiebt sich auch weiter unmittelbar, dass der sog. Regierungsentwurf, indem er nur die vorsätzliche actio libera in causa pönalisierte, damit implicite die Straflosigkeit der fahrlässigen Versetzung in den Zustand der Unzurechnungsfähigkeit bestätigte[76]). Und von dieser Auffassung des art. 91 S. 3 ging man auch bei den Kammerdebatten über jenen Entwurf aus. Im Verlaufe derselben wurde nämlich von dem Abgeordneten Wocher zwar die ausdrückliche Strafbestimmung gegen die vorsätzliche actio libera in causa gebilligt, aber zugleich das Fehlen einer solchen bezüglich der fahrlässigen Versetzung in den Zustand der Unzurechnungsfähigkeit als ein Mangel des Entwurfes getadelt und zwar deshalb, weil aus der jetzt vorliegenden Fassung des art. 91 die Straflosigkeit der letztern sich ergäbe. Der Redner beantragte daher eine entsprechende Ergänzung des Schlusssatzes jenes Artikels im Sinne einer Bestrafung der fahrlässigen actio libera in causa, und begründete dieses Verlangen gar mit einem Hinweise auf die »allgemeinen strafrechtlichen Grundsätze«. Jetzt aber werden die Vertreter der heute herrschenden Lehre wieder geneigt sein zu frohlocken, dass sich endlich unter so vielen räudigen Schafen ein weisses Lämmlein angefunden hätte, welches inmitten der Finsternis jener »von uns schon wiederholt gerügten falschen« Ansicht die Leuchte der »richtigen« Meinung unentwegt emporgehalten habe. Doch auch bei dieser Gelegenheit muss ich wieder einmal meine Gegner bitten: »Jubelt nicht zu früh; denn wenn wirklich der Abgeordnete Wocher voll und ganz auf dem Boden eurer Auffassung der actio libera in causa gestanden hätte, dann dürfte er ja von vornherein garnicht eine Ergänzung, sondern müsste vielmehr die restlose Streichung des art. 91 S. 3 beantragt haben. Und ausserdem: Wenn wir gemeinschaftlich die Ausführungen Wochers eingehender betrachten, dann werden wir uns hoffentlich darüber einig werden,

---

76) Der vorsichtige Hepp bemerkt zu der hier besprochenen Vorschrift: »Der Entwurf spricht hier nur im allgemeinen von der Zurechenbarkeit eines solchen Verbrechens, ohne zu entscheiden, ob zum Dolus oder zur Culpa zuzurechnen sei, doch wird ersteres gemeint sein.« [Vergl. Kommentar S. 671 Note 2.]

dass jene allgemeinen strafrechtlichen Grundsätze, von denen der erstere spricht, ganz andere sind, als diejenigen, welche wir heute anerkennen. Operiert doch der Redner gar mit dem Begriffe einer mittelbaren Zurechnung!« — Die für uns in Betracht kommenden Äusserungen des Abgeordneten lauten nämlich folgendermassen:

»Der letzte Satz des Artikels [91] handelt bloss von dem Falle der vorübergehenden Verwirrung der Sinne, in welche sich jemand in der Absicht versetzt hat, um in diesem Zustande [!!] ein Verbrechen auszuführen, das er schon vorher beschlossen [sic! — aber nicht etwa »begonnen«] hatte. Nun lässt sich aber gar wohl der Fall denken, dass eine solche Absicht nicht vorhanden ist, eine Zurechnung zur Schuld aber dennoch gegründet erscheint. Es kann eine That aus einem an und für sich jede Zurechnung ausschliessenden Zustande von Sinnenverwirrung hervorgehen [!!], und gleichwohl kann in Rücksicht auf eine gewisse Handlungsweise, die dem Eintritte jenes Zustandes vorausging und mit demselben in ursächlichem Zusammenhange steht, eine Zurechnung wohl gegründet sein. Es kann vorkommen, dass jemand auf eine leichtfertige und unverantwortliche Weise sich in einen solchen Zustand der Willensohnmacht versetzt hat, in welchem er Rechte anderer verletzen kann. — In Beziehung auf einen derartigen Fall wird man zugeben müssen, dass nach allgemeinen strafrechtlichen Grundsätzen eine Zurechnung hier gegründet sei, »zwar keine unmittelbare, aber doch eine mittelbare«. [Vergl. Verhandlungen der Kammer der Abgeordneten des Kgr.'s Württemberg auf dem Landtage von 1838 B. II S. 31f.]

Der Abänderungsvorschlag des Abgeordneten Wocher drang durch, da Regierung und Volksvertretung ihm beistimmten, und somit erhielt schliesslich die hier besprochene Bestimmung als art. 97 des Gesetzbuches folgende Fassung:

»Eine unerlaubte Handlung ist straflos, wenn sie in einem Zustande begangen wurde, in welchem der freie Gebrauch der Vernunft ausgeschlossen war. — Dahin gehört hauptsächlich Raserei, allgemeiner und besonderer Wahnsinn, völliger Blödsinn und vorübergehende gänzliche Verwirrung der Sinne oder des Verstandes. — Die Straflosigkeit fällt weg, wenn sich der

Thäter in den Zustand der vorübergehenden Sinnenverwirrung durch Trunk oder andere Mittel absichtlich versetzt hatte, um in demselben [!!] ein im zurechnungsfähigen Zustande beschlossenes Verbrechen auszuführen, oder wenn er jenen Zustand durch Fahrlässigkeit herbeigeführt und während desselben [!!] eine rechtswidrige Handlung begangen hat, bei welcher nach diesem Gesetzbuche auch die Fahrlässigkeit zu bestrafen ist.

II. Versuchen wir nunmehr — wie wir dies auch in dem ersten Hauptabschnitte des historischen Teiles unserer Arbeit immer gethan haben —, uns mit der Litteratur des württembergischen Strafgesetzbuches, soweit sie überhaupt auf die actio libera in causa eingeht, auseinanderzusetzen, so finden wir auch in dieser keine einzige Stimme, welche den Schlusssatz des art. 97 aus dem Grunde bekämpft, weil er nur eine schon an sich selbstverständliche Bestimmung enthalte, eine Bestimmung, die garnicht in das Gesetzbuch hineingehöre, sondern nur in den Lehrbüchern bezw. Präjudikaten als Konsequenz aus den Grundlinien der Imputationslehre entwickelt werden müsse. Ganz im Gegenteil! Zwar ist der Schlusssatz des art. 91 vornehmlich von Hufnagel I 209f. heftig bekämpft worden, aber nicht weil er selbstverständliches besage, sondern weil er unmögliches voraussetze. Wir finden also bei Hufnagel einen ähnlichen Gedankengang, wie wir ihn schon oben bei der Besprechung der sächsischen Legislation in den Schriften Krugs (vergl. z. B. S. 174f. und S. 186f.) angetroffen haben. Und ich möchte hier an dieser Stelle, wo uns jener Gedankengang wieder einmal begegnet, ganz besonders auf denselben hinweisen; denn er hat, wenn auch nicht in dem Masse, wie die etwa seit dem Anfange der dreissiger Jahre mit immer grösserer Sicherheit auftauchende Annahme, dass durch den Eintritt der Unzurechnungsfähigkeit unter allen Umständen der Kausalzusammenhang unterbrochen würde, so doch gewiss nicht wenig zur Streichung der Strafvorschriften gegen die actio libera in causa in den neuern Partikularlegislationen beigetragen. Allerdings wird der hier erwähnte Gedanke von Hufnagel in einer recht ungeschickten Gestalt vertreten; denn merkwürdigerweise will er ihn nur für die vorsätzliche actio libera in causa gelten lassen, während er die Begehung einer fahrlässigen als durchaus möglich und strafwürdig ansieht. Vergl. l. c. I 209f.:

»Der 3. Satz des art. 97 ist für sich klar, vorausgesetzt dass er physisch möglich. Ist es z. B. möglich, dass sich jemand in der Absicht, um ein Verbrechen zu begehen, in einem so hohen Grade berausche, dass er, hätte er sich nicht absichtlich diesen Zustand zugezogen, ganz unzurechnungsfähig wäre, so wird ihm mit Grund die That wegen jenes absichtlich herbeigeführten Zustandes zugerechnet; allein ist jener Zustand wirklich herbeigeführt, so wird es wohl auch an dem physischen Vermögen fehlen, das Verbrechen zu begehen. Es wird in der Erfahrung ein solcher Zustand nicht vorkommen, der absichtlich herbeigeführte Zustand wird nur ein solcher sein, der schon an sich die Zurechnung nicht ausschliesst, und für einen solchen Zustand bedarf es ja auch der Ausnahme [!!] des Artikels nicht. — — Praktischer wird der Fall sein, welcher durch die Beratungen dem Entwurfe noch beigefügt worden ist, der Fall nämlich, dass jemand durch Fahrlässigkeit in einen Zustand völliger Sinnenverwirrung geraten ist und in diesem Zustande eine Handlung begangen hat, bei welcher nach dem Gesetzbuche auch die Fahrlässigkeit zu bestrafen ist. [!!]«

Nun muss ja auf den ersten Blick zugestanden werden, dass diese höchst seltsamen, widerspruchsvollen Ausführungen Hufnagels der Polemik überreiche Angriffspunkte darbieten, und an dieser hat es auch nicht gefehlt. Der berühmte Breidenbach selbst, jener Kommentator, welcher wohl von allen Schriftstellern des partikularen Strafrechts am tiefsten in seinen Stoff eingedrungen ist, hat eine ausführliche Widerlegung der Ansichten Hufnagels für erforderlich erachtet. Breidenbach äussert sich nämlich in seinem Kommentar B. I, 1 S. 506 auf folgende Weise:

»Von dieser [d. h. Hufnagels] Seite aufgefasst, ist allerdings die Frage und die Kontroverse selbst nicht praktisch, denn was physisch möglich oder unmöglich, wird die Erfahrung schon lehren, und kommt kein Fall vor, so tritt auch die Strafe nicht ein. Allein es ist übersehen, dass die durch Unterlassungen begangen werdenden Verbrechen auch nicht das mindeste physische Vermögen erfordern. Nimmt man überdies den höchsten Grad der Trunkenheit in dem oben angegebenen Sinne[77]), so ist die Vorschrift [gegen die actio libera in causa] auch in Bezug auf Kommissivverbrechen von wesentlicher Konsequenz.«

Nun möchte man mich vielleicht fragen, weshalb ich auf diese ganze Polemik zwischen Hufnagel und Breidenbach überhaupt näher eingegangen bin, und ich will gern zugeben, dass sie mit meinem Thema nur in mittelbarem Zusammenhange steht. Jedoch glaubte ich schon um dessentwillen an dieser Stelle auf Breidenbach hinweisen zu müssen, weil sich aus dieser Polemik bereits ergiebt, dass selbst ein so bedeutender Schriftsteller wie Breidenbach hinsichtlich der Auffassung der actio libera in causa noch immer davon ausging, dass die letztere erst im unfreien Zustande begangen würde, andernfalls hätte er ja, um die völlige Haltlosigkeit und Unmöglichkeit der Behauptungen Hufnagels von vornherein darthun zu können, sich nur darauf zu berufen brauchen, dass nach »richtiger« Ansicht die actio libera in causa schon bei noch bestehender Zurechnungsfähigkeit gesetzt würde. — Aber auch in der württembergischen Litteratur selbst hat die Ansicht Hufnagels — soviel ich habe feststellen können — keinen Beifall gefunden, vielmehr hat sich zum Beispiel auch Hepp in seinem Kommentar in treffender Weise gegen dieselbe erklärt und zwar mit folgenden Ausführungen. Vergl. l. c. S. 677 Note 15:

»Allein die Trunkenheit hat doch ihre Grade, und worin sollte wohl das Widersprechende liegen, eine höchste noch zur Ausführung der beschlossenen Missethat fähig machende Trunkenheit anzunehmen? Dies setzt die gemeinrechtliche Doktrin voraus, wenn sie von höchster Trunkenheit spricht,

---

[77]) Vergl. l. c. S. 506, wo folgende nicht gerade gelungene Definition der Volltrunkenheit gegeben wird: »Der höchste Grad [der Trunkenheit] ist nur dann vorhanden, wenn der Trunkene im engsten Sinne des Wortes nicht weiss, was er thut, wenn sein Benehmen mit dem, was er im nüchternen Zustande zu thun und wollen pflegt, im entschiedenen Widerspruche steht und sich als Gegensatz einer vernünftigen Handlungsweise von selbst ankündigt, indem es gleichzeitig all und jede Planmässigkeit ausschliesst.«

welche verschuldet oder unverschuldet und in jenem Falle entweder eine vorsätzliche oder leichtsinnige sein kann.«

Aber auch Hepp geht, wie schon die eben citierten Sätze erkennen lassen, bei seiner Polemik gegen Hufnagel nicht etwa von der Ansicht aus, dass im Falle einer actio libera in causa die strafbare That noch während der Zeit der Zurechnungsfähigkeit begangen würde und im Zustande der aufgehobenen Imputation bloss der Erfolg derselben eintrete, im Gegenteil bekämpft er doch die Meinung Hufnagels ausdrücklich mit dem Hinweise darauf, dass die Annahme »einer höchsten noch zur Ausführung [!!] der beschlossenen [!!] Missethat fähig machenden Trunkenheit« durchaus zulässig sei. Noch schärfer aber als in der eben angeführten Stelle tritt vielleicht die prinzipale Verschiedenheit zwischen der Ansicht Hepps und der heute herrschenden Meinung in denjenigen Ausführungen des erstgenannten Autors hervor, in welchen dieser den schon mehrfach erwähnten Zusatz zu art. 97 betreffs der Bestrafung der fahrlässigen actio libera in causa zu rechtfertigen sucht. Denn hier äussert er sich mit klaren Worten über den Charakter der fraglichen Bestimmung in eben derselben Weise, wie der schon oben erwähnte Abgeordnete Wocher; gleich diesem ist auch Hepp davon überzeugt, dass bei der actio ad libertatem relata, wie ja schon ihr Name besagt, nur eine Zurückbeziehung einer im unzurechnungsfähigen Zustande begangenen Handlung auf die Zeit der noch vorhandenen Imputation stattfände, und wie Wocher diese Zurückbeziehung mit einem Hinweise auf die famose »mittelbare Zurechnung« zu rechtfertigen suchte, so spricht Hepp von einer »mittelbaren Culpa«. Vergl. l. c. S. 679 Note 17:

»Die Strafbarkeit besteht hier [i. e. bei der fahrlässigen actio libera in causa] darin, dass man sich in einen solchen Zustand versetzt, oder denselben nicht vermieden hat, obgleich man wissen konnte, in diesem Zustande [!!] leicht oder wahrscheinlich ein Verbrechen begehen zu können (mittelbare Culpa [!!]).«

II. Braunschweig.

§ 30. Das Strafgesetzbuch vom Jahre 1840.

Wir gehen nunmehr, nachdem wir auch für das württembergische Strafgesetzbuch die Richtigkeit unserer These nachgewiesen zu haben vermeinen, sogleich auf das zeitlich nächstfolgende Strafgesetzbuch, nämlich das braunschweigische vom 10. Juli 1840 über. Und hier können wir uns recht kurz fassen. Wir brauchen nämlich zur Rechtfertigung der von uns vertretenen Ansicht nur auf den § 30 Abs. 1 jenes Gesetzbuches aufmerksam zu machen, welcher wiederum wie so viele ältere deutschen Kriminalgesetzbücher die Strafbarkeit der actio libera in causa dadurch zum Ausdruck bringt, dass er als Schuldausschliessungsgrund neben mangelndem Vernunftgebrauche, Jugend und Taubstummheit, letzterer jedoch nur mangels genügenden Unterrichts, nur die unverschuldete völlige Bewusstlosigkeit anerkennt:

»§ 30. Kinder unter vierzehn Jahren, Personen, welche des Vernunftgebrauches völlig beraubt sind, ohne genugsame Ausbildung gebliebene Taubstumme, sowie diejenigen, welche zur Zeit der That ohne ihr Verschulden völlig bewusstlos waren, können wegen gesetzwidriger Handlungen nicht bestraft werden.« — —

Interessant ist aber auch hier die Vorgeschichte der eben citierten Bestimmung, insofern sie deutlich zeigt, wie man auch in Braunschweig stets daran festgehalten hat, dass die Strafbarkeit der actio libera in causa eine scharfe Ausnahme von den allgemeinen Regeln der Zurechnungslehre darstelle, dass sie eine »Fiktion« der Zurechnungsfähigkeit (vergl. das Note 78 angeführte Werk Breymars) enthalte, eine Fiktion, wie sie selbstverständlich nur der Gesetzgeber aufstellen könnte, eine Fiktion, die aber ebenso selbstverständlich gleichzeitig nur innerhalb der Grenzen Geltung habe, in denen sie der Gesetzgeber anerkenne. Zum Beweise für diese Behauptung brauchen wir nur auf die Verhandlungen aufmerksam zu machen, welche die dem § 30 entsprechende Vorschrift des Regierungsentwurfes in der braunschweigischen Ständeversammlung hervorgerufen hat. Der letztere beschränkte sich nämlich in einer merkwürdigen, zweifellos nicht zufälligen Übereinstimmung mit den oben besprochenen, fast gleichzeitigen sächsischen und württembergischen Regierungsvorlagen auf eine Erwähnung der vorsätzlichen actio libera in causa, indem er bestimmte:

[78])»Kinder unter vierzehn Jahren u. s. w. — — sowie

---

[78]) Vergl. Breymar, Kriminalgesetzbuch für das Herzogtum Braunschweig S. 193.

diejenigen, welche zur Zeit der That völlig bewusstlos waren, können wegen gesetzwidriger Handlungen nicht bestraft werden, es wäre denn, dass der Bewusstlose sich absichtlich in diesen Zustand versetzt hätte, um das Verbrechen zu begehen, in welchem Falle ihm dasselbe als vorsätzlich zuzurechnen ist.« —

Und auch in der braunschweigischen Ständeversammlung wurde diese Vorschrift ebenso aufgefasst, wie in den Kammern von Sachsen und Württemberg, und gleichwie in den letztern, so wurde auch dort, um die »Lücke« auszufüllen, welche das Gesetzbuch infolge Nichterwähnung der fahrlässigen actio libera in causa enthalte, die Aufnahme einer ausdrücklichen Strafbestimmung gegen die letztere beantragt. Doch wenn auch die Einschaltung einer derartigen Bestimmung prinzipiell die Billigung der massgebenden Faktoren fand, so erachtete man im weitern Verlaufe der Verhandlungen schliesslich — schon am Ende der dreissiger Jahre des vergangenen Jahrhunderts!! — die unbedingten Strafvorschriften gegen die actio libera in causa, die ausdrückliche Sanktionierung der poena doli für den Fall der absichtlichen, der poena culpae für den der fahrlässigen Versetzung in den Zustand der Unzurechnungsfähigkeit gegenüber den elementarsten Grundsätzen der Strafrechtswissenschaft für so bedenklich, dass sie in der endgültigen Redaktion gestrichen wurde und man sich pro salvanda conscientia mit dem farblosen Zusatze »ohne ihr Verschulden« begnügte. Zur Bestätigung der eben gemachten Ausführungen kann ich allerdings, da mir leider die Originalprotokolle der Ständeversammlung nicht zu Gebote standen, nur auf die Auszüge hinweisen, welche Breymar l. c. S. 193 giebt, aber ich glaube auch, dass dieselben für den Zweck meiner Arbeit völlig ausreichen, da sie die Richtigkeit der von mir gemachten Angaben zweifellos darthun. Vergl. l. c.:

»Auf den Antrag der Stände ist diejenige Abänderung erfolgt, welche das publizierte Gesetz ergiebt. Denn es konnte nicht zweifelhaft sein, dass demjenigen, welcher sich absichtlich in den Zustand der Bewusstlosigkeit versetzt hat, um darin das Verbrechen zu begehen, die That als eine vorsätzliche zugerechnet werden muss. Solcher Fall wird indes selten, öfter aber der Fall vorkommen, dass jemand durch sein Verschulden, nämlich entweder vorsätzlich, jedoch nicht in der Absicht, um ein Verbrechen zu begehen, oder aus Fahrlässigkeit in einen bewusstlosen Zustand geraten ist und hierin [!!] einer verbrecherischen Handlung sich schuldig gemacht hat. In diesem Falle wäre ihm die That als fahrlässige zuzurechnen, weshalb am Schlusse des ersten Absatzes [der oben citierten Vorschrift des Entwurfes] hinzuzufügen gewesen sein würde: — »oder dass er durch sein Verschulden einen solchen [i. e. bewusstlosen] Zustand, jedoch ohne die Absicht, darin ein Verbrechen zu begehen, herbeigeführt und während jenes Zustandes eine verbrecherische Handlung verübt hätte, in welchem Falle die Bestimmungen über fahrlässige Verbrechen zur Anwendung kommen«. — Da indes das Gesetz überhaupt den richtigen Grundsatz befolgt, von aller Beweistheorie, von allen Fiktionen und Präsumtionen [!!] möglichst zu abstrahieren, so ist es vorgezogen, nach den Worten »der That« hinzuzufügen »ohne ihr Verschulden« und die Worte »es wäre denn — ist« nebst dem vorhin bemerkten Zusatze ganz hinwegzulassen, indem der Richter von selbst darauf geführt werden wird, dass in dem Falle, welchen der Entwurf vor Augen hatte, die Zurechnung zum bösen Vorsatze, im Falle des erwähnten Zusatzes die Zurechnung zur Fahrlässigkeit anzunehmen sei.«

III. Hannover.

§ 31. Das Strafgesetzbuch vom Jahre 1840.

Auch bei einer Betrachtung des hannoverschen Strafgesetzbuches und der demselben vorangehenden Entwürfe werden wir aufs neue die von uns bezüglich der Stellung des Partikularstrafrechts zur actio libera in causa aufgestellten Sätze bestätigt finden. Dies ergiebt sich sofort daraus, dass der art. 99 Ziff. 9 des ersten Entwurfes vom Jahre 1825 fast lediglich in einer wörtlichen Nachbildung des bayrischen art. 121 Ziff. 9 — vergl. oben S. 141 — bestand. Es verordnete nämlich der art. 99 Ziff. 9 des gedachten Projektes:

»Eine That ist aus gleichem Grunde [i. e. wegen Mangels der Zurechnungsfähigkeit] straflos — — —

9) wenn die That beschlossen und vollbracht worden ist

in irgend einem unverschuldeten Zustande gänzlicher Verwirrung der Sinne oder des Verstandes, worin der Thäter seiner Handlung oder ihrer Strafbarkeit sich nicht bewusst sein konnte, oder welcher die Willkür des Handelnden gänzlich aufhob, namentlich im Falle des höchsten Grades unverschuldeter Trunkenheit.«

Viel interessanter aber als der art. 99 Ziff. 9 selbst ist die Polemik, welche sich an denselben anknüpfte. Gans, der scharfsinnige Kritiker des Entwurfes, war es, der wie so viele andere Bestimmungen des letztern, so auch den art. 99 Ziff. 9 bekämpfte; und wiederum muss ich zum Schmerze der Vertreter der herrschenden Meinung berichten, dass jener Autor dies nicht deshalb that, weil er etwa die Pönalisierung der actio libera in causa als eine aus allgemeinen kriminalistischen Grundsätzen folgende Selbstverständlichkeit betrachtete, sondern um dessenwillen, weil er umgekehrt die Bestrafung einer nur »in der Ursache«, nicht aber auch »in der Ausführung« freien That für eine flagrante Verletzung eben jener Grundsätze hielt. Allerdings hat Gans diesen Gedanken nicht mit aller Folgerichtigkeit durchgeführt, dass aber sein Versuch, trotz jenes prinzipiellen Standpunktes wenigstens die Strafbarkeit der vorsätzlichen actio libera in causa zu retten, kläglich scheitern musste, liegt auf der Hand, — es sei denn etwa, dass man bei der Lösung unseres Problems sich nicht von »Grundsätzen«, sondern von kriminalpolitischen Zweckmässigkeitserwägungen leiten lassen wolle —; und dieser Misserfolg muss auch jedem unbefangenen Leser bei der Lektüre der fraglichen Auslassungen Gans' in die Augen springen. Derselbe äussert sich nämlich über den art. 99 Ziff. 9 in seiner »kritischen Beleuchtung« Teil I S. 228 f. also:

»Bei No. 9 des Artikels ist nicht minder gegen das [wiederholt] gebrauchte »Unverschuldet« sowohl hinsichtlich der Verwirrung der Sinne als der Trunkenheit dasselbe einzuwenden, was vorhin zu No. 7 in diesem Betrachte bemerkt worden ist. [Zu No. 7 »Notstand« heisst es aber S. 220: »Selbst wenn die Verschuldung des Notstandes eine an sich verbrecherische gewesen wäre oder gar mit dem im Notstande verübten Verbrechen in der Verbindung gestanden hätte, würde sie dennoch auf die Zurechnung dieses Verbrechens nicht von dem geringsten Einfluss sein, und nur das Verbrechen, das in der Verschuldung enthalten ist, bestraft werden können«.] — Hier [i. e. bei Ziff. 9] tritt jedoch ein dort [i. e. bei Ziff. 7] nicht möglicher, sehr bedeutender Unterschied ein, denn sowohl der Zustand einer gänzlichen Verwirrung der Sinne, als der höchste Grad der Trunkenheit können willkürlich durch äussere Mittel erlangt werden und so auch willkürlich als Mittel zur Ausführung des Verbrechens herbeigeführt sein; dann aber ist das Verbrechen vorher beschlossen und nur [!! — dieses »nur« ist äusserst charakteristisch] in jenem Zustande ausgeführt worden. [Wo bleibt gegenüber jenem »nur« der Satz: cogitationis nulla poena?] Nur dann, aber auch nur in einem solchen Falle allein ist ein in gänzlicher Verwirrung der Sinne, im höchsten Grade der Trunkenheit ausgeführtes Verbrechen als solches strafbar, niemals aber kann ohne Ungerechtigkeit [sic!] die der verschuldeten Verwirrung der Sinne, der verschuldeten Trunkfälligkeit gebührende Strafe bis zur Strafe eines in einem Zustande der Zurechnungslosigkeit begangenen Verbrechens ausgedehnt werden — [man sieht wieder einmal, wie gewaltig die Auffassung Gans' vom Wesen der actio libera in causa von der heute herrschenden Meinung differierte!] —; nur die irrige Theorie vom psychologischen Zwange und von der Abschreckung, die sich hier in ihrer ganzen Blösse darstellen lässt, kann dergleichen dem Anscheine nach rechtfertigen.[79]) — [Daher schlägt Gans S. 231 folgende Fassung vor:] Eine That ist aus gleichem Grunde straflos — — 9) wenn die That beschlossen und vollbracht worden ist, in irgend einem nicht mit Absicht auf die begangene Verletzung bewirkten Zustande gänzlicher Verwirrung der Sinne

---

[79]) Ich glaube, die eben wiedergegebenen Sätze stellen meine Behauptung ausser Zweifel, dass Gans mit einer Rechtfertigung seiner Ansicht von allgemeinen strafrechtlichen Grundsätzen aus betrachtet völligen Schiffbruch erleidet. Vollkommen anders aber liegt die Sache, wenn der erstere — wofür aus seinen Darlegungen immerhin einige Anhaltspunkte geltend gemacht werden können — die ganze Frage von dem m. E. hier wenigstens einzig richtigen Standpunkt der kriminalpolitischen Zweckmässigkeit ansieht. — Dann wären seine Ausführungen immerhin verständlich.

oder des Verstandes, worin der Thäter sich der Strafbarkeit seiner Handlung nicht bewusst sein konnte; namentlich in einem solchen Zustande des höchsten Grades absichtsloser Trunkenheit.«

Gegen diese Ausführungen wandte sich nun Bauer in seinen »Anmerkungen« 2. Teil S. 234 ff. Auch auf seine Darlegungen möchte ich im folgenden des näheren eingehen, freilich nicht um dessentwillen, weil sie uns wesentlich neue, packende Gedanken bieten, sondern nur, um zu zeigen, wie ihr Verfasser, der doch an der Ausarbeitung des hier besprochenen Entwurfes im hervorragenden Masse beteiligt war, auf einem ganz andern Boden als die Vertreter der heute herrschenden Lehre stand, ja wie er Gedanken vertrat, welche — wenn mir die kühne Metapher erlaubt ist — einen Faustschlag gegen diejenige Ansicht involvieren, die unserm Problem von den oft erwähnten allgemeinen Grundsätzen aus beizukommen vermeint. Bauer führt nämlich l. c. aus:

»Die Strafe der Culpa muss den Thäter treffen, weil er die Pflicht zur Besonnenheit im Handeln durch jene verschuldete Versetzung in einen Zustand der Bewusstlosigkeit verletzt. — — — Hiernach sind also zu unterscheiden: — — 2) Wer sich absichtlich in den Zustand einer vorübergehenden Bewusstlosigkeit versetzt, um darin ein vorher beschlossenes Verbrechen auszuführen, dem ist dies Verbrechen zum rechtswidrigen Vorsatze, und wenn es ein anderes Verbrechen ist, zur Culpa zuzurechnen [sic!!] — 3) Wer auf verschuldete Weise in einen solchen Zustand gekommen ist, dem wird die darin verübte That zur Culpa zugerechnet. — Um die vorstehenden, unter No. 2, 3 bemerkten Fälle bestimmter vorzuheben, ist es nötig, einen eignen Artikel aufzustellen, welcher so gefasst werden könnte: Hatte sich jedoch der Thäter durch Trunk oder andere Mittel absichtlich in einen Zustand vorübergehender Sinnenverwirrung versetzt, um in demselben ein vorher beschlossenes Verbrechen auszuführen [!!], so wird ihm die darin begangene That, wenn es die beabsichtigte ist, zum Vorsatz, falls es aber eine andere ist, zur Fahrlässigkeit zugerechnet.[80])

[80]) Diese Bestimmung stellt sich doch wohl als eine der schlimmsten Auswüchse jener alten, längst überwundenen Lehre von »der einwilligenden Schuld« dar.

War er hingegen fahrlässigerweise in jenen Zustand gekommen, so ist das hierin von ihm begangene Verbrechen nach den Bestimmungen über Fahrlässigkeit zu bestrafen.«

Im übrigen vermag ich allerdings von dem hannoverschen Kriminalgesetzbuche wenig für unsere Frage Bedeutsames mitzuteilen, und nur der Vollständigkeit halber will ich an dieser Stelle noch den art. 84 Ziff. 9, welcher schliesslich die endgültige Fassung der Bestimmung gegen die actio libera in causa enthielt, aufführen. Derselbe lautete nämlich folgendermassen:

»Eine That ist aus gleichem Grunde [d. h. wegen mangelnder Zurechnungsfähigkeit] straflos — — 9) wenn eine nicht vorher beschlossene That begangen ist in irgend einem unverschuldeten Zustande einer solchen Verwirrung der Sinne oder des Verstandes, worin der Thäter seiner Handlung oder ihrer Strafbarkeit sich nicht bewusst sein konnte, oder welcher die Willkür des Handelnden gänzlich aufhob.«

Schliesslich will ich noch erwähnen, dass auch das einzig litterarisch wertvolle Werk über das hannoversche Kriminalgesetzbuch, der Kommentar von Leonhardt, im B. I S. 367 f. die actio libera in causa behandelt. Allerdings sind seine Ausführungen nicht besonders ansprechend, denn sie bewegen sich fast ausschliesslich in dem Bauer'schen Gedankenkreise. Ein näheres Eingehen auf dieselben würde daher an sich als überflüssig erscheinen; nur einen Punkt möchte ich hier besonders hervorheben: Wie Bauer, so vertritt auch Leonhardt unzweideutig die Ansicht, dass die actio libera in causa erst im Zustande der aufgehobenen Imputation gesetzt würde. Und trotzdem beruft sich Leonhardt zur Rechtfertigung der Pönalisierung der ersteren auf die viel missbrauchten »allgemeinen Grundsätze«! Wie ist das nur möglich? Nun m. E. nur so, dass Leonhardt unter jenen »allgemeinen Grundsätzen« solche Lehren versteht, wie die vom »dolus indirectus« oder von der »mittelbaren Culpa«, Lehren, deren Unrichtigkeit die moderne Strafrechtswissenschaft zweifellos dargethan hat, oder aber auch so, dass Leonhardt sich mit der Citierung der »allgemeinen Grundsätze« selbst belügt. — Allerdings wäre noch eine dritte Möglichkeit denkbar: Ich könnte, verblendet durch meine einseitig vorgefasste Meinung, den hier behandelten Autor in der Frage nach dem Zeitpunkt der Begehung einer actio libera in causa missverstanden haben. Dass diese Möglichkeit aber im gegebenen Falle nicht zutrifft, dass Leonhardt wirklich in der Auffassung unseres Problems auf einem ganz andern Standpunkte steht als die Vertreter der heute herrschenden Meinung, das ergiebt klipp und klar folgende kurze Probe aus seinen Darlegungen. Vergl. l. c. S. 367:

»Allgemeine Grundsätze dürften wohl folgende Ansichten rechtfertigen. — — a) Wer sich absichtlich in einen Zustand gänzlicher Verwirrung der Sinne oder des Verstandes versetzt, um darin ein vorher beschlossenes Verbrechen auszuführen, ist nicht unzurechnungsfähig, vielmehr muss das in diesem Zustande verübte Verbrechen dem Thäter, falls es das beschlossene ist, zum rechtswidrigen Vorsatze, falls es ein anderes ist, zur Fahrlässigkeit angerechnet werden [sic!][81], vorausgesetzt natürlich, dass das Verbrechen überhaupt aus Fahrlässigkeit begangen werden kann.«

Mit diesem Citate wollen wir uns von dem hier behandelten Autor sowohl, wie von dem hannoverschen Kriminalgesetzbuche überhaupt abwenden und in die Betrachtung des zeitlich zunächst folgenden hessischen Strafgesetzbuches eintreten.

IV. Hessen.

§ 32. Das Strafgesetzbuch vom Jahre 1841.

I. Ziemlich eingehend werden wir uns mit dem Strafgesetzbuche für das Grossherzogtum Hessen vom 18. Oktober 1841 zu beschäftigen haben, weil die umfangreiche Entwicklungsgeschichte desselben sprechende Belege für die Richtigkeit unserer Grundauffassung in Hülle und Fülle bietet. Gerade das Grossherzogtum Hessen gehört nämlich auch zu jenen Staaten, in welchen man sich mit der grössten Sorgfalt im Laufe der einzelnen gesetzgeberischen Projekte mit der Frage nach der Strafbarkeit oder Straflosigkeit der actio libera in causa auseinanderzusetzen gesucht hat. Und gerade in betreff der hier

---

81) Wie stimmt diese Anrechnung zur Fahrlässigkeit zu den »allgemeinen Grundsätzen« der modernen Wissenschaft? — Vergl. auch die vorige Note.

zu behandelnden Legislation wird uns zudem das Eingehen auf diesen historischen Entwicklungsgang dadurch sehr erleichtert, dass der schon wiederholt erwähnte Kommentar von Breidenbach zu den einzelnen Artikeln des allgemeinen Teiles[82]) des definitiven Gesetzbuches die entsprechenden Vorschriften der einzelnen Entwürfe gleichwie die gesamten übrigen Materialien in der grössten Ausführlichkeit giebt. Aus dem letztgenannten Werke ersehen wir auch, dass der erste vom Oberappellationsgerichtsrat Knapp verfasste und im Mai 1824 dem Ministerium vorgelegte Entwurf (vergl. Breidenbach l. c. S. 32f.) im Falle einer actio libera in causa die volle Strafe eintreten liess, indem er in Anlehnung an den schon mehrfach citierten art. 121 des bayrischen Strafgesetzbuches von 1813 im art. 53 folgende Bestimmung enthielt:

»Keine vom Gesetze verhängte Strafe darf gegen solche Personen erkannt werden, welchen die begangene an und für sich strafbare Handlung oder Unterlassung wegen mangelnder Freiheit des Willens nicht als Schuld zugerechnet werden kann. Dahin gehören insbesondere: — —

4) »Unverschuldet« Schlafende und Nachtwandler; —

7) Solche, welche in irgend einer »unverschuldeten« Verwirrung der Sinne oder des Verstandes, worin sie sich weder ihrer Handlung noch deren Strafbarkeit bewusst gewesen, die That beschlossen und verübt haben.«

[Vergl. Breidenbach, Kommentar B. I, 1 S. 477f.]

Aus den Schlussworten der eben angezogenen Gesetzesstelle aber erkennen wir deutlich, dass auch der hier besprochene Entwurf, wie man dies ja freilich nach den bisher gemachten Angaben über den Zustand der deutschen Partikulargesetzgebungen wohl nicht anders hat erwarten können, davon ausgeht, dass beim Vorliegen einer actio libera in causa die That erst im Zustande der Unzurechnungsfähigkeit begangen würde. Und wenn vielleicht irgend ein übereifriger Anhänger der heute herrschenden Meinung an der Richtigkeit dieser Behauptung auch nach der Lektüre des art. 53 noch zweifeln sollte, so

---

[82]) Über diesen hinaus ist das Werk Br.'s überhaupt nicht gediehen.

werden seine Bedenken sicherlich restlos durch den art. 54 zerstreut werden, der in auffälliger Ähnlichkeit mit dem art. 40 des bayrischen Strafgesetzbuches eine ausdrückliche Bestimmung gegen die vorsätzliche actio libera in causa und zwar in folgender Fassung gab:

»Wer im zurechnungsfähigen Zustande ein Verbrechen oder Vergehen beschlossen und, um dasselbe auszuführen, sich durch Trunk oder andere Mittel in einen Zustand versetzt hat, in welchem er seiner Vernunft nicht vollkommen oder garnicht mächtig war, auch in diesem Zustande das vorher beschlossene Verbrechen oder Vergehen wirklich ausführt, dem soll dasselbe völlig zugerechnet werden.« [Vergl. Breidenbach l. c. S. 511.]

Man sollte meinen: Schärfer als wie in dem art. 54 kann überhaupt nicht die Auffassung legislatorisch zum Ausdruck gebracht werden, dass bei unserm Probleme wirklich eine »Rückbeziehung auf die Freiheit« stattfände, und dass infolgedessen die Pönalisierung der actio libera in causa eine schroffe Sondernorm involviere, die nur vom Gesetzgeber aufgestellt werden könne[83]). — Und doch hat der folgende Entwurf vom Jahre 1831, welcher gleichfalls den OAGR. Knapp zum Verfasser hatte, in noch markanterer Form als sein Vorgänger die Konsequenzen aus der eben gedachten Auffassung der actio libera in causa zum Ausdruck gebracht; ja fürwahr, kaum jemals ist in der deutschen Partikularlegislation mit einer solchen Bestimmtheit der Gedanke hervorgehoben worden, dass die Bestrafung einer actio libera in causa als einer im Zustande der Unzurechnungsfähigkeit begangenen That eine einschneidende Ausnahme von den allgemeinen Regeln der Zurechnungslehre darstelle, und dass es nur dem Gesetzgeber zukomme, Geltung und Umfang dieser Ausnahme zu normieren. Und im Vollbewusstsein dieses ausschliesslichen, durch keinerlei Mitwirkungsbefugnisse der Wissenschaft und Praxis beschränkten Rechtes hat denn der Gesetzgeber in dem hier zu besprechenden Ent-

---

[83]) Vergl. für die letztere Behauptung namentlich auch die doch in der neuern Legislation so seltene imperativische Fassung: soll zugerechnet werden — der Schlussworte des art. 54.

wurfe die Strafbarkeit der actio libera in causa in der einschneidendsten und merkwürdigsten Weise eingegrenzt. Zunächst nämlich ist eine solche nur bei den durch schuldhafte Trunkenheit hervorgerufenen Bewusstlosigkeitszuständen anerkannt; und diese Beschränkung ist in mehrfacher Hinsicht von Interesse, einmal und zunächst deswegen, weil sie auch in den spätern Entwürfen, ja sogar in dem Gesetzbuche selbst noch unverkennbare Spuren zurückgelassen hat, vor allem aber aus dem Grunde, weil — höchst merkwürdiger Weise — auch der erste Entwurf des BGB.'s in seltsamer Übereinstimmung eine Ersatzpflicht für den durch eine actio libera in causa verursachten Schaden nur dann anerkannte, wenn der Thäter die Handlung im Zustande einer selbstverschuldeten Trunkenheit begangen hatte. — Aber der hessische Entwurf von 1831 geht noch weiter. Nicht nur lässt er — um auf das vielbesprochene Schulbeispiel zu exemplifizieren — die Wärterin straflos, welche im Schlafe das ihrer Obhut anvertraute Kind gemäss ihrer vorgefassten Absicht erdrückt, nein er schliesst auch in den Fällen einer in der Trunkenheit begangenen actio libera in causa die Anwendung der Kapitalstrafe unbedingt aus und mindert die im Gesetze angedrohte lebenslängliche Zuchthausstrafe auf Zuchthaus von 10—15 Jahren. Die hier in Betracht kommenden Bestimmungen des Entwurfes von 1831 haben folgende Gestalt:

»art. 29: Wegen mangelnder Zurechnung dürfen keine Strafen erkannt werden — — 3. gegen Personen, welche die mit Strafe bedrohte That im Zustande: A. des Schlafes, des Nachtwandelns, der Raserei, des Wahnsinns, des Blödsinns oder B. einer solchen Seelenstimmung verübt haben, welche entweder a) das Bewusstsein hinsichtlich der Handlung überhaupt und ihrer Beziehung zum Strafgesetze aufgehoben oder b) im Zusammenhange mit körperlichen Zuständen in einem vorübergehenden Anfalle von Bewusstlosigkeit unwiderstehlich zu gewaltthätigen Handlungen fortgezogen hat. [Breidenbach Kommentar B. I, 1 S. 479f.]

art. 30: Die Trunkenheit kann nur dann gänzliche Straflosigkeit bewirken, wenn sie weder vorsätzlich noch durch eigne Verschuldung herbeigeführt und während der Handlung in so hohem Grade vorhanden war, dass der Handelnde dadurch das Bewusstsein der verübten Handlung überhaupt und in ihrer Beziehung zum Strafgesetze verloren hatte. — [Vergl. Breidenbach l. c. S. 512.]

art. 92. Wegen vorsätzlich oder durch eigne Verschuldung bewirkter Trunkenheit sollen die gesetzlichen Strafen nur dann, wenn nach den Vorschriften des Artikels 30 angenommen werden muss, dass sich der Schuldige zur Zeit der verübten That im höchsten Grade der Trunkenheit befunden hat, im folgenden Masse gemildert werden:

1. Ist die wirklich verübte That schon im nüchternen Zustande beschlossen oder beabsichtigt gewesen, so tritt nur statt der Todesstrafe lebenslängliche Zuchthausstrafe und statt dieser Zuchthausstrafe von zehn bis fünfzehn Jahren ein; — — — 3. [bei fahrlässig herbeigeführter Unzurechnungsfähigkeit] soll die verübte That, nur [sic!] als in grober Fahrlässigkeit begangen, betrachtet werden.« [Vergl. Breidenbach l. c. S. 512].

Nun will ich durchaus nicht behaupten, dass die eben citierten Bestimmungen sich durch Klarheit der Sprache, Eleganz und Knappheit des Ausdrucks auszeichnen — ist doch ungefähr das Entgegengesetzte der Fall —; aber es kommt fürwahr bei dem Zwecke unserer Arbeit auf Vorzüge oder Mängel der eben angedeuteten Art nicht im geringsten an, für uns ist der Entwurf von 1831 schon aus dem Grunde wichtig und interessant, weil er trotz oder in Wahrheit wohl wegen der verwickelten, systemlosen Fassung seiner auf die actio libera in causa bezüglichen Bestimmungen einen handgreiflichen Beweis für die Richtigkeit der von uns vorgetragenen Lehren bietet.

II. Der nächstfolgende Entwurf wurde von dem inzwischen zum Referenten über das Strafgesetzbuch ernannten OAGR. Dr. v. Lindelof ausgearbeitet und im Jahre 1837 dem Justizministerium überreicht. Zur Erläuterung und Rechtfertigung der Abweichungen desselben von den Bestimmungen des vorher besprochenen Projektes fügte Lindelof dem erstern ein umfangreiches Gutachten bei, welches als »Vortrag über den Entwurf eines Strafgesetzbuches für das Grossherzogtum Hessen« gedruckt worden ist. Auch der actio libera in causa wird in diesem

»Vortrage« eingehend gedacht. Doch sind leider die auf unser Problem bezüglichen Ausführungen v. Lindelofs wenig brauchbar und zwar aus verschiedenen Gründen: Einmal beschränken sie sich fast ganz darauf, den Wegfall des art. 92 des vorigen Entwurfes zu rechtfertigen oder — besser gesagt — rechtfertigen zu wollen, und ferner stimmen sie garnicht genau zu den Vorschriften, welche v. Lindelof selbst in seinem Entwurfe gegen die actio libera in causa proponierte. Der letztere Mangel ist allerdings nur zu leicht erklärlich: v. Lindelof hat nämlich die hier in Frage kommenden Ausführungen seines Vortrags — von ganz unbedeutenden Veränderungen abgesehen — in sklavischer Weise und leider ohne Nennung des Autors aus Oersteds Grundregeln abgeschrieben [vergl. Vortrag S. 128f. — Grundregeln S. 250]. Jedenfalls aber scheint es mir — doch gebe ich zu, dass diese Meinung nicht ohne Bedenken ist —, als ob auch die Oersted-Lindelof'schen Darlegungen davon ausgehen, dass bei der actio libera in causa thatsächlich eine Rückbeziehung auf die Freiheit stattfände: vergl. z. B. Vortrag S. 128.

»Wenn sich jemand durch Getränke oder sonstige Mittel in den Zustand vorübergehender Verwirrung der Sinne oder des Verstandes versetzt hat, um in diesem ein im nüchternen (überhaupt zurechnungsfähigen) Zustande beschlossenes Verbrechen auszuführen, so muss dieses Verbrechen als vollkommen überlegt und vorsätzlich begangen, angesehen werden, ohne Rücksicht darauf, wie weit er im Augenblicke der Ausführung [!!] seiner Vernunft mächtig war [sic. ??].«[84])

Vollends aber lässt der von Lindelof ausgearbeitete Entwurf durchaus keinen Zweifel daran aufkommen, dass sein Verfasser

[84]) Vergl. auch das bei Breidenbach l. c. 514f. auszugsweise wiedergegebene schriftliche Votum eines Ministerialmitgliedes (wahrscheinlich v. Lindelofs selbst), wo es heisst: »Wer im nüchternen Zustande ein todeswürdiges Verbrechen beschliesse, sich dann vorsätzlich betrinke, wenn auch noch so sehr, habe von Rechtswegen die Todesstrafe verdient. Es sei begründet, dass man keine volle Gewissheit darüber habe, ob dies Individuum, wäre es nüchtern geblieben, die That verübt haben würde; ja man könne sagen, dies sei nicht wahrscheinlich, weil es sich gerade gezeigt habe, dass es sich im nüchternen Zustande die Kraft nicht zugetraut habe. Das könne aber die Verwerflichkeit der Handlung und darum auch die Strafbarkeit derselben nicht mindern.«

bezüglich der actio libera in causa einen der herrschenden Lehre diametral entgegengesetzten Standpunkt vertrat. Denn nicht nur enthält das letzterwähnte Projekt eine ausdrückliche Bestimmung gegen die actio libera in causa, was doch vom Standpunkte unserer Gegner aus eigentlich überflüssig und unzulässig wäre, nein es bringt diese auch in einer Fassung, welche deutlich hervortreten lässt, dass die actio libera in causa erst im unzurechnungsfähigen Zustande begangen wird, und dass infolgedessen die Pönalisierung derselben von dem Verfasser des Entwurfes als eine Durchbrechung des Prinzipes: cogitationis nulla poena — aufgefasst wurde. Ja noch mehr! Der Entwurf von 1837 erkennt ähnlich wie sein Vorgänger nicht einmal gegenüber allen schuldhaft herbeigeführten Bewusstlosigkeitszuständen die Strafbarkeit der actiones liberae in causa an, sondern lässt die im Schlafe oder im Nachtwandeln begangene That stets — auch wenn dieselbe an und für sich eine actio ad libertatem relata sein würde — straflos. Diese merkwürdige Beschränkung ergiebt sich zunächst aus einem genauen Vergleiche des Wortlautes der beiden hier in Betracht kommenden Artikel des Entwurfes und sodann auch aus den weitern Schicksalen, welche die letztern bis zum Erlasse des Gesetzbuches erfahren haben. Gehen wir zunächst auf den ersterwähnten Gesichtspunkt ein, so bestimmt das Lindelof'sche Projekt:

»art. 29. Wegen mangelnder Zurechnungsfähigkeit findet keine Bestrafung statt: — — 3) gegen Personen, welche die mit Strafe bedrohte Handlung in einem Zustande verübt haben, in welchem das Bewusstsein der Strafbarkeit der That aufgehoben war, insbesondere im Schlafe, Nachtwandeln, Wahnsinn, völligen Blödsinn, in der Raserei, Verrücktheit oder in vorübergehender gänzlicher Verwirrung der Sinne oder des Verstandes.

art. 30. Der Zustand vorübergehender Verwirrung der Sinne oder des Verstandes schliesst jedoch die Zurechnung der Strafe dann nicht aus, wenn sich der Thäter durch Getränke oder andere Mittel absichtlich in einen solchen versetzt hatte, um in demselben ein im zurechnungsfähigen Zustande beschlossenes Verbrechen auszuführen, oder wenn in

Bezug auf die Handlung, wodurch er sich in jenen Zustand versetzt hat, und in Bezug auf die darin verübte That die Bedingungen der Zurechnung zur Fahrlässigkeit vorhanden sind.«

III. Nun ist zwar auch die Fassung dieses art. 30 nicht über jeden Tadel erhaben, und es dürfte z. B. nicht nur mir, sondern auch manchem andern Kriminalisten dunkel bleiben, wie bei einer im unzurechnungsfähigen Zustand verübten That »die Bedingungen der Zurechnung zur Fahrlässigkeit« überhaupt jemals »vorhanden sein können«, aber auch hinsichtlich des Entwurfes von 1837 dürfen, ja müssen wir etwaige Redaktionsmängel bezüglich des art. 30 gegenüber der in dem letztern klar zum Ausdruck gebrachten Stellung des Gesetzgebers zur actio libera in causa durchaus unberücksichtigt lassen. — Bei dieser Sachlage können wir — von unserm Standpunkte aus — mit Befriedigung mitteilen, dass die eben angeführten Vorschriften, völlig unverändert, als artt. 37 Ziff. 3 und 38 in den Regierungsentwurf übernommen wurden, welcher im Jahre 1839 den hessischen Ständen zuging. Derselbe wurde dann von den Ausschüssen der beiden Kammern in gemeinschaftlichen Sitzungen einer eingehenden Beratung unterzogen und das Ergebnis der letztern in dem im Druck erschienenen »Bericht der zur Begutachtung des Entwurfes eines Strafgesetzbuches für das Grossherzogtum Hessen gewählten Ausschüsse I. und II. Kammer« niedergelegt. Und wenn wir nun die S. 97 des eben angeführten Werkes aufschlagen, wo der art. 38 des Entwurfes, also die Strafbestimmung gegen die actio libera in causa, behandelt wird, dann könnte es uns im ersten Augenblicke erscheinen, als ob jene im Sinne der heute herrschenden Lehre einzig richtige Auffassung unseres Problems bereits von den hessischen Kammerausschüssen vertreten wäre. Beginnt doch die hier in Frage kommende Stelle aus dem »Berichte« mit den ominösen Worten: l. c. S. 97.

»Zum art. 38: Der Inhalt dieses Artikels entspricht **den Grundsätzen über Vorsatz und Fahrlässigkeit.**«

Aber eine genauere Prüfung jenes »Berichtes« zeigt uns doch — wie wir dies schon öfter und vorzüglich bei der Besprechung des Leonhardt'schen Kommentars (vergl. oben S. 210) konstatiert haben —, dass jene »Grundsätze über Vorsatz und Fahrlässigkeit« vom Standpunkte der heutigen Lehre gerade umgekehrt als schroffe Ausnahmen von den elementarsten Sätzen der Strafrechtswissenschaft erscheinen, wenn nicht etwa sogar im vorliegenden Falle — was ja in Parlamentsberichten öfter vorkommen soll — die Berufung auf jene »Grundsätze« sich lediglich als eine schöne, aber nichtssagende Phrase charakterisiert. Denn schon wenige Zeilen nach den oben zitierten Worten, welche doch die Strafbarkeit der actio libera in causa aus den allgemeinen Lehren der Strafrechtsdoktrin abgeleitet wissen wollen, spricht der Bericht klar und unzweideutig den Satz aus, dass im Falle der erstern das Verbrechen erst im unfreien Zustande verübt würde, und des weitern ist die Rede von einer »Gleichstellung« desjenigen, der eine strafbare Handlung in einem in Absicht auf die Begehung derselben herbeigeführten Zustande der Unzurechnungsfähigkeit vollführt, mit einem solchen Thäter, der bei vollem Bewusstsein das Verbrechen begeht. Vergl. l. c. S. 97:

»Die Frage, ob derjenige, welcher sich zum Zwecke der Verübung eines Verbrechens in einen Zustand der Verwirrung versetzt und nunmehr [!!] in diesem unfreien Zustand das Verbrechen verübt, demjenigen gleichgestellt werden könne, der bei vollem Bewusstsein die That vollführt, ist schon anderwärts zur Genüge erörtert worden.« — —

Auch die weitern Ausführungen des »Berichtes« dürften nicht ohne Interesse sein, da auch sie erkennen lassen, wie weit die beiden Ausschüsse noch von jener modernen Auffassung entfernt waren, welche die actio »libera in causa« zu einer actio »libera in facto« stempeln möchte. Der »Bericht« fährt nämlich fort:

»Für die Verneinung der [eben angeregten] Frage könnten scheinbar die Gründe sprechen, welche wir weiter unten — zur Unterstützung der Behauptung anführen werden, dass der intellektuelle Urheber nicht immer dem physischen gleichgesetzt werden könne; denn in unserm gegenwärtigen Falle könnte man eben wohl zwei Menschen von einander scheiden, einen freien, der den Impuls zum Verbrechen giebt und gleichsam als der Anstifter betrachtet werden kann [sic!!], und einen unfreien, der die That ausführt, der wirkliche physische Urheber.«

Freilich scheint dem Berichterstatter dieser grandiose Missbrauch der Kategorie der Anstiftung doch schliesslich selbst etwas sehr bedenklich geworden zu sein, wenigstens will er von einer analogen Anwendung der Gründe, welche »wir weiter unten zur Unterstützung der Behauptung anführen werden, dass der intellektuelle Urheber nicht immer dem physischen gleichgesetzt werden könne«, auf die actio libera in causa (d. h. mit andern Worten: von der Straflosigkeit oder mindern Strafbarkeit derselben) nichts wissen, und zwar beruft sich der Bericht für die Ablehnung jener Analogie auf die von uns schon oben gebührend gekennzeichneten Ausführungen des v. Lindelof'schen »Vortrages« und nebenbei auch auf die »gemeingefährlichen Konsequenzen« der verworfenen Ansicht.

Mir aber darf es wohl an dieser Stelle gestattet sein, meinerseits die bescheidene Vermutung aufzustellen, dass dieser letztere Gesichtspunkt, die Besorgnis vor den »gemeingefährlichen Konsequenzen«, wenn er auch in dem »Bericht« nur ganz nebenher erwähnt wird, doch in Wahrheit auf die Stellung der Kammerausschüsse zur actio libera in causa von entscheidendem Einfluss gewesen ist. Man sanktionierte deshalb die unbedingte Strafbarkeit der actio libera in causa, weil man die Straflosigkeit oder gelindere Bestrafung derselben für un»zweck«mässig, für eine ungenügende »Vergeltung« der geschehenen Rechtsverletzung hielt, und nur eine Verbrämung war es, wenn der »Bericht« noch auf die allgemeinen Grundsätze der Zurechnungslehre rekurrierte. Hierfür spricht auch der Umstand, dass die Kammerausschüsse es unterliessen, die ausdrückliche Bestimmung gegen die actio libera in causa aus dem Entwurf einfach fortzustreichen, was doch eigentlich bei einer Ableitung der Strafbarkeit jener aus allgemeinen Grundsätzen konsequenterweise hätte geschehen müssen. Vielleicht könnte man aber dieses Argument dadurch aus dem Felde zu schlagen versuchen, dass man darauf hinwiese, wie doch überhaupt die ältere deutsche Partikulargesetzgebung sich von doktrinären, selbstverständlichen Bestimmungen durchaus nicht freigehalten habe. Auf diesen Einwand habe ich jedoch zu replizieren: »Weshalb gab man dann nicht wenigstens, wenn man jener allgemeinen Grundsätze so sicher war, dem art. 38 auch eine allgemeine Fassung, weshalb debattierte man vielmehr lang und breit über die einzelnen Zustände der Unzurechnungsfähigkeit, welche auch selbst für den Fall einer schuldhaften Herbeiführung die Strafbarkeit nicht begründen sollten? Wie stimmt es mit jenen allgemeinen Grundsätzen zusammen, dass man den Zustand des Schlafes, welchen die beiden vorangegangenen Entwürfe bekanntlich unter allen Umständen als Schuldausschliessungsgrund bezeichnet hatten, endlich doch in den art. 38 aufnahm, um so zu dokumentieren, dass jener im Falle einer schuldhaften Herbeiführung den Thäter nicht exkulpieren solle, während man dagegen auch jetzt noch das Nachtwandeln durch Nichterwähnung desselben im art. 38[85]) absichtlich als »absoluten« [sit venia verbo]Schuldausschliessungsgrund kennzeichnete —! Vergl. »Bericht« S. 97:

»Wir beantragen hinter den Worten: »der Sinne oder des Verstandes« einzuschalten: »sowie der Zustand des Schlafes«. — —

Wahrlich, dieser Abänderungsantrag zeigt wieder einmal sehr deutlich, dass jene Kammerausschüsse die Strafbarkeit der actiones liberae in causa in Wirklichkeit keineswegs aus »all-

---

[85]) Man könnte freilich geneigt sein, die Nichtaufnahme des Nachtwandelns unter die im art. 38 aufgeführten Seelenzustände für ein Redaktionsversehen zu halten. Diese Annahme ist aber wohl bei dem nahen Verhältnisse der artt. 37 u. 38 ausgeschlossen. Auch darf an dieser Stelle nicht unerwähnt bleiben, dass das zur Zeit jener Kommissionsverhandlungen jüngste Lehrbuch des Strafrechts, nämlich das von Abegg, nur bei der in der Trunkenheit oder im Schlafe, nicht aber bei der im Zustande des Nachtwandelns begangenen actio libera in causa die Strafbarkeit anerkennt (vergl. oben S. 16). — Dieselbe Ansicht, wie wir, vertritt — wenigstens bezüglich der Stellung der Ausschüsse — auch Breidenbach l. c. S. 517. Dagegen will er das Gesetz selbst in einem weitern Sinne ausgelegt wissen, doch stützt er seine Meinung höchst unzulässigerweise auf eine offenbare Redaktionsflüchtigkeit, auf den Umstand nämlich, dass im art. 37_3 von »gänzlicher« Verwirrung etc. die Rede ist, während im art. 38 das Wort »gänzlich« fehlt. Vergl l. c.: »Gerade darum, weil das Wort »gänzlich« im art. 38 wegblieb, dürfen wir denselben nicht auf diejenigen Zustände beschränken, welche unter die »gänzliche Verwirrung« des art. 37 No. 3 fallen, und müssen vielmehr jenen — — auch auf den Zustand des Nachtwandelns anwenden.«

gemeinen Grundsätzen« ableiteten! Fügen wir jetzt hinzu, dass art. 38 mit dem eben erwähnten Zusatze, aber im übrigen unverändert zum Gesetze erhoben wurde, so können wir sicherlich ohne Bedenken den Satz aufstellen: Auch in Hessen sind — wie der klare Wortlaut und die systematische Stellung des art. 38 ergiebt[86]) — sämtliche beteiligten Faktoren von der Auffassung ausgegangen, dass die Bestrafung der actio libera in causa eine scharfe Ausnahmevorschrift gerade von den allgemeinen Sätzen der Zurechnungslehre darstelle, eine Sondernorm, wie sie nach Geltung und Umfang nur der Gesetzgeber statuieren darf.

IV. Gleiche Gedanken, wie wir sie zuletzt entwickelt haben, spricht auch der schon mehrfach genannte Breidenbach aus, mit dem wir uns als dem einzigen würdigen Vertreter der Litteratur des hessischen Strafgesetzbuches im folgenden näher befassen wollen: Schon sehr charakteristisch für die Stellung dieses Autors zur actio libera in causa sind die Worte, mit welchen er seine Ausführungen über die letztere einleitet. Hier sagt er l. c. S. 515:

»Art. 37 hat uns mit den Zuständen bekannt gemacht, deren Vorhandensein die Zurechnungsfähigkeit aufheben, d. h. die Zurechnung sowohl zum Dolus als zur Culpa ausschliessen soll. Der art. 38 enthält Ausnahmen von dieser Regel, indem er die sog. actiones liberae in causa behandelt [!!]« —

Ferner S. 516 f.: »Es darf nicht übersehen werden [!!], dass der art. 38 Ausnahmen von den Regeln des art. 37 enthält (darum gebraucht er das Wort »jedoch« [sic.!]).«

Sehr bezeichnend für die Ansicht Breidenbachs über den Zeitpunkt der Begehung einer actio libera in causa ist auch folgende Äusserung desselben l. c. S. 517:

»Der art. 38 setzt ganz klar den Zustand zur Zeit der That als einen unzurechnungsfähigen, demjenigen

---

[86]) Von einer Citierung der artt. 37_3 und 38 darf an diesem Orte füglich abgesehen werden, da der erste mit dem art. 29_3 des oben behandelten Entwurfes von 1837 durchweg und der zweite mit Ausnahme des im Text erwähnten von den Ausschüssen angenommenen Zusatzes mit dem art. 30 des letztgenannten Projektes übereinstimmt. [Vergl. oben S. 217 f.]

im Momente des Vorsatzes als einem zurechnungsfähigen entgegen.«

Aber neben diesen Sätzen, die ein offnes Verständnis für die Entwicklungsgeschichte beweisen, welche das hier behandelte Problem innerhalb der hessischen Kriminallegislation durchgemacht hat, begegnen uns in den Ausführungen Breidenbachs leider auch manche höchst bedenkliche, ja sogar geradezu falsche Behauptungen. Zu den letztern gehört der schon in der Note 85 erwähnte Versuch, durch eine erbärmliche Verbalinterpretation die Anwendbarkeit des art. 38 noch auf andere als die in demselben ausdrücklich genannten Seelenzustände auszudehnen, zu diesen Behauptungen gehört aber vor allem der von Breidenbach S. 519f. aufgestellte, gegenüber den eben citierten Ausführungen unbegreifliche Satz, dass die Bestrafung der fahrlässigen (und nur dieser, nicht etwa auch der vorsätzlichen) actio libera in causa nur eine Konsequenz der »allgemeinen Grundsätze über die Culpa« wäre. [11] Welche sachlichen Gründe Breidenbach veranlassten, plötzlich und de lege lata jedenfalls höchst unnötiger- und verkehrterweise auf die so viel missbrauchten allgemeinen Grundsätze zu rekurrieren, weshalb er ferner die letztern nur gegenüber der poena culpae gelten lassen will, dagegen sie bezüglich der poena doli ausschliesst (vergl. die oben angeführten Citate), das ist mir fürwahr unerfindlich geblieben, dürfte auch einem nicht voreingenommenen Leser aus den Darlegungen Breidenbachs selbst schwerlich klar werden. Vielmehr drängt sich uns bei einer unbefangenen Beurteilung der letztern unwillkürlich die Vermutung auf, dass auch die Heranziehung der »allgemeinen Grundsätze« ebenso wie die von uns bereits mehrfach (vergl. Note 85 und oben im Texte) gekennzeichnete Buchstabeninterpretation des art. 38 seitens des Autors nur deswegen erfolgt ist, um diesem Artikel eine seinem klaren Sinne widersprechende Ausdehnung zu geben. Breidenbach äussert sich nämlich l. c. S. 519f. folgendermassen:

»Der art. 38 enthält in diesem [i. e. dem von der fahrlässigen actio libera in causa handelnden] Teile nichts als eine Verweisung auf die allgemeinen Grundsätze über die Culpa, und es hätte der Hinzufügung der Worte »sowie der Zustand des

Schlafes« nicht bedurft, um die fragliche Amme [gemeint ist das bekannte Schulbeispiel] wegen Fahrlässigkeit verurteilen zu können, sowenig der obwohl nicht genannte Nachtwandler von der Strafe der Culpa verschont bleibt [??], wenn er in Voraussenschaft des Nachtwandelns und seiner Neigung, in solchem Zustande zu verwunden, mit einem Dritten zusammenschläft und die Waffen, von deren Vorhandensein er Kenntnis hatte, nicht entfernt. Hiermit soll aber nicht gesagt sein, dass die gesamte Schlussbestimmung zwecklos ist [!!]; im Gegenteil gewährt sie den Nutzen, dass sie den Zweifel, ob überhaupt in einem mit Bewusstlosigkeit verbundenen Zustande ein kulposes Vergehen stattfinden könne, da die Culpa stets eine mit Bewusstsein vorgenommene Handlung voraussetze, dadurch abschneidet, dass sie diejenige Handlung, durch welche sich der Thäter in den fraglichen Zustand brachte, als die mit Bewusstsein verübte und je nach dem konkreten Fall schuldbare erklärt, während, wenn es im art. 38 heisst, dass in Bezug auf die in einem solchen Zustande verübte That die Bedingungen der Fahrlässigkeit vorhanden sein müssen, dies nichts anderes heissen kann, als dass die fragliche That objektiv rechtsverletzend gewesen sein und zu denjenigen gehören müsse, bei welchen die Culpa bestraft wird.«[87])

Damit haben wir auch unsere Übersicht über das hessische Strafgesetzbuch zu Ende gebracht, und auch hier können wir — wie ich glaube mit gutem Gewissen — den nun schon so oft wiederholten Satz mutatis mutandis von neuem aufstellen: Trotz des teilweisen Widerspruches Breidenbachs ist nicht daran zu zweifeln, dass der hessische Gesetzgeber durch alle Stadien

---

[87]) Dieser letzte Satz zeigt doch ganz offenbar die Unhaltbarkeit der Breidenbach'schen Deduktionen: Einmal giebt B. zu, dass die actio libera in causa »de lege lata« (und nur um diese Beziehung handelt es sich bekanntlich für uns) auch im Falle der Culpa erst im unzurechnungsfähigen Zustande begangen wird (wie stimmt damit die Heranziehung der allgemeinen Grundsätze zusammen?), und dann soll gar die Handlung, durch die sich der Thäter unzurechnungsfähig machte, nicht etwa als Setzung der (doch völlig in den zurechnungslosen Zustand fallenden) That, sondern als solche und zwar (von B.'s Standpunkte aus höchst willkürlich) mit der Strafe eben jener That belegt werden.

der Vorarbeiten bis zum Gesetzbuche hindurch stets die Pönalisierung der actio libera in causa als eine nur seinem Belieben unterworfene Ausnahme von den allgemeinen Grundsätzen der Imputationslehre angesehen hat.

V. Baden.

§ 33. Das Strafgesetzbuch vom Jahre 1845.

I. Genau die gleichen Ergebnisse, die wir eben bei der Betrachtung der hessischen Kriminallegislation gefunden haben, werden wir auch gegenüber dem badischen Strafrechte, in dessen Erörterung wir nunmehr eintreten, aufs neue feststellen können, wenn wir das Verhältnis desselben zur actio libera in causa durch die Kette der verschiedenen Entwürfe bis zum Gesetzbuche hindurch verfolgen. Schon der erste derselben, welcher als »Entwurf eines Strafgesetzbuches für das Grossherzogtum Baden. — Nach den Beratungen der Grossherzoglichen Gesetzgebungs-Kommission —« gedruckt wurde, enthielt im § 70 eine ausdrückliche Bestimmung gegen die actio libera in causa, eine Bestimmung, die, in ihrer Fassung der des hessischen art. 38 sehr ähnlich, wie dieser keinen Zweifel daran aufkommen lässt, dass auch der badische Gesetzgeber die »actio« erst in die Zeit der Unzurechnungsfähigkeit setzt, eine Bestimmung ferner, deren Wortlaut — wobei namentlich auf den Eingang des § 70 hingewiesen werden muss — und deren systematische Stellung zu den generellen Vorschriften der §§ 65 und 69 klar darthut, dass man sich des Ausnahmecharakters jener Strafbestimmung gegen die actio libera in causa voll bewusst war. Es verordneten nämlich:

»§ 65. Die Zurechnung zur Schuld ist ausgeschlossen durch jeden Zustand, in welchem das Bewusstsein der Strafbarkeit der Übertretung oder die Willkür des Übertreters aufgehoben ist.

§ 69. Zu den Zuständen, welche unter der Voraussetzung des § 65 die Zurechnung ausschliessen, gehört hauptsächlich völliger Blödsinn, Raserei, Wahnsinn, Verrücktheit und vorübergehende gänzliche Verwirrung der Sinne oder des Verstandes.

§ 70. Der Zustand vorübergehender Verwirrung der Sinne oder des Verstandes schliesst jedoch die Zurechnung zur Strafe dann nicht aus, wenn sich der Thäter durch Getränke oder andere Mittel absichtlich in solchen versetzt hatte, um in demselben ein im zurechnungsfähigen Zustande beschlossenes Verbrechen auszuführen, oder wenn in Bezug auf die Handlung, wodurch er sich in jenen Zustand versetzt hat, und die darin verübte That die Bedingungen der Zurechnung zur Fahrlässigkeit vorhanden sind.«

Mit den eben citierten Vorschriften stimmen dann auch die §§ 67, 71, 72 des nächstfolgenden Projektes, welches unter dem Titel »Entwurf eines Strafgesetzbuches für das Grossherzogtum Baden« 1839 erschienen ist, wörtlich überein. Diesem Entwurfe wurden übrigens als Motive die »Anmerkungen der Gesetzgebungskommission« beigegeben. Aber auch die letztern enthalten selbst nicht den geringsten Hinweis auf die herrschende Meinung; nein, mit unzweideutiger Bestimmtheit sprechen sie, wie das ja auch nach dem klaren Wortlaute des § 72 nicht anders möglich war, den Satz aus, dass die That im Zustande der Unzurechnungsfähigkeit begangen würde. Es heisst nämlich l. c. S. 18:

»Zu § 72: Hat sich der Thäter selbst in einen Zustand vorübergehender Verwirrung der Sinne oder des Verstandes, wie namentlich bei der Trunkenheit, versetzt, so findet Zurechnung der in diesem Zustande verübten Verbrechen statt, jedoch nach Umständen bald zum Vorsatz, bald zur Fahrlässigkeit. Trunkenheit schliesst die Zurechnung nur in dem Falle aus, wenn sie völlige Verwirrung der Sinne oder des Verstandes zur Folge hatte und zugleich gänzlich unverschuldet war.«

Wahrlich, gerade der letzte Satz des obigen Citates zeigt uns wieder einmal, wie wenig sich die deutsche Partikularlegislation bei der Aufstellung ihrer Normen gegen die actio libera in causa um die »allgemeinen Grundsätze« gekümmert hat! Und die eben angeführten Bemerkungen der Motive sind auch für das definitive Strafgesetzbuch vom 6. März 1845 von unverminderter Bedeutung, da die §§ 67, 71 und 72 mit ganz geringfügigen Veränderungen als §§ 71, 75 und 76 in das erstere übernommen wurden.

II. Was nun die Litteratur des badischen Strafrechts betrifft, so können wir uns allerdings in Bezug auf dieselbe sehr kurz fassen. Es wird hier genügen, wenn wir auf die Ausführungen Puchelts über die actio libera in causa hinweisen, welche einmal in den badischen Annalen B. 29, 174 und andererseits in seinem im Jahre 1868 erschienenen Kommentar, betitelt »Das Strafgesetzbuch für das Grossherzogtum Baden«, S. 71 f. sich finden. In den erstern ist ein (vielleicht unbeabsichtigtes, aber sehr charakteristisches) Zugeständnis der von uns behaupteten Ausnahmenatur der Strafvorschrift gegen die actio libera in causa enthalten, indem nämlich ausgeführt wird:

»— — ein völlig Betrunkener hat rechtlich keinen Willen, und wenn ihn dennoch das Gesetz in der Schlussbestimmung des § 76 verantwortlich macht, so kann dies nur vom Standpunkte der Fahrlässigkeit [sic!(??)] geschehen, kann sich mithin nur auf Vergehen beziehen, bei denen auch die fahrlässige Verübung mit Strafe bedroht ist.«

Allerdings ist die eben citierte Äusserung Puchelts recht unklar, ja vielleicht geradezu unbegreiflich; denn wie lässt sich »vom Standpunkte der [Regeln über die] Fahrlässigkeit« begründen, dass die Handlung eines völlig Trunkenen, obwohl dieser rechtlich keinen Willen habe, mit der poena culpae belegt werden könne? Und ausserdem lassen die Darlegungen Puchelts eine Rechtfertigung der im ersten Teil des § 76 für den Fall einer vorsätzlichen actio libera in causa angedrohten poena doli vermissen. Aber wir können in der That diesen und etwaige sonstige Mängel der angeführten Stelle sehr wohl auf sich beruhen lassen, und nur soviel wollen wir konstatieren, dass sich weder in derselben noch auch in dem oben erwähnten Kommentar Puchelts irgend eine Andeutung findet, wonach die Bestimmung gegen die actio libera in causa eigentlich garnicht in das Gesetzbuch hineingehöre, weil sie sich aus »allgemeinen« Grundsätzen von selbst verstünde. Und ich möchte diesen letztern Punkt ganz besonders um dessentwillen hervorheben, weil Puchelt in seinem drei Jahre nach dem Erscheinen des letztgenannten Werkes herausgegebenen Kommentar über »das Strafgesetzbuch für das deutsche Reich« S. 102 Note 4/5 zuerst von allen Bearbeitern des RStGB.'s die unbedingte Strafbarkeit der actio libera in causa auch für das letztere und trotz des Schweigens des § 51 hat rechtfertigen wollen und zwar plötzlich mit Berufung darauf, dass die erstere auch ohne gesetzliche Bestimmung selbstverständlich wäre. Doch bevor ich auf den hier nur anzudeutenden seltsamen Umschwung in der Ansicht Puchelts näher eingehen kann, muss ich selbstverständlich erst die Übersicht über die einzelnen Partikularlegislationen beenden. Ich wende mich daher sogleich zur Behandlung des Thüringischen Strafrechts.

VI. Thüringen.

§ 34. Das sog. thüringische Strafgesetzbuch vom Jahre 1850.

I. In der Abteilung VI fasse ich im folgenden die Kriminallegislation der sächsischen Herzogtümer, Anhalts, beider Schwarzburgs und Reuss' zusammen. Und zwar rechtfertigt sich diese gemeinschaftliche Betrachtung durch die Konformität, welche in der Entwicklungsgeschichte der Strafgesetzgebung jener Staaten konstatiert werden muss. Gehen wir bei der Betrachtung derselben zunächst vom Grossherzogtum Sachsen-Weimar aus, so haben wir einleitend auf den 1822 erschienenen »Entwurf des Strafrechts [sic!] für das Grossherzogtum S.-W.-E.« aufmerksam zu machen. Auch dieser hatte im Satz 20 eine ausdrückliche Bestimmung gegen die actio libera in causa und zwar wiederum — und es ist fast überflüssig, diesen Punkt noch besonders hervorzuheben — in einer Redaktion, die keinen Zweifel daran aufkommen lässt, dass der Verfasser des fraglichen Projektes die Begehung der actio libera in causa in die Zeit der bestehenden Unzurechnungsfähigkeit verlegte. Und neben diesem Satz 20, der sich nur auf die absichtliche Versetzung in den imputationsunfähigen Zustand bezieht, wird dann noch im Satz 39 die Strafbarkeit der fahrlässigen actio libera in causa durch das Wort »unverschuldete« (scl. Verwirrung der Sinne etc.) gedeckt. Im einzelnen lauten die beiden erwähnten Bestimmungen[88]) folgendermassen:

»Satz 20: Wer mit rechtswidrigem Vorsatze ein Verbrechen beschlossen und, um dasselbe auszuführen, sich in den Zustand

[88]) Citiert nach der »Zusammenstellung der Strafgesetze auswärtiger Staaten [von Weil]« T. I S. 237 u. 244.

von Geistesabwesenheit durch Trunk oder andere Mittel absichtlich versetzt, soll wegen des beabsichtigten und nun [! also doch im Zustande der Unzurechnungsfähigkeit] wirklich ausgeführten Verbrechens als ein vorsätzlicher Verbrecher bestraft werden, vorausgesetzt, dass derselbe in dem Zustande, welcher alle Strafanwendung ausschliesst, nicht verbleibt.[89])

Satz 39: Da eine ungesetzliche Handlung oder Unterlassung, welche ihrem Urheber weder aus dem Grunde eines rechtswidrigen Vorsatzes noch einer Fahrlässigkeit zugerechnet werden kann, unsträflich ist, so sind [die Thäter] gegen alle Strafen vor Gericht insbesondere entschuldigt: — — 8) wenn die That in irgend einer unverschuldeten Verwirrung der Sinne oder des Verstandes, worin sich der Thäter seiner Handlung oder ihrer Strafbarkeit nicht bewusst gewesen ist, beschlossen und vollbracht wurde, z. B. von einem Nachtwandler oder einem schuldloserweise völlig Betrunkenen.«

Der Entwurf von 1822 wurde jedoch nicht weiter verfolgt, vielmehr führte Weimar im Jahre 1839 ein dem sächsischen Kriminalgesetzbuch im wesentlichen nachgebildetes Strafgesetzbuch ein, welchem Beispiele Altenburg, Meiningen und Sondershausen im Laufe der vierziger Jahre folgten. Alle diese Staaten gaben daher und zwar sogar in wörtlicher Übereinstimmung mit dem art. 67 des Kriminalgesetzbuches eine Strafvorschrift gegen die (vorsätzliche) actio libera in causa. Ich verweise daher bezüglich der letztgenannten Legislationen einfach auf meine bei der Erörterung jenes art. 67 gemachten Ausführungen (vergl. § 24 S. 172ff.).

II. Etwas eingehender müssen wir uns dagegen mit dem »thüringischen Strafgesetzbuche« befassen. Dasselbe verdankt seine Entstehung einer auf Veranlassung Weimars berufenen, von fast sämtlichen in dieser Gruppe zusammengefassten Staaten beschickten Konferenz, welche ihr Werk im Jahre 1850 vollendete. Auch dieses Gesetzbuch hatte im art. 62 Ziff. 3 eine

---

[89]) Fürwahr! diese äusserst gewundene Fassung des S. 20 zeigt einmal wieder deutlich, dass man die Bestrafung der actio libera in causa wie in den grössten, so auch in den kleinsten deutschen Staaten als eine schroffe Ausnahme ansah.

ausdrückliche Bestimmung gegen die actio libera in causa, aber entsprechend dem sächsischen Kriminalgesetzbuch, an welches man sich überhaupt bei der Abfassung des thüringischen Strafgesetzbuches — wenn auch durchaus nicht sklavisch — angeschlossen hatte, nur für den Fall der absichtlichen Versetzung in den Zustand der Unzurechnungsfähigkeit. Und auch hier spricht der Gesetzgeber es mit dürren Worten aus, dass die That, welche er als actio libera in causa bestrafe, in den Zustand der Unzurechnungsfähigkeit falle, auch hier giebt er infolgedessen durch die Wortfassung und die von ihm beliebte systematische Stellung der hier besprochenen Bestimmung deutlich zu erkennen, dass er dieselbe als eine Sondernorm gegenüber den allgemeinen Grundsätzen der Zurechnungslehre betrachte. Vergl. art. 62 Ziff. 3:

»Es kann keine Strafe erkannt werden: — 3. gegen diejenigen, welche sich zur Zeit des verübten Verbrechens infolge einer Krankheit oder anderer Umstände in dem Zustande völliger Bewusstlosigkeit befunden haben. Hat sich jedoch der Thäter absichtlich in einen solchen Zustand versetzt, um ein Verbrechen zu verüben, so ist letzteres als vorsätzlich begangen — [eine zweifellose Dolusfiktion!] — an demselben zu bestrafen.«

Also auch für das thüringische Strafgesetzbuch hat sich der von uns aufgestellte Grundgedanke als richtig bewährt! Und, um den gegenwärtigen Paragraphen zum Abschluss bringen zu können, will ich nur noch erwähnen, dass das thüringische Strafgesetzbuch mit Ausnahme Altenburgs in sämtlichen hier gemeinschaftlich betrachteten Staaten während der fünfziger und sechziger Jahre zur Einführung gelangt ist, und zwar der art. 62 Ziff. 3 — soweit ich die Sachlage übersehe — überall ohne irgend welche Änderung.

VII. Anhang: Schleswig-Holstein.

§ 35. Die Entwürfe von 1808 und 1849.

Anhangsweise will ich nunmehr noch auf die schleswigholsteinschen Strafgesetzentwürfe aufmerksam machen und zwar um dessentwillen schon an dieser Stelle, weil die beiden

Projekte, die mir allein zu Gesicht gekommen sind, noch vor erfolgter Emanation des preussischen Strafgesetzbuches veröffentlicht wurden. Es sind dies einmal der von Eggers verfasste »Entwurf eines peinlichen Gesetzbuches für die Herzogtümer Sch. u. H. — Kiel 1808« und sodann der im Jahre 1849 erschienene »Entwurf eines Strafgesetzbuches für die Herzogtümer Sch.-H.«. Beide pönalisieren die actio libera in causa, aber auch für beide lassen sich die unserer Arbeit zu Grunde liegenden Leitsätze vollkommen zur Durchführung bringen. Denn in jedem derselben wird klar und offensichtlich ausgesprochen, dass die »actio« libera in causa erst im unzurechnungsfähigen Zustande verübt würde, in jedem derselben wird daher auch — ein Moment, welches mit besonderer Schärfe in dem Entwurfe von 1808 zu Tage tritt — die Strafbarkeit jener actio auf eine Dolus- bezw. Culpafiktion gegründet, eine Fiktion, die selbstverständlich nur der Gesetzgeber aufstellen kann. Und auch dieser Gedanke, dass nur der Gesetzgeber es ist, welcher Geltung und Umfang jener Fiktion, jener Ausnahme von den allgemeinen Regeln über die Zurechnungsfähigkeit festsetzen kann, tritt namentlich wiederum in dem Entwurfe von 1808 hervor, wo nicht nur die Strafvorschriften über die actio libera in causa bezüglich einzelner Bewusstlosigkeitszustände, so z. B. des Schlafes, überhaupt ausser Anwendung bleiben, nein sogar auch ihr Geltungsbereich hinsichtlich der einzelnen ihnen unterliegenden Zustände verschieden weit normiert ist. So wird nach diesem Entwurfe der Nachtwandler im Falle einer actio libera in causa nur als fahrlässiger Verbrecher bestraft, hingegen der Trunkene noch über das Gebiet der eigentlichen actio libera in causa hinaus für seine That bald mit der poena doli, bald mit der poena culpae belegt. Vergl.:

»§ 164. Die Betäubung der Sinne durch den Schlaf wird dem Abgang eines Sinnes gleichgeschätzt.

§ 165. Wer die Gewohnheit des Nachtwandelns hat, wird allemal als der fahrlässige Urheber eines Verbrechens angesehen, das er in diesem Zustande begeht, insofern er die Begehung desselben irgend hätte voraussehen können.

§ 166. Wer durch Trunk seines Bewusstseins beraubt ist, wird als ein Schlafender angesehen.

§ 167. Wenn aber jemand aus Erfahrung weiss, dass ihm dieser Zustand bei Begehung eines Verbrechens nicht hinderlich ist, so wird ihm ein solches, auch in der Trunkenheit begangenes Verbrechen vollkommen zugerechnet.«

Aber auch der Entwurf von 1849 erkennt das Prinzip der Strafbarkeit der actio libera in causa durchaus nicht konsequent, sondern nur für die Fälle der vorsätzlichen Versetzung in den Zustand der Unzurechnungsfähigkeit an. Vergl.:

»§ 36. Nur Personen, welchen die von ihnen begangene That zugerechnet werden kann, sind strafbar. — Als zurechnungsunfähig sind zu betrachten:

1) diejenigen, welche zur Zeit der That sich im Zustande völliger Bewusstlosigkeit oder vorübergehender gänzlicher Verwirrung der Sinne oder des Verstandes befinden. —

§ 50. Wer, um ein Verbrechen zu begehen, sich durch Berauschung oder auf andere Weise absichtlich in den Zustand der Aufregung oder Sinnesverwirrung versetzt und während desselben die vorher beschlossene That vollführt, ist als vorsätzlicher Verbrecher zu bestrafen.«

Und somit wären wir auch im zweiten Hauptabschnitt unseres historischen Teiles bis zum Jahre 1851 angelangt, dem Jahre der Emanation des preussischen Strafgesetzbuches, jenem Jahre, das wie kein anderes für die Geschichte der deutschen Kriminallegislation bedeutsam gewesen ist. Und bei diesem wichtigen Wendepunkte angelangt, dürfen wir wohl einen kurzen Rückblick auf die im zweiten Hauptabschnitt der geschichtlichen Abteilung bereits besprochenen Gesetzbücher werfen; da müssen wir nun konstatieren, dass die letztern ausnahmslos eine — meist in ausführlicher Fassung gegebene — Strafbestimmung gegen die actio libera in causa enthalten und zwar in der Regel sowohl für die vorätzliche wie auch für die fahrlässige Versetzung in den Zustand der Unzurechnungsfähigkeit. Vom Jahre 1851 an aber macht sich – wenn auch durchaus nicht in dem Masse, wie bei den zur ersten Hauptgruppe gehörigen Staaten, hinsichtlich der Behandlung der actio libera in causa das Vorbild Preussens geltend. Denn nunmehr treten auch in der Legislation der in die hier behandelte Hauptgruppe gehörigen Staaten einige Gesetzbücher resp. Entwürfe zu solchen hervor, welche entweder im engen Anschluss an den Wortlaut des preussischen Strafgesetzbuches oder doch mit Berufung auf das letztere von der Aufnahme einer Strafbestimmung gegen die actio libera in causa Abstand nehmen. Doch das nähere Eingehen auf die hier angedeutete Erscheinung muss den nächsten Paragraphen vorbehalten bleiben.

B. Die Legislationen nach Erscheinen des preussischen Strafgesetzbuches.

I. § 36. Das anhalt-bernburger Strafgesetzbuch vom Jahre 1852 und das waldecker vom Jahre 1855.

Zu denjenigen Gesetzbüchern, welche in einer fast wörtlichen Abschrift des preussischen Strafgesetzbuches bestehen, gehört auch das anhalt-bernburger von 1852 und das waldecker von 1855. Was das erstere betrifft, so stimmte sein § 40 mit dem korrespondierenden preussischen Paragraphen (vergl. oben § 16 S. 110ff.) bis aufs Wort überein, und auch der waldecksche § 40 war im wesentlichen seinem preussischen Vorbilde entlehnt: Und nun ist ja eigentlich die Frage müssig, ob die beiden letzterwähnten Staaten durch Nichtaufnahme einer Strafbestimmung gegen die actio libera in causa die Straflosigkeit derselben haben sanktionieren oder der Wissenschaft und Praxis die Entscheidung über die Behandlung der erstern haben überlassen wollen. Doch scheint mir namentlich hinsichtlich des waldeckschen Strafgesetzbuches für eine Entscheidung im Sinne der ersten Alternative der Umstand zu sprechen, dass man in diesem, ähnlich wie später in Oldenburg, bei der Aufnahme des preussischen § 40 durch Einschaltung eines Zusatzes in denselben die bei dem Wortlaute der Originalbestimmung immerhin möglichen Zweifel hinsichtlich der Grenzen des Gebietes der Unzurechnungsfähigkeit (vergl. oben § 16 S. 110ff.) von vornherein abzuschneiden suchte. § 40 des waldeckschen Gesetzes bestimmte nämlich folgendes:

»Ein Verbrechen oder Vergehen ist nicht vorhanden, wenn der Thäter zur Zeit der That wahnsinnig oder blödsinnig oder die freie Willensbestimmung desselben durch Drohung oder auf sonstige Weise ausgeschlossen war.«

II. § 37. Die Strafgesetzbücher bezw. Entwürfe der Hansestädte.

A. Das Lübecker Strafgesetzbuch vom Jahre 1863.

I. Viel wichtiger als die beiden eben erwähnten Legislationen, welche lediglich zwecks Erzielung der thunlichsten Vollständigkeit aufgeführt wurden, ist die teilweise allerdings im Stadium der Entwürfe stecken gebliebene Kriminalgesetzgebung der Hansestädte. Hier haben wir zunächst das Lübecker Strafgesetzbuch vom 20. Juli 1863 zu erwähnen. Dasselbe schliesst sich eng an das preussische an — vergl. Berner, Strafgesetzgebung S. 257:

»Dasselbe [i. e. das Lübecker Strafgesetzbuch] hat 277 Paragraphen, deren Inhalt meist wörtlich mit denen des preussischen Strafgesetzbuches übereinstimmt.«

Doch gerade in seinen Vorschriften über die Zurechnung enthält es eine wichtige, namentlich für unsere Arbeit sehr wichtige Abweichung von seinem Vorbilde und zwar besteht dieselbe — wie vielleicht der Leser schon vorausahnen mag — darin, dass das Lübecker Strafgesetzbuch im § 38 eine ausdrückliche Strafvorschrift gegen die actio libera in causa aufgenommen hat [II]. Und dieser Vorgang ist um so wichtiger, als doch das erstere nur kurze Zeit vor der Emanation des Bundes- bezw. RStGB.'s publiziert wurde. Also noch sieben Jahre vor dem Erlasse jenes Gesetzbuches, welches nach Meinung der herrschenden Lehre nicht etwa deshalb von der actio libera in causa schweigt, weil es sie straflos lassen will, sondern nur aus dem Grunde, weil sich die Strafbarkeit derselben bei konsequenter Anwendung der allgemeinen Regeln über die Zurechnungsfähigkeit von selbst ergäbe, war in Lübeck, obwohl doch hier — man denke nur an das dortige Oberappellationsgericht — durchaus kein unbedeutendes juristisches Leben pulsierte, der Gesetzgeber noch soweit von dem Standpunkte der heute dominierenden Ansicht entfernt, dass er ohne eine ausdrückliche Strafbestimmung gegen die actio libera in causa nicht auskommen zu können glaubte. »Aber vielleicht«, so könnten unsere Gegner einwerfen, »war man sich schon in Lübeck bei der Aufnahme dieser Norm bewusst, dass sie nur eine an sich selbstverständliche Konsequenz aus den Grundsätzen der Zurechnungslehre sei, vielleicht that man der actio libera in causa nur deswegen im Gesetzbuche Erwähnung, weil man die bei einem Schweigen desselben immerhin möglichen Kontroversen von vornherein hat abschneiden wollen.« — Doch auch selbst dieser Einwand der herrschenden Lehre erweist sich bei näherer Prüfung als nicht stichhaltig. Denn eine solche ergiebt klar, dass man in Lübeck (noch im Jahre 1863!) eine der heute überwiegenden Meinung durchaus entgegengesetzte Auffassung der actio libera in causa vertrat; mit unzweideutigen Worten spricht es nämlich die hier erörterte Gesetzesstelle aus, dass beim Vorliegen einer actio libera in causa die That erst in die Zeit der Unzurechnungsfähigkeit falle, sie betrachtet also die Bestrafung derselben nicht etwa als eine Konsequenz, vielmehr gerade umgekehrt als eine schroffe Ausnahme von den allgemeinen Regeln der Zurechnungslehre.

Vergl. § 38: »Es findet keine Bestrafung statt, wenn zur Zeit der That — 1) der Thäter sich in einem Zustande befand, in welchem das Bewusstsein der Strafbarkeit der That aufgehoben war. — — Der Zustand vorübergehender Verwirrung der Sinne oder des Verstandes schliesst die Zurechnung nicht aus, wenn der Thäter sich absichtlich in diesen Zustand versetzt hatte, um in demselben die That auszuführen, oder wenn und insoweit das Versetzen in einen solchen Zustand ihm als Fahrlässigkeit anzurechnen ist.«[90])

II. Und somit hätte ich die Partikularstrafgesetzbücher, soweit dieselben der Zeit vor Auflösung des deutschen Bundes angehören,

---

[90]) Gerade der Schluss des § 38 — die Bestimmung der poena culpae zeigt wieder einmal deutlich, wie wenig der Gesetzgeber bei der Pönalisierung der actio libera in causa von den »berüchtigten« allgemeinen Grundsätzen sich leiten liess. Denn was er nach dem klaren Wortlaute des § 38 bei der fahrlässigen actio libera in causa bestraft, das ist nicht etwa die [eben seiner Meinung nach völlig in den imputationsunfähigen Zustand fallende] That, sondern die Handlung, durch welche der Thäter diesen Zustand herbeiführte.

sämtlich durchgesprochen, ohne auch nur ein einziges unter denselben gefunden zu haben, dessen Stellung zur actio libera in causa sich mit den Sätzen der herrschenden Lehre dogmatisch irgendwie vereinigen liesse. Zwar findet sich — lediglich quantitativ betrachtet — in der grossen Mehrzahl der behandelten Gesetzbücher eine ausdrückliche Bestimmung gegen die actio libera in causa, aber die Vertreter der herrschenden Lehre haben wahrlich keinen Grund, sich mit diesem Resultate zu brüsten. Denn ich habe im vorhergehenden gezeigt, dass überall dort, wo in der deutschen Kriminalgesetzgebung eine Strafvorschrift gegen die actio libera in causa erscheint, dieselbe zugleich deutlich erkennen lässt, dass ihr Verfasser bei der Pönalisierung jener »actio« von ganz andern dogmatischen Gesichtspunkten ausging als die heute herrschende Lehre. Und um so weniger haben die Vertreter derselben Ursache zu frohlocken, als ja doch die qualitative Mehrheit der deutschen Strafgesetzbücher wenigstens eine Strafbestimmung gegen die actio libera in causa nicht aufgenommen hat und zwar — wie ich nachgewiesen zu haben glaube — stets und ständig und nur aus dem Grunde, um auf diese Weise die Straflosigkeit der actio libera in causa de lege lata zum Ausdruck zu bringen. — Und nun bitte ich meine Gegner: »Wie wollt ihr bei dieser Sachlage die Richtigkeit eurer Auslegung des RStGB.'s begründen? Denn wenn sämtliche bisher besprochenen Partikulargesetzbücher ausnahmslos eurer Ansicht schnurstracks widersprochen haben, so darf ich doch euch die Beweislast dafür auferlegen, dass die Verfasser des RStGB.'s in Bezug auf die Behandlung der actio libera in causa plötzlich mit der ganzen Entwicklungsgeschichte völlig gebrochen hätten und mit fliegenden Fahnen in euer Lager übergetreten seien. In einem solchen Falle hätte doch aber auch diese grundlegende Abweichung von der Auffassung der deutschen Partikulargesetzgebungen irgendwie in den Materialien des RStGB.'s erwähnt werden müssen. Und nun zeigt mir irgend eine Stelle in denselben, wo dies — wenn auch nur andeutungsweise — geschehen ist!« — Doch möchten vielleicht einige meiner eifrigsten Gegner gegenüber diesen Ausführungen noch nach einem Strohhalm greifen, um die angebliche Richtigkeit ihrer Ansicht verteidigen zu können, und zwar dergestalt, dass sie mir vorwürfen: »Die Kette der hier gegebenen Deduktionen ist keineswegs geschlossen, denn noch immer fehlen diejenigen Legislationen, welche erst der Zeit des norddeutschen Bundes angehören. Wie nun, wenn diese sich schon auf den Standpunkt der herrschenden Lehre gestellt, wie nun, wenn diese den Anschluss an die letztere in ihren Materialien hinlänglich gerechtfertigt hätten, wäre es dann nicht bei dem Einflusse, welchen gerade die jüngst vollendeten gesetzgeberischen Arbeiten auf die Abfassung eines neuen Gesetzbuches auszuüben pflegen, immerhin einigermassen erklärlich, weshalb die Redaktoren des RStGB.'s die Adoption der von den unmittelbar vorhergehenden Legislationen vertretenen Auffassung der actio libera in causa nicht ausdrücklich in ihren Materialien rechtfertigen zu müssen glaubten, wenn sie übersahen, dass der von diesen Gesetzgebungen eingenommene Standpunkt eine völlige Abweichung von den früheren Ansichten der deutschen Legislatoren involvierte!« Darauf erwidere ich: »In der That haben meine Gegner in einem Punkte, aber auch nur in einem recht: die Kette meiner Deduktionen ist noch nicht vollständig. Nun gut, dann wollen wir sie aber jetzt sofort schliessen, indem wir auch noch für jene wenigen in die Zeit des norddeutschen Bundes fallenden partikulargesetzgeberischen Arbeiten die Richtigkeit unserer Ansicht nachweisen!«

B. Die Bremer Strafgesetzbuchentwürfe aus den Jahren 1861 und 1868.

Für die eben gestellte Aufgabe kommt zunächst der »Entwurf eines Strafgesetzbuches der freien Hansestadt Bremen — Bremen 1868« in Betracht, mit dem ich nachträglich einen weitern unter dem gleichen Titel bereits im Jahre 1861 erschienenen Entwurf verbinde, weil er in den für uns in Betracht kommenden Punkten sachlich vollkommen, ja auch beinahe wörtlich mit dem erstgenannten übereinstimmt. Beide Entwürfe haben ihrerzeit eine wohl gerechtfertigte Beachtung in der kriminalistischen Welt gefunden (vergl. Binding, die gemeinen deutschen Strafgesetzbücher I — Einleitung S. 11), und beiden mangelt — was ja für den Zweck meiner Arbeit allein in Betracht kommt — eine Bestimmung gegen die actio libera in causa. Und sollte nun etwa der bremische Gesetzgeber zuerst von der in allen deutschen Legislationen vertretenen Auffassung der actio libera in causa abgewichen sein, sollte er sich zuerst in der legislativ-politischen Behandlung dieses Problems den Sätzen der heute herrschenden Lehre angeschlossen haben? Prüfen wir doch einmal, wie die »wertvollen« (Bindig l. c.) Motive der vorliegenden Entwürfe das Schweigen derselben bezüglich der actio libera in causa rechtfertigen. Nun, da finden wir gleich am Eingange des auf unser Problem bezüglichen Abschnittes der »Motive zum [zweiten] Entwurf des StGB.'s der freien Hansestadt Bremen« den Satz anerkannt, dass nur kraft und nach Massgabe einer ausdrücklichen gesetzlichen Bestimmung die actio libera in causa bestraft werden könne.[91]) Dann aber wird das Schweigen des Entwurfes zu begründen versucht, und hierbei eine Apologie der Straflosigkeit jener im Zustande verschuldeter Unzurechnungsfähigkeit begangenen Handlungen in einer Ausführlichkeit gegeben, wie nirgends sonst in den Materialien der deutschen Partikularlegislationen. Nun will ich zwar gern zugeben, dass auch selbst jene umfangreichen Ausführungen durchaus nicht ohne Bedenken sind; aber für das Ziel unserer Untersuchung kommt es doch nicht darauf an, zu ermitteln, ob Strafbarkeit oder Straflosigkeit der actio libera in causa de lege ferenda — in dieser Beziehung stimme ich, um dies nochmals zu betonen, mit der heute herrschenden Lehre im Resultate überein — gerechtfertigt ist, sondern nur darum kann es sich für uns handeln, festzustellen: »Wie hat der Gesetzgeber sich zu unserm Probleme gestellt?« — Und in dieser Beziehung erscheinen mir die Ausführungen der Bremer Motive als so wichtig, dass ich dieselben trotz ihres Umfanges in den für uns wesentlichen Punkten wörtlich wiedergeben werden. Vergl. l. c. S. 57:

»Schon Savigny hat mit vollem Rechte bemerkt, dass es ein Widerspruch sei, einen Zustand als bewusstlos zu bezeichnen, in welchem ein Mensch doch in Gemässheit eines früher ge-

---

[91]) Vergl. darüber die oben S. 126 citierte Äusserung der fraglichen Motive.

fassten Entschlusses solle gehandelt haben. In der That, wie kann vernünftigerweise von der Absicht die Rede sein, einen bösen Vorsatz in einem bewusstlosen Zustande, das heisst einem solchen, der doch das Bewusstsein auch dieses Vorsatzes ausschliesst, vollführen zu wollen? Könnte man es selbst für möglich halten, dass im bewussten Zustande dem Willen ein Impuls und eine Richtung gegeben werden könne, welchem noch der Bewusstlose unwillkürlich folge, so würde es doch äusserst gewagt sein, im gegebenen Falle die Wirklichkeit dieses Kausalzusammenhanges zu statuieren und eine Bestrafung der wirklich bewusstlos geschehenen That auf einen Schluss a posse ad esse zu gründen. Stellt sich im einzelnen Falle die That den Umständen nach als die Verkörperung eines vorher gefassten Entschlusses dar und ist zugleich die Absicht des Handelnden erwiesen, sich durch Selbstbetäubung die Ausführung zu erleichtern, so wird hierin häufig vielmehr ein Anzeichen zu finden sein, dass der Thäter nicht völlig bewusstlos gewesen sei. — — Nur ein Fall ist denkbar, wo jene Frage einigermassen zweifelhaft sein könnte, nämlich der, wo es um eine That sich handelt, von welcher der Thäter aus eigner Erfahrung gewusst hat, dass er, sie zu begehen, gerade in dem bewusstlosen Zustande geneigt sei. Auf diesen Fall wird sich auch der in einigen Strafgesetzbüchern ausgesprochene Vorbehalt einer Fahrlässigkeitsstrafe beziehen. Allein, mag immerhin bei einem Menschen früher in einem gewissen bewusstlosen Zustande ein bestimmter Trieb vorwiegend sich gezeigt haben, so entzieht sich doch, da einzelne kleinste Umstände auf die Wirkung des Triebes mögen eingewirkt haben, dasjenige, was derselbe Mensch künftig in einem ähnlichen Falle thun oder lassen werde, so sehr aller Voraussicht und Berechnung, dass man auf die Voraussetzung, der Thäter habe vorher gewusst oder hätte wissen müssen, dass er bewusstlos eine bestimmte That verüben werde, ein Straferkenntnis doch nicht wird bauen können.«[92])

---

[92]) Mit den citierten Ausführungen stimmen auch die »Motive zum Entwurf des Strafgesetzbuches« [von 1861] S. 302 f. mindestens sachlich überein.

Schliesslich ergiebt auch der Text der beiden Entwürfe selbst vermittelst eines einfachen argumentum a minore ad majus, dass die letztern durch die Nichterwähnung der actio libera in causa die Straflosigkeit derselben haben sanktionieren wollen; denn während die in Frage stehenden Projekte in der Lehre von der Aufhebung des Bewusstseins unser Problem übergehen, wird in dem Kapitel von der sog. verminderten Zurechnungsfähigkeit der mit Absicht auf die Begehung eines Deliktes erfolgten Versetzung in den Zustand der Bewusstseinstrübung allerdings Erwähnung gethan. Vergl.:

I. »art. 20 § 91:[93]) Eine ihrer äussern Erscheinung nach gesetzwidrige That kann nicht als Verbrechen zugerechnet werden, wenn zur Zeit der Begehung derselben der Thäter entweder in einem gänzlich bewusstlosen oder in einem solchen Seelenzustande sich befunden hat, durch welchen die freie Willensbestimmung in Beziehung auf diese That völlig ausgeschlossen war.«

II. »art. 31 § 110:[94]) Hat der Thäter bei der Verübung eines Verbrechens in einem Zustande sich befunden, in welchem die eine oder die andere Voraussetzung einer Ausschliessung der Strafbarkeit zwar nicht als vollständig, aber doch als nahezu vorhanden angenommen werden muss, so soll unter die sonst zu erkennende Strafe herabgegangen werden.

§ 111: Die vorstehende Bestimmung (§ 110) fällt hinweg, wenn der Thäter bei Ausübung der That in einem bewusstlosen Zustande (art. 20) zwar nahezu sich befunden hat, jedoch bei ungetrübtem Bewusstsein die That beschlossen und absichtlich, um dieselbe zu begehen, in den Zustand getrübten Bewusstseins sich versetzt hatte.«

Ich glaube die oben angeführte Stelle aus den Motiven, die eben citierten Bestimmungen der Entwürfe stellen wieder

---

[93]) Gleichlautend art. 20 § 99 des Entwurfes von 1861, nur schiebt der letztere hinter dem Worte »Verbrechen« die Worte »oder Vergehen« ein.

[94]) Sachlich übereinstimmend, ja fast wörtlich gleichlautend art. 31 §§ 118 und 119 des Entwurfes von 1861.

einen geradezu sprechenden Beleg für die Richtigkeit des von mir verfochtenen Satzes dar, dass überall dort, wo der Gesetzgeber nicht eine ausdrückliche Bestimmung gegen die actio libera in causa aufgenommen hat, er durch sein Stillschweigen die Straflosigkeit derselben hat statuieren wollen. Und dass dieser Satz auch bezüglich der Bremer Entwürfe als zutreffend sich bewährt, ist für den Zweck meiner Arbeit von um so grösserer Bedeutung, als dieselben doch unmittelbar vor die Emanierung des RStGB.'s fallen; ja, jene Thatsache wird noch wichtiger, da der Verfasser der Bremer Entwürfe, Senator Dr. Donandt, — wie schon oben S. 126 erwähnt — später Mitglied der zur Beratung des letztgenannten Gesetzbuches niedergesetzten Bundeskommission war, noch wichtiger, als der § 91 (beziehungsweise § 99) der hier behandelten Projekte eine auffallende und bei der Stellung, welche Donandt zum RStGB. einnimmt, sicherlich nicht ganz zufällige Ähnlichkeit mit dem § 51 RStGB.'s aufweist! Mit dieser Betrachtung dürfen wir wohl die besprochenen Entwürfe verlassen und uns nunmehr endlich dem jüngsten deutschen Partikularstrafgesetzbuche zuwenden.

C. Das Hamburger Strafgesetzbuch vom Jahre 1869.

Der jüngste Trieb an dem stolzen Baume der deutschen Partikularstrafgesetzgebung, das »Kriminalgesetzbuch für Hamburg« vom 30. April 1869, enthält wiederum eine ausdrückliche Strafbestimmung gegen die actio libera in causa. Aber in welcher Form giebt es dieselbe! Nicht häufig ist der hier verteidigte dogmatische Satz, dass es bei der actio libera in causa an einer freien, d. h. im imputierbaren Zustande begangenen That fehle, ist der Ausnahmecharakter der Pönalisierung jener actio legislatorisch so scharf ausgeprägt, als in den artt. 25 und 26 des Hamburger Gesetzbuches:

»art. 25: — — diejenigen, welche zur Zeit der Begehung der That völlig bewusstlos waren, trifft keine Strafe wegen gesetzwidriger Handlungen, wiewohl damit polizeiliche Massregeln gegen sie nicht ausgeschlossen sind.

art. 26: Der Zustand einer vorübergehenden Verwirrung der Sinne oder des Verstandes schliesst die Zurechnung alsdann nicht aus, wenn entweder der Thäter sich absichtlich in einen solchen versetzt hatte, um in demselben ein im zurechnungsfähigen Zustande beschlossenes Verbrechen auszuführen, oder wenn in Beziehung auf die Handlung, durch welche er sich in jenen Zustand versetzt hatte und auf die darin verübte That die Bedingungen der Zurechnung zur Fahrlässigkeit vorhanden sind.«

Also noch ein Jahr vor der Verkündigung des Bundesstrafgesetzbuches vertrat die hamburgische Legislation jene alte, nach Meinung der herrschenden Lehre schon längst überwundene Ansicht, dass die Bestrafung der actio libera in causa eine Rückbeziehung auf die Freiheit involviere; noch im Jahre 1869 konnte ein Gesetzbuch erscheinen, welches — wie mir wenigstens die Eingangsworte des art. 26 zeigen — rückhaltslos die Sondernatur jener Strafvorschrift zum Ausdruck brachte! Ja, wenn wir den Wortlaut der beiden angeführten Artikel genau miteinander vergleichen, so will es mir fast scheinen, — obwohl ich gern zugebe, dass sich bezüglich dieses Punktes sehr gut zweierlei Meinungen denken lassen — als ob der Hamburger Gesetzgeber im Gefühle seiner souveränen Befugnis, allein über die Behandlung der actio libera in causa zu entscheiden, die Strafbarkeit der letztern nicht unbedingt anerkannt habe. Denn während er im art. 25 die Zurechnung ausschliesst bei »völliger Bewusstlosigkeit«, erwähnt er im art. 26 als Zustände, welche beim Vorliegen einer actio libera in causa ausnahmsweise doch die Unzurechnungsfähigkeit nicht begründen sollen, die »vorübergehende Verwirrung der Sinne oder des Verstandes«, und es ist immerhin wohl sehr die Frage, ob beide Ausdrücke: »völlige Bewusstlosigkeit« und »vorübergehende Verwirrung etc.« durchaus als Synonyma gebraucht sind oder nicht vielmehr der letztere im Verhältnis zum erstern den engern Begriff darstellt. Ich möchte doch gewissermassen zur Substantiierung dieser Vermutung nur daran erinnern, dass z. B. nach dem klaren Wortlaut des hessischen Strafgesetzbuches unter dem Terminus »vorübergehende Verwirrung etc.« der Zustand des Schlafes und des Nachtwandelns nicht mitinbegriffen ist (vergl. art. 37 und 38 desselben und oben S. 221 f.). Doch ist die zuletzt angeregte Frage für unsere Arbeit von ganz untergeordneter Bedeutung, sie mag daher ruhig auf sich beruhen.

Damit stehen wir am Ende unserer historischen Abteilung.

III. Ergebnisse und Ausblicke.

1. § 38. Die Stellung des Reichsstrafgesetzbuches zur actio libera in causa.

I. Fragen wir uns nunmehr: »Welche Schlüsse müssen wir aus der in den obigen Ausführungen geschilderten legislativ-politischen Behandlung, welche die actio libera in causa im Laufe der einzelnen Partikulargesetzgebungen durchgemacht hat, auf die Stellung unseres RStGB.'s zu jenem Probleme ziehen?« — Bevor wir aber hierauf eine Antwort erteilen können, haben wir zunächst die Vorfrage zu erledigen: »Ist es überhaupt prinzipiell gestattet, hinsichtlich irgend eines Problemes von den bei einer Betrachtung der alten Kriminallegislationen gewonnenen Resultaten auf das Verhältnis des RStGB.'s zu jenem zu schliessen?« Nun möchte vielleicht diese Vorfrage einem strengen Anhänger der historischen Schule müssig erscheinen, und auch ich kann garnicht begreifen, wie man nur einen Augenblick über die Bejahung dieser Prinzipienfrage zweifelhaft sein kann. Daher würde ich auch die letztere vielleicht überhaupt nicht angeschnitten haben, wenn nicht mir persönlich gegenüber von verschiedenen Seiten die Zulässigkeit einer derartigen Zurückbeziehung auf das schon längst abrogierte Partikularstrafrecht prinzipiell bestritten wäre, und wenn sich nicht ausserdem noch eine vielleicht offiziös zu nennende Auslassung in eben diesem Sinne ausspräche. In Rubos Kommentar heisst es nämlich:

»Auf das Schärfste aber ist es hervorzuheben, und es kann nicht genug betont werden, dass von dem ersten Beginne bis zum letzten Abschlusse der Entwurfsaufstellung davon ausgegangen wurde, dass das preussische Strafgesetzbuch in jederlei Weise nur seinem Texte nach zu Grunde gelegt worden sei. Auslegungen, welche das Gesetzbuch durch irgend einen Gerichtshof erfahren, sind als massgebend nicht angesehen worden. Insbesondere sind auch die Entscheidungen des preussischen Obertribunals selbst da unberücksichtigt geblieben, wo man annahm, dass das Gesetz anders auszulegen sei, als wie es durch den Gerichtshof geschehen. — Leitend war stets der Gedanke, dass für das neue Gesetz alle rücksichtlich des preussischen Strafgesetzbuches erfolgten Entscheidungen als nicht ergangen zu erachten seien und das neue Gesetz lediglich aus sich selbst heraus verstanden werden müsse« (l. c. S. 22).

Nun glaube ich aber, dass selten irgendwo nichtssagendere Sätze aufgestellt sind, als wie in den eben citierten Ausführungen. Und es dürfte sich diese Behauptung — ganz abgesehen von den aus einer historischen Auffassung des Rechtes beizubringenden Argumenten — einfach schon auf Grund folgender Erwägungen rechtfertigen lassen: Entweder will die angeführte Stelle nur darlegen, dass die fraglichen Entscheidungen des OTr.'s keine verbindliche Kraft besitzen, und dann ist sie völlig überflüssig, denn dann sagt sie etwas Selbstverständliches, oder sie will eine Benutzung der frühern auf dem preussischen Rechte fussenden OTr.'serkenntnisse überhaupt verbieten, und dann führt sie zu widersinnigen Konsequenzen. Man denke nur an den Fall, dass ein Richter, der getreu jenen Ausführungen Rubos das RStGB. hinsichtlich irgend eines Paragraphen »lediglich aus sich selbst heraus zu verstehen« versucht, bei diesem Unternehmen nicht zu einem zweifelsfreien Ergebnisse gelangen kann. Sollte er dann sich nicht bei den OTr.'sentscheidungen Rats erholen dürfen? — »Keineswegs«, erwidert Rubo, »denn alle rücksichtlich des preussischen Strafgesetzbuches erfolgten Entscheidungen sind als nicht ergangen zu erachten.« — Nein, diese Entscheidungen, namentlich wenn sie von dem höchsten preussischen Gerichtshofe erlassen waren, sind darum noch lange nicht tot, weil es Rubo oder selbst die Bundeskommission so befahl, und wenn ihnen als Urteilen, die einer vergangenen Rechtsepoche angehören, jetzt auch begreiflicherweise nicht das gleiche Ansehen zukommt, wie den auf Grund des RStGB.'s gefällten oberstrichterlichen Erkenntnissen, so weit wirken sie dennoch fort, dass sie als Belegstellen für die Richtigkeit der auf andern Wegen gefundenen wissenschaftlichen Resultate zu dienen vermögen. Und nur in diesem Sinne glaube ich, die oben (§ 18) angeführten OTr.'sentscheidungen verwandt zu haben.

II. Noch ein anderer viel gewichtiger Einwand könnte gegen meine Methode erhoben werden, ja — ich will es gestehen — er ist bereits mehrfach und manchmal in heftiger Weise in mündlichen Besprechungen gegen dieselbe vorgebracht worden. Man hat mir nämlich entgegengehalten, wie meine Abhandlung geeignet sei, ein geradezu berüchtigtes Beispiel darzubieten für jene Jurisprudenz, deren Wissenschaftlichkeit in einem sklavischen Ausschreiben der Gesetzesmaterialien besteht. Doch ich glaube, meine historischen Ausführungen selbst haben mit genügender Deutlichkeit die Unbegründetheit dieses Vorwurfes dargethan. Zwar gebe ich gerne zu, dass ich die Materialien reichlich, vielleicht überreichlich benutzt habe, aber: »Wie lässt«, so möchte ich fragen, »der Wille des Gesetzgebers anders sich ermitteln als in der Weise, dass man wenigstens im Prinzip von einem Studium der erstern ausgeht. Und ergiebt dasselbe — wie wir doch bei sehr vielen, ja wohl bei allen besprochenen Legislationen haben konstatieren können — eine völlige Übereinstimmung sämtlicher beteiligter Faktoren in Bezug auf die Behandlung der actio libera in causa, hat ferner der vom Gesetzgeber diesem Probleme gegenüber eingenommene Standpunkt im Gesetze selbst einen auch nur einigermassen adäquaten Ausdruck gefunden, so sehe ich garnicht ein, weshalb wir jene Auffassung des Legislators nicht auch unsern Betrachtungen zu Grunde legen sollen und — müssen. — Überall aber, wo Zweifel daran entstehen konnten, ob die eben erwähnten Voraussetzungen im konkreten Falle vorlagen, habe ich in oft vielleicht zu eingehenden Deduktionen den wahren Willen des Gesetzes selbst zu ermitteln und auf ihn allein die weitern Erörterungen zu stützen gesucht. Und daher darf ich doch wohl den Vorwurf eines sklavischen Anklammerns an die Materialien als ungerechtfertigt zurückweisen.« — Vielleicht aber möchte man diesen Darlegungen entgegenhalten: »Wozu denn diese ganzen orationes pro domo und weshalb gerade an dieser Stelle?« Darauf erwidere ich: »Erst wenn es mir gelungen ist, auch nur einigermassen das System zu rechtfertigen, nach dem ich das Verhältnis der Partikularrechte zur actio libera in causa festzustellen unternommen habe, vermag ich der oben S. 244 aufgeworfenen Prinzipalfrage näherzutreten. Ich wiederhole sie daher noch einmal und zwar gleich in ihrer Anwendung auf das uns beschäftigende Problem: »Dürfen wir überhaupt von jenen bei der Betrachtung der Partikularlegislation gewonnenen Resultaten einen Schluss auf die Stellung des RStGB.'s zur actio libera in causa machen?« — Und ich glaube, dass wir in einem Falle wie dem vorliegenden, in einem Falle, wo die Untersuchung sämtlicher deutscher Partikulargesetzgebungen schliesslich überall zu dem gleichen Ergebnisse geführt hat, diese Frage bejahen dürfen, ja sogar bejahen müssen.

III. Doch bevor ich nunmehr die weitere Frage nach dem Verhältnisse des RStGB.'s zur actio libera in causa selbst aufrollen kann, muss ich mich noch mit einem letzten Einwurfe auseinandersetzen, den ich bereits oben S. 236f. angedeutet habe. Wenn ich eben die am Eingange des gegenwärtigen Paragraphen aufgeworfene Prinzipalfrage bejaht habe, so geschah dies auf Grund der Voraussetzung, dass uns »die Untersuchung sämtlicher deutscher Partikulargesetzgebungen schliesslich überall zu dem gleichen Ergebnisse geführt hat«. »Aber trifft denn«, so könnten mir meine Gegner höhnisch zurufen, »diese Voraussetzung wirklich zu? — Zwar mag der Verfasser der vorliegenden Arbeit darin recht haben, dass einige deutsche Staaten in ihren Strafgesetzbüchern die Straflosigkeit der actio libera in causa sanktioniert haben, aber die grosse Mehrzahl derselben hat doch — man denke nur an das Hamburger Kriminalgesetzbuch von 1869 — bis zur Verkündigung des RStGB.'s auf eine Strafbestimmung gegen die actio libera in causa nicht verzichten zu können geglaubt! Und da will der Verfasser von einem übereinstimmenden Ergebnisse reden!« Auf einen derartigen Einwurf habe ich an dieser Stelle folgendes zu entgegnen: »Einmal gehören zu jenen »wenigen« Staaten, welche die actio libera in causa straffrei lassen, »nur« Preussen, Bayern und Sachsen, sodann aber befindet sich unter diesen wenigen doch bekanntlich der Staat, dessen Gesetzbuch dem heute geltenden zu Grunde liegt, vor allem aber stellt sich die oben erwähnte Verschiedenheit hinsichtlich der Pönalisierung der actio libera in causa lediglich als eine äusserliche, als eine Verschiedenheit dar, die für den Zweck unserer Arbeit gänzlich bedeutungslos ist. Denn nur darauf kommt es für denselben an, festzustellen, wie die einzelnen Partikularlegislationen die rechtliche Natur der actio libera in causa aufgefasst, nicht aber welche Konsequenzen sie aus ihrer Auffassung gezogen haben. Und in dem erstgedachten Punkte haben wir allerdings eine völlige Übereinstimmung konstatieren können. Überall hat die deutsche Gesetzgebung die Strafbarkeit der actio libera in causa nicht als eine Konsequenz, nein als eine scharfe Sondernorm gegenüber den allgemeinen Grundsätzen der Zurechnungslehre aufgefasst, überall ist sie davon ausgegangen, dass die Anerkennung dieser Sondernorm und der Umfang, in welchem die Anerkennung derselben erfolgt, allein, aber auch ganz allein von dem Willen des Gesetzgebers abhängig ist, dass er und nur er jederzeit berechtigt ist, die gewährte Anerkennung zu beschränken bezw. zu erweitern. Und gegenüber diesem einheitlichen Ergebnisse ist es vollkommen gleichgültig, wenn die Frage, ob es angemessen sei, jene Ausnahme zu sanktionieren, in den einzelnen Partikulargesetzbüchern verschieden beantwortet wird. Nein, darauf kommt es vielmehr an — und ich halte es für nötig, diesen Punkt wieder und wieder zu betonen —, dass die letztern selbst dort, wo sie jene Frage im vollen Umfange bejahten, sich stets bewusst gewesen sind, dass sie mit ihrer Entscheidung keinen Folgesatz aus den allgemeinen Grundsätzen der Zurechnungslehre, kein Superfluum wiederholten, welches sich auch ohne ausdrückliche gesetzliche Bestimmung schon ganz von selbst verstanden hätte; und nur jene Thatsache ist für unsere Untersuchung von entscheidender Bedeutung, dass andrerseits die Nichtaufnahme einer ausdrücklichen Strafbestimmung gegen die actio libera in causa stets und ständig nichts anderes und geringeres als eine Strafloserklärung derselben involvierte. Und wenn nun — wie wir nachgewiesen zu haben uns schmeicheln — die modernen deutschen Partikularlegislationen durch die ganze Kette der Gesetzbücher hindurch vom ALR. aus dem Jahre 1794 angefangen bis zum Hamburger Kriminalgesetzbuch von 1869 fort und fort an jenem Grundgedanken in der Behandlung der actio libera in causa festgehalten haben, wenn wir uns ferner vergegenwärtigen, dass von den Mitgliedern der zur Beratung über den Entwurf des Bundesstrafgesetzbuches bestellten Kommission ausser dem OAGR. Budde aus Rostock — also einem Vertreter der gemeinrechtlichen Staaten — eines, der Senator Dr. Donandt, sich ausdrücklich für die Straflosigkeit der actio libera in causa erklärt und — um dies zu manifestieren — die Nichterwähnung der letztern im Gesetze verlangt hatte (vergl. oben § 37B S. 239f.), die übrigen aber jenen Staaten angehörten, welche bereits in der von Donandt geforderten Weise die Straflosigkeit der actio libera in causa sanktioniert hatten, wenn wir uns alle diese sachlichen und persönlichen Momente mit unparteiischem Sinne vor Augen halten, dann können wir auf die Frage: »Wie kann, nein wie muss das Schweigen des RStGB.'s bezüglich der actio libera in causa ausgelegt werden?« — füglich nicht anders entgegnen als mit den Worten: »Im Sinne einer unbedingten Straflosigkeit der actio libera in causa.«

Oder ist es etwa glaublich, dass der Verfasser des ersten Entwurfes zu dem Bundesstrafgesetzbuche oder aber die übrigen Mitglieder jener Bundeskommission, welche doch sämtlich Praktiker waren, plötzlich von der in allen deutschen Partikulargesetzgebungen beliebten Auffassung der actio libera in causa abgegangen wären und sich bei der rechtlichen Charakterisierung derselben der gerade entgegengesetzten, im Jahre 1870 selbst in der Wissenschaft noch nicht einmal herrschenden Ansicht angeschlossen hätten? Sollten sie plötzlich die Bestrafung jener actio nicht mehr als eine Ausnahme, sondern als eine Konsequenz der allgemeinen Regeln der Zurechnungslehre angesehen, sollten sie im schwersten Widerspruche zu der geschichtlichen Entwicklung die Entscheidung über Strafbarkeit oder Straflosigkeit der actio libera in causa nicht mehr dem Willen des Gesetzgebers, nein dem Gutdünken der Wissenschaft und Praxis haben überlassen wollen? Das ist doch wirklich nicht anzunehmen; zwar wäre an sich ein solcher Wechsel in der legislativpolitischen Behandlung der actio libera in causa nicht undenkbar, aber dass eine derartige — nach den bisherigen Ausführungen doch höchst unwahrscheinliche — Änderung eingetreten ist, das müsste von den Vertretern der heute überwiegenden Lehre, welche jene fort und fort behaupten, erst einmal bewiesen werden. Und diesen Beweis haben die letztern bis jetzt noch nicht geführt, ja sie werden ihn uns auch noch ferner schuldig bleiben; denn an keiner Stelle findet sich in den Motiven auch nur die leiseste Andeutung, dass der Verfasser des ersten Entwurfes bezw. die Bundeskommission den von der Partikulargesetzgebung hinsichtlich der actio libera in causa eingenommenen Standpunkt habe aufgeben wollen. Und wenn dem gegenüber einer der eifrigsten Verfechter der herrschenden Lehre, wenn Binding in seinen Normen B. II, 195 Note 262 ausführt:

»Nach Vorgang des preussischen Gesetzbuches schweigen sich aus die Strafgesetzbücher für Oldenburg 1858, Bayern 1861 und das deutsche Reich. Sie sind selbstverständlich [sic!??] im Sinne der »richtigen« Ansicht auszulegen —«,

so erwidere ich darauf: »Diese Behauptung Bindings ist nichts als eine blanke petitio principii.«

IV. Und mit dem eben Festgestellten könnte ich immerhin den gegenwärtigen Paragraphen abschliessen. Aber ich möchte noch etwas weiter gehen[95]), ich möchte noch schärfer, als dies bis jetzt geschehen, die Unhaltbarkeit des von der herrschenden Lehre gegenüber dem § 51 eingenommenen Standpunktes darthun, indem ich auch jene positiven Argumente anführe, welche sich aus den Materialien dieser Norm zum Nachweise

---

95) Mit den folgenden Ausführungen sind die dogmatischen Bemerkungen zu § 7 (S. 48ff.) zu verbinden. Die hier erfolgte räumliche Trennung rechtfertigt sich dadurch, dass die hier gegebenen Darlegungen im wesentlichen auf den Materialien des RStGB.'s fussen, die ihrerseits ohne die historische Abteilung schwerlich richtig gewürdigt werden können.

der hier behaupteten Stellung des Reichstrafgesetzgebers zur actio libera in causa beibringen lassen. Hierbei muss ich allerdings von vornherein bemerken: Klar und bestimmt ist in den letztern an keiner Stelle der Satz ausgesprochen, dass man durch Nichtaufnahme einer Strafbestimmung gegen die actio libera in causa die Straflosigkeit der letztern habe sanktionieren wollen. Aber dieses Schweigen wird bei der Thatsache, das ein preussischer Jurist den ersten Entwurf verfasst hatte, bei der oben S. 249 geschilderten Zusammensetzung der Bundeskommission und bei der Kürze der auf die Ausarbeitung des RStGB.'s verwandten Zeit, sowie vor allem auch bei der historischen Entwicklung der Behandlung der actio libera in causa durchaus erklärlich, und jedenfalls vermag das Verstummen der Materialien gerade wegen des letztgedachten Umstandes der Richtigkeit der von uns vertretenen Ansicht in keiner Weise Abbruch zu thun. Denn wenn wirklich, wie hier behauptet wird, die Verfasser des RStGB.'s bei der Behandlung der actio libera in causa nur dem Wege gefolgt sind, welchen die ihrer Arbeit zu Grunde gelegte Legislation ihnen wies, wenn aber ausserdem ihre Ansicht über die strafrechtliche Natur der actio libera in causa der Auffassung der gesamten deutschen Partikularlegislation völlig entsprach, so brauchten sie eben — wie es auch bereits die Motive des preussischen Strafgesetzbuches unterlassen hatten — ihrerseits gleichfalls den von ihnen eingenommenen Standpunkt nicht erst ausführlich klarzulegen und zu rechtfertigen. Wohl aber hätten sie — und hierauf müssen wir immer von neuem hinweisen — sprechen müssen, wenn sie eine in der Geschichte der deutschen Kriminallegislation ganz unerhörte, mit den bisherigen Ansichten der Gesetzgeber im schärfsten Widerspruche stehende Auffassung hinsichtlich des Charakters der actio libera in causa vertreten hätten, und um so mehr war dies ihre Pflicht, als das in Anlage 3 der Motive zum »Entwurfe eines Strafgesetzbuches für den norddeutschen Bund« enthaltene »Gutachten der Königl. wissenschaftlichen Deputation für das Medizinalwesen etc.« bei der Besprechung der Fassung des § 46 des Entwurfes I. [jetzt § 51] in nicht misszuverstehender Weise auf die actio libera in causa angespielt hatte. Hier heisst es nämlich, nachdem zunächst S. 14f. vorgeschlagen wurde, alle Geisteskrankheiten und diejenigen Zustände, welche »wirkliche Krankheitszustände sind, ohne dass man diese doch ohne Zwang unter die Geisteskrankheiten subsumieren könnte (z. B. Fieberdelirium)« durch den Ausdruck »krankhafte Störung der Geistesthätigkeit« zu umfassen:

»S. 14f.: Die gerichtsärztliche Praxis hat eine gewisse Reihe anderer Zustände seit langer Zeit kennen gelehrt, in welchen die freie Willensbestimmung des Menschen gleichfalls aufgehoben ist, welche jedoch nicht zu den Geisteskrankheiten gehören. Solche sind gewisse Grade der Trunkenheit — —, Schlaftrunkenheit u. s. w. Das preussische Strafgesetzbuch gedenkt ihrer an keiner Stelle als Motive der Unzurechnungsfähigkeit, ja es ist bekannt, dass die Trunkenheit, welche in früheren Entwürfen in gewissen Beziehungen [sic! — das heisst eben bei der actio libera in causa] erwähnt war, später gestrichen worden ist. Es entsteht also die prinzipielle Frage, ob sie wirklich ausgeschlossen bleiben sollen, oder ob vielmehr ein Bedürfnis vorliegt, eine Fassung zu suchen, welche sie zulässt.[96]) — Es handelt sich hier um eine juristische Frage, je nachdem sie bejahend oder verneinend ausfällt, wird eine andere Fassung zu wählen sein. Nun spricht aber die Erfahrung dafür, das Bedürfnis anzuerkennen, solche Zustände als Motive der Unzurechnungsfähigkeit zuzulassen. — — Sollte [aber] ein juristisches Bedenken bestehen, die Trunkenheit und die Schlaftrunkenheit als solche zu erwähnen, so könnte nach Analogie des oldenburgischen Strafgesetzes [von 1858] [!! — dieses hat doch, wie wir § 28 ausgeführt haben, die unbedingte Straflosigkeit der actio libera in causa anerkannt], eine allgemeinere Fassung dafür gewählt werden, z. B. »besondere körperliche Zustände«: Es würde dann [die fragliche Vorschrift] lauten: Ein Verbrechen oder Vergehen ist nicht vorhanden, wenn die

---

[96]) Dass die Meinung des Gutachtens, nach preussischem Recht habe die Trunkenkeit in foro nie Unzurechnungsfähigkeit begründen können, unrichtig ist, haben wir oben § 16 gesehen. Diese und ähnliche im folgenden sich zeigenden juristischen Ungenauigkeiten sind aber bei dem Gutachten einer medizinischen Behörde erklärlich, übrigens auch für unsere Arbeit bedeutungslos.

freie Willensbestimmung des Thäters dadurch, dass er sich zur Zeit der That in einem Zustande von krankhafter Störung der Geistesthätigkeit befand, oder durch Gewalt oder durch Drohungen oder durch besondere körperliche Zustände ausgeschlossen war.«

Wahrlich, gegenüber diesen Ausführungen, welche doch die Trunkenheit unbedingt und unter allen Umständen als Schuldausschliessungsgrund betrachtet wissen wollen[97]), müssten — ich wiederhole das oben Gesagte — die Materialien irgendwie sich erklärt haben, wenn sie nicht auch die Meinung der Gutachter geteilt hätten! Aber da könnten mir meine Gegner spottend ins Wort fallen mit dem Einwande: »Hat denn wirklich der Verfasser des ersten Entwurfes zu den citierten Ausführungen geschwiegen? — Hat er nicht vielmehr in seinen Motiven ausdrücklich sich gegen den von der Deputation vorgeschlagenen Wortlaut des § 46 erklärt und an der von ihm beliebten Redaktion desselben festgehalten?« — Jedoch dieser Einwurf lässt sich leicht zurückschlagen: Man braucht nur darauf hinzuweisen, dass die letztere mindestens ebenso weit gefasst ist, wie der von jener Deputation vorgeschlagene Text[98]); aber damit noch nicht genug: In den Motiven, welche die Ablehnung der von der letztern proponierten Bestimmung rechtfertigen sollten, wird mit keinem Worte angedeutet, dass dieselbe etwa um dessentwillen verworfen sei, weil sie auch die actio libera in causa straflos lasse und daher zu weit gehe. — Ja, völlig haltlos wird der oben unsern Gegnern supponierte Einwand, wennn wir uns vergegenwärtigen, dass der zweite Entwurf des RStGB.'s und so auch die Reichstagsvorlage von der Ansicht des ersten Projektes abgegangen sind, sich vielmehr — wie aus den Motiven zu jener Vorlage erhellt —

---

[97]) Ich möchte bei dieser Gelegenheit noch einmal darauf hinweisen, dass schon im ersten Teile meiner Arbeit dargelegt wurde, wie die medizinischen Autoritäten fast einstimmig die unbedingte Straflosigkeit der actio libera in causa vertreten haben.

[98]) Es bestimmte nämlich § 46: »Eine Handlung ist als Verbrechen oder Vergehen nicht zu betrachten, wenn die freie Willensbestimmung des Thäters zur Zeit der That ausgeschlossen war« — dazu alleg. § 343 Abs. 1. »Die in den §§ 46, 48, 49 und 51 gegebenen Vorschriften über die Strafausschliessungsgründe — — finden auch auf Übertretungen Anwendung«.

bewusst dem Vorschlage der Deputation im Prinzip angeschlossen und nur statt des Terminus »besondere körperliche Zustände« auf den Ausdruck »Bewusstlosigkeit« als den »gemeinverständlichsten und richtigsten« rekurriert haben. Nun aber stammt der letztere selbst wiederum — und auch dies geben die Motive zur Reichstagsvorlage offen zu — aus dem sächsischen Strafgesetzbuche von 1855, demselben Strafgesetzbuche, welches — wie wir im § 24 gesehen haben — unter jenem Ausdruck »Bewusstlosigkeit« die Zustände vorübergehender Sinnenverwirrung unbedingt, selbst im Falle einer actio libera in causa hat umfassen wollen: vergl. zu dem eben Gesagten die Motive der Reichstagsvorlage in den »Stenographischen Berichten. I. Legislaturperiode. Session 1870 B. III« S. 55ff; hier heist es unter anderm:

»Das [sächsische] Landes-Medizinal-Kollegium giebt zur Bezeichnung der einzelnen Gründe, aus welchen die Ausschliessung der freien Willensbestimmung hervorgehen könne, dem § 87 des Kgl. sächsischen Strafgesetzbuches den Vorzug. Namentlich meint das L.-M.-K., dass der Ausdruck »bewusstloser Zustand« besser als der von der wissenschaftlichen Deputation vorgeschlagene Ausdruck »besondere körperliche Zustände« alle diejenigen Seelenzustände umfasse, welche, ohne zu den Geisteskrankheiten zu gehören, doch den Menschen der Freiheit der Willensbestimmung beraubten. — Zu diesem Ende wird noch besonders darauf aufmerksam gemacht, dass es sich nicht bloss um die Trunkenheit und Schlaftrunkenheit — — handle, sondern dass auch noch andere psychologische Zustände hierher gehören, wie z. B. das Nachtwandeln etc. — — Das gemeinsame psychologische Merkmal alle dieser Seelenzustände sei die transitorische Störung des Selbstbewusstseins, und deshalb sei auch nach diesem gemeinsamen Merkmale die Bezeichnung zu wählen. — — — [Dann heisst es endlich:] Neben der krankhaften Störung [der Geistesthätigkeit] sind dann nach dem Gutachten vieler Autoritäten diejenigen auf die Willensfreiheit störend einwirkenden Zustände, welche gewöhnlich nicht als Krankheit aufgefasst zu werden pflegen, noch zu nennen, und hierfür ergiebt sich die Anwendung des Ausdruckes »Bewusstlosigkeit«, den auch das sächsische Strafgesetzbuch gebraucht, als des gemeinverständlichsten und richtigsten.

Und wenn wir uns diese Entlehnung vor Augen halten, wenn wir uns ferner vergegenwärtigen, dass der Ausdruck »Bewusstlosigkeit« auch in den Bremer Entwürfen wiederkehrt (vergl. § 37 B) und auch hier die Straflosigkeit der actio libera in causa involviert, und wenn wir schliesslich an die schon oben (S. 241) erwähnte merkwürdige Übereinstimmung zwischen dem Inhalte des art. 20 §§ 91 (bezw. 99) der letztern und dem des § 51 uns erinnern, dann dürfen wir mit Fug und Recht aufs neue den Satz aussprechen: »Hätten die Verfasser des RStGB.'s trotz der Adoption des Wortes »Bewusstlosigkeit« im Gegensatze zu ihren Vorbildern zwecks Pönalisierung der actio libera in causa die Aufnahme einer besondern Bestimmung gegen dieselbe nicht als erforderlich erachtet, wären sie der Ansicht gewesen, dass jene vielmehr schon aus allgemeinen Grundsätzen sich von selbst ergäbe, dann müssten sie zum mindesten an dieser Stelle in den Motiven auf ihren von der Auffassung ihrer Vorbilder prinzipiell abweichenden Standpunkt aufmerksam gemacht haben. Da dies aber nicht geschah, da ferner sich auch nirgends die sonst so überreich gebrauchte Phrase findet, dass Wissenschaft und Praxis zur Entscheidung über unser Problem berufen seien, so kommt man m. E. zufolge der historischen Entwicklung und — — der elementarsten Sätze des logischen Denkens notwendig und unausbleiblich zu dem Satze:

Im Gebiete des RStGB.'s gilt die Straflosigkeit der actio libera in causa.

V. Prüfen wir jetzt, ob und inwieweit die Kritiker der Entwürfe des RStGB.'s zu dem gleichen Resultate wie wir gekommen sind, so müssen wir vorweg mit Bedauern konstatieren, dass die Mehrzahl derselben überhaupt nicht auf die actio libera in causa eingegangen ist; aber andererseits hat unter der nicht unbeträchtlichen Minderheit, welche sich mit der Zurechnungslehre näher befasst hat, keine einzige Stimme sich gefunden, die etwa das Schweigen des RStGB.'s in betreff der actio libera in causa im Sinne der jetzt herrschenden Lehre ausgelegt hat; nein eine Reihe von Autoren — und darunter befinden sich sogar die beiden Theoretiker Geyer und A. Merkel — haben ausdrücklich auf das Fehlen einer Bestimmung gegen die actio libera in causa aufmerksam gemacht, den Mangel einer solchen — und zwar mit vollem Rechte — bedauert und die Ausfüllung dieser Lücke durch Aufnahme einer ausdrücklichen Vorschrift nach Art der in der vorliegenden Arbeit citierten Partikulargesetze gefordert. Besonders interessant sind in dieser Beziehung die Ausführungen Merkels in seinem »Gutachten über den Entwurf eines Strafgesetzbuches für den norddeutschen Bund« in den »Verhandlungen des 9. deutschen Juristentages« B. I S. 16ff. — Hier führt Merkel S. 54f. aus:

»Der fragliche Paragraph [i. e. § 46] geht aber zugleich zu weit, indem er den Mangel der freien Willensbestimmung »zur Zeit der That« überall als strafausschliessend anerkennt, während es doch für die Beurteilung der Schuld keineswegs ausschliessend auf diesen Moment ankommt. Der mehrfach in den Gesetzen erwähnte Fall der Herbeiführung völliger Betrunkenheit in Absicht auf das Verbrechen steht hier nicht allein« [!!].

In demselben Sinne äussert sich auch Geyer in seinen »Bemerkungen zu dem Entwurf eines StGB.'s für den norddeutschen Bund«, welche in der »kritischen Vierteljahrsschrift« B. 12 S. 161ff. abgedruckt sind. Hier heisst es:

»Ferner möchte ich befürworten, dass ein zweiter Absatz des § 46 sich über die actio libera in causa ausspräche, im wesentlichen in dem Sinne, wie der etwas schwerfällig redigierte art. 26 des hamburgischen Strafgesetzbuches« — [vergl. oben § 37 C].

Die gleiche Auffassung vertritt, um dies schliesslich noch hervorzuheben, auch ein (sächsischer) Praktiker, nämlich Held in seinen »Bemerkungen« S. 33, wo er in scharfer Weise jene von uns schon so oft angeführte, im Sinne der herrschenden Meinung grundfalsche Ansicht über die rechtliche Natur der actio libera in causa zum Ausdruck bringt:

[99])»Zu vermissen ist eine Ausnahmebestimmung [sic!] für

[99]) Um Missverständnisse zu vermeiden, möchte ich noch bemerken, dass sich die Ausführungen H.'s eigentlich auf die in verbrecherischer Absicht vollzogene Versetzung in den Zustand verminderter Zurechnungsfähigkeit beziehen. Doch habe ich sie unbedenklich auch für unsere Arbeit verwenden zu können geglaubt.

den Fall, dass der Thäter absichtlich, um das Verbrechen zu begehen, in solchen Zustand sich versetzt hat. Derjenige, welcher weiss, dass er in der Trunkenheit der gröbsten Excesse fähig ist und sich betrinkt, um die im nüchternen Zustande sich ihm aufdrängenden Bedenklichkeiten vor Verübung eines bestimmten Verbrechens zu überwinden, verdient nicht eine milde Berücksichtigung[100]) des Zustandes, in welchem die That verübt worden ist, weil der Zustand selbst erst ein Ausfluss seines verbrecherischen Willens war.«

Doch eine Übersicht über die für unsere Arbeit in Betracht kommenden Kritiker des § 46 würde nicht vollständig sein, wenn wir nicht auch eines Autors gedenken würden, dessen Ausführungen, obschon sie noch mit keiner Silbe die heute herrschende Ansicht über den rechtlichen Charakter der actio libera in causa aussprechen, jedoch schon voraussehen lassen, in welcher Weise und auf welchen Gedankengang gestützt man schon fast unmittelbar nach der Emanation des RStGB.'s über das Schweigen desselben hinsichtlich der actio libera in causa wegzukommen versuchte. Und dieser Autor ist Hugo Meyer. Er geht nämlich in seiner Schrift »Das Norddeutsche Strafrecht« S. 27f. von der Meinung aus, dass eine Bestimmung über die Zurechnungsfähigkeit überhaupt nicht in ein Gesetzbuch gehöre, da dieselbe sich ja schon aus den sattsam bekannten allgemeinen Grundsätzen ganz von selbst ergäbe, und dass die ausdrückliche Aufnahme einer solchen sich nur aus dem Grunde rechtfertige, der Praxis hierdurch einen festen Anhalt zu geben:

»Ob eine ausdrückliche Bestimmung über die Zurechnungsfähigkeit überhaupt erforderlich sei, lässt sich bei einer sorgfältigen Erwägung der einzelnen Strafbestimmungen fast bezweifeln. — — Nur um der Praxis einen bestimmten Anhalt und einen ausdrücklichen Hinweis auf die Erwägung des Geisteszustandes der Person zu geben, kann es geraten sein, die Zu-

[100]) H. spielt damit auf den später beseitigten § 47 des Entwurfes I an, welcher die geminderte Zurechnungsfähigkeit als generellen Milderungsgrund behandelte.

rechnungsfähigkeit als allgemeine Voraussetzung des Verbrechens zu erwähnen. Gerade um deswegen möchte es nicht nötig sein, eine bestimmte Definition der Zurechnungsfähigkeit oder, wenn man will, der Unzurechnungsfähigkeit zu geben.«

Allerdings, tritt man erst einmal von solchen Voraussetzungen aus an die Behandlung der Zurechnungslehre heran, dann bedarf es nur noch eines Schrittes, um das Schweigen des Gesetzbuches über die actio libera in causa im Sinne der heute herrschenden Lehre auslegen zu können. Aber diese Erwägung kann doch für uns nicht entscheidend sein, sondern darauf kommt es vielmehr vor allem an festzustellen, ob auch der prinzipale Standpunkt Hugo Meyers sich gegenüber dem klaren Wortlaut und dem Willen des RStGB.'s halten lässt. Und diese Frage glaube ich entschieden verneinen zu müssen. Denn schon eine ganz oberflächliche Vergleichung der § 46 I. und § 49 II. Entwurfes[101]) ergiebt doch, dass der letztere viel konkreter gefasst ist als die recht abstrakt gehaltene Redaktion der erstgenannten Bestimmung. Und der Grund für diese Abweichung ist allein darin zu erblicken, dass die Bundeskommission im Gegensatze zu dem Verfasser des ersten Entwurfes es noch nicht an der Zeit fand, bei den Vorschriften über die Unzurechnungsfähigkeit lediglich von den viel berühmten allgemeinen Grundsätzen auszugehen, sondern eine wenigstens einigermassen ausreichende Präzisierung der einzelnen Zustände versuchen wollte, welche unter der Voraussetzung des Ausschlusses der freien Willensbestimmung die Unzurechnungsfähigkeit begründen sollten. Und zum Überfluss wird dieser Gegensatz zum ersten Projekt, diese bewusste Abweichung von den Grundgedanken desselben noch ausdrücklich in den bereits oben angeführten Motiven der Reichstagsvorlage betont.

Vergl. l. c.: »Eine wiederholte eingehende Prüfung der Frage und die verschiedenen sich darbietenden Möglichkeiten der Lösung

---

[101]) § 46 siehe oben S. 253 Note 98. — § 49 lautete: »Eine strafbare Handlung ist nicht vorhanden, wenn der Thäter zur Zeit der Begehung der Handlung sich in einem Zustande von Bewusstlosigkeit oder krankhafter Störung der Geistesthätigkeit befand, durch welchen seine freie Willensbestimmung »in Beziehung auf die Handlung« ausgeschlossen war.«

derselben haben zunächst dahin geführt, die Bedenken für durchschlagend und entscheidend zu erachten, welche gegen die beabsichtigte allgemeine Fassung geltend gemacht worden sind. Das Gesetz kann sich nicht, ohne grosse Gefahren für die Handhabung des Strafrechtes herbeizuführen, darauf beschränken zu erklären, dass ein Verbrechen oder Vergehen nicht vorhanden sei, wenn die freie Willensbestimmung zur Zeit der That ausgeschlossen gewesen ist. Es muss dazu vorschreiten, die Gründe zu präzisieren, in welchen bei Entscheidung des Einzelfalles die Ausschliessung der freien Willensbestimmung zu suchen ist.«

Freilich kann man mich auch hier wiederum voll Erstaunen fragen, weshalb ich auf die erwähnten Äusserungen Hugo Meyers so ausführlich eingegangen wäre; aber auch hier kann ich mutatis mutandis dieselbe Antwort erteilen, die ich bereits bezüglich der Besprechung der Arbeiten Abeggs und Temmes über den preussischen Entwurf von 1847 — vgl. S. 106/107 — gegeben habe: »An sich könnte es ja für unsere Arbeit ziemlich gleichgültig sein, wie irgend ein Autor über die legislatorische Behandlung der Zurechnungslehre gedacht hat. Wichtig und bedeutsam aber werden die Ausführungen Meyers dadurch, dass die in ihnen hervortretende Tendenz, die Bestimmungen über die Schuldausschliessungsgründe möglichst zu einer Domäne der Wissenschaft zu machen, mehrfach (man denke nur an die oben erwähnten Schriften Temmes und Abeggs) in den Arbeiten über solche Gesetzbücher bezw. Entwürfe zu Tage tritt, denen eine besondere Bestimmung über die actio libera in causa mangelte. Ja, um so bedeutsamer werden die citierten Sätze Meyers, als gerade jene in ihnen enthaltene Tendenz zweifellos zum Ausgangspunkte der heute herrschenden Lehre geworden ist; und es darf uns daher auch nicht wundernehmen, wenn unter den Werken über das definitive RStGB. das Lehrbuch Hugo Meyers als eines der ersten die unbedingte Strafbarkeit der actio libera in causa vertrat, ja wenn es m. W. sogar zuerst von allen Arbeiten über unser Gesetz[102]) diese

[102]) Schon in der ersten im Jahre 1875 zu Erlangen erschienenen Auflage.

Ansicht bis in ihre letzten Konsequenzen durchführte, d. h. bei einer actio libera in causa in den unzurechenbaren Zustand nur den Eintritt des Erfolges verlegte, und somit davon ausging, dass die strafbare That bereits während noch bestandener Imputation begangen sei. — Aber mit der letzten Betrachtung haben wir bereits den Rahmen des gegenwärtigen Paragraphen überschritten, wir wollen ihn daher auch sofort verlassen und nunmehr noch lediglich anhangsweise einen kurzen Ausblick auf die Zeit nach Erlass des RStGB.'s thun, indem wir einmal darlegen werden, wie die Ansicht von der unbedingten Strafbarkeit der actio libera in causa — nachdem ihr durch Ausführungen wie die Hugo Meyers allerdings der Boden geebnet war — schon unmittelbar nach Erlass des RStGB.'s einsetzt und bereits etwa 10 Jahre später sich zur herrschenden Lehre emporgeschwungen hat. Sodann aber will ich im folgenden noch kurz auf einige der Zeit nach der Emanation des RStGB.'s angehörige legislatorische Arbeiten hinweisen, die mir für die vorliegende Untersuchung nicht uninteressant zu sein scheinen.

2. Ausblicke.

§ 39. Die Litteratur unmittelbar nach Erlass des Reichsstrafgesetzbuches.

I. Betrachten wir die ersten erläuternden Ausgaben des RStGB.'s, so stehen sie — und dieser Umstand ist gewissermassen eine Probe auf die Richtigkeit des von uns aufgestellten Exempels — fast sämtlich auf dem Standpunkt der prinzipiellen Straflosigkeit der actio libera in causa. Ich kann hierbei die Ausgabe des Strafgesetzbuches von Höinghaus völlig übergehen, da sie nur einen Extrakt aus den Motiven darbietet, und nicht viel besser steht es für uns mit der Ausgabe v. Kirchmanns, der, ohne der actio libera in causa Erwähnung zu thun, S. 50 kurz bemerkt:

»Unter den Fällen der Bewusstlosigkeit führen die Motive auf: die völlige Trunkenheit, die Schlaftrunkenheit — —.«

Dagegen sei an dieser Stelle besonders auf Friedrich Meyer, Strafgesetzbuch aufmerksam gemacht, dessen Ausführungen ein klassisches Zeugnis für die Richtigkeit unserer Ansicht darstellen. S. 60 Ziff. 4:

»Trunkenheit hebt die Strafbarkeit auf, sobald der Thäter bewusstlos war. Die in manchen Strafgesetzbüchern sich findende singuläre Bestimmung, dass selbstverschuldete Trunkenheit nicht entschuldige (vgl. Hessen art. 38, Thüringen art. 62, Nr. 3, Lübeck § 38) ist damit [d. h. doch durch das Schweigen des RStGB.'s] beseitigt.«

Der Zeit unmittelbar nach Erlass des RStGB.'s gehört dann auch die erste Auflage der Hahn'schen Ausgabe an und auch hier wird schon ebenso wie noch in der dritten und letzten — vergl. oben S. 34 — die unbedingte Straflosigkeit der actio libera in causa aus dem Schweigen des Gesetzes gefolgert (vergl. l. c. Note 79).

II. Von besonderem Interesse sind die drei demnächst zu besprechenden Kommentare, welche schon im Jahre 1871 erschienen bezw. zu erscheinen begannen; und zwar gründet sich jenes Interesse auf die Persönlichkeit ihrer Verfasser — v. Schwarze, Rüdorff und Rubo —, auf die Teilnahme derselben an der Herstellung des RStGB.'s, welche doch diese drei Autoren vorzugsweise zu einer Darlegung des gesetzgeberischen Willens berufen erscheinen lässt. Wäre es nun wirklich wahr — wie die Vertreter der herrschenden Lehre fort und fort versichern —, dass die Verfasser des RStGB.'s die actio libera in causa um dessentwillen übergangen hätten, weil die Strafbarkeit derselben auch ohne ausdrückliche gesetzliche Bestimmung aus den allgemeinen Grundsätzen der Zurechnungslehre sich von selbst ergäbe, so müsste doch dieser prinzipielle Standpunkt wenigstens in einem der eben genannten Kommentare hervorgehoben sein. Aber ganz im Gegenteil: Alle jene Autoren gehen vielmehr prinzipiell von der Straflosigkeit der actio libera in causa aus und zwar teilweise mit ausdrücklicher Berufung darauf, dass unser RStGB. im Gegensatz zu der Mehrzahl der Partikularlegislationen von dem Erfordernis der »unverschuldeten« Bewusstlosigkeit als Schuldausschliessungsgrundes abgesehen habe (vgl. oben S. 38, S. 44/47). Allerdings muss zugestanden werden, dass keiner der eben behandelten

Autoren an jenem Prinzipe festgehalten hat, nein, dass sie vielmehr alle mehr oder minder weitgehende Ausnahmen von demselben zu konstruieren suchten. Aber finden wir nicht ähnliche Vorgänge selbst in der Litteratur derjenigen Staaten, welche wie Preussen und Sachsen ganz unzweifelhaft die Straflosigkeit der actio libera in causa anerkannt hatten. Ich erinnere nur an Krugs Kommentar zum sächsischen Strafgesetzbuch, ich erinnere an Goldammers Materialien und Hälschners preussisches Strafrecht. Und wie bei diesen Schriftstellern die Abweichungen von dem gesetzlich sanktionierten Prinzipe bei näherer Betrachtung sich als durchaus ungerechtfertigte Inkonsequenzen darstellen, so auch bei v. Schwarze, Rüdorff und Rubo.

Ich erinnere in dieser Beziehung nur an die — wenn mir das kühne Bild gestattet ist — halsbrecherischen Gedankensprünge v. Schwarzes, an die durchaus verworrenen Darlegungen Rubos und an die zum mindesten — widersinnige Berufung Rüdorffs auf den dolus eventualis. Und so stellt denn die Inkonsequenz den einzigen Gesichtspunkt dar, von dem aus man von einer Übereinstimmung zwischen den drei letzterwähnten Autoren sprechen kann, im übrigen vertreten sie, wie wir bereits oben S. 38 und S. 44/47 dargelegt haben, bezüglich des in unserer Arbeit besprochenen Problemes die heterogensten Kompromissansichten, Ansichten, mit denen jeder von ihnen so ziemlich allein in der Litteratur dasteht, und die deutlich zeigen, dass jene Schriftsteller einfach nicht den Mut besassen, das von ihnen richtig erkannte Prinzip konsequent durchzuführen, und dass sie daher mit Aufbietung all ihrer Dialektik das Unmögliche möglich zu machen, d. h. Thatbestände und Gesichtspunkte anzuführen suchten, welche — salva voluntate legis — eine Bestrafung der actio libera in causa gestatten sollten. — Doch wenn ich mich an dieser Stelle noch einmal so ausführlich mit den gedachten drei Autoren beschäftigt habe, so liegt der Grund hierfür nicht allein in der bedeutsamen Stellung, welche die letztern in der Entstehungsgeschichte des RStGB.'s einnehmen, sondern vor allem in der Erwägung, dass sich gerade unter Berücksichtigung jenes Umstandes drei für unsere Arbeit hochwichtige Ergebnisse aus den im übrigen ziemlich unbrauchbaren Ausführungen jener Schriftsteller folgern lassen. Von diesen Ergebnissen sind zwei negativ, eins dagegen positiv, und zwar lauten sie so:

1) Unmöglich können die Verfasser des RStGB.'s von der Auffassung ausgegangen sein, dass die actio libera in causa bereits im zurechnungsfähigen Zustande begangen werde und daher auch ohne gesetzliche Bestimmung strafbar sei. Denn andernfalls müsste dies mindestens einer der genannten Autoren gewusst und gesagt haben.

2) Unmöglich können aber auch die Väter des RStGB.'s — wie sonst oft bei schwierigen Problemen — die Entscheidung der Frage über Strafbarkeit oder Straflosigkeit der actio libera in causa der »Wissenschaft und Praxis« haben überlassen wollen. Grund: Derselbe wie ad 1. — Vielmehr müssen

3) — und dieses Resultat ist ja auch schon durch die Feststellungen zu 1) und 2) von selbst gegeben — die Verfasser des RStGB.'s durch ihr Stillschweigen über die actio libera in causa die Straflosigkeit der letztern haben sanktionieren wollen. Diese Auffassung wird (abgesehen von den übrigen schon an sich zwingenden Indizien) durch die Thatsache bestätigt, dass die drei gedachten Autoren sämtlich ihre Ausführungen über die actio libera in causa mit dem Satze beginnen:

»Bewusstlosigkeit schliesst auch bei verschuldeter Herbeiführung jegliche Zurechnung aus« —,

und ferner die von diesem Satze gemachten Ausnahmen so widersinnig und unzulänglich begründet werden, dass man — was schon oben bemerkt wurde — deutlich fühlt, wie die letztern nur durch die Besorgnis vor den bösen Folgen des richtig erkannten gesetzgeberischen Willens diktiert worden sind.

III. Aber das Jahr 1871 bescherte der kriminalistischen Litteratur bereits das erste Werk über das RStGB., welches auf dem Standpunkte der unbedingten Straflosigkeit der actio libera in causa stand; und zwar ist dies Puchelts »Strafgesetzbuch für das Deutsche Reich«. Jedoch bei näherer, unvoreingenommener Betrachtung ergiebt sich, dass jenes Moment die Richtigkeit der von mir verfochtenen Theorie keineswegs zu erschüttern vermag. Denn einmal wird nach Puchelt die actio libera in causa erst im Zustande der Unzurechnungsfähigkeit begangen, und sodann fasst Puchelt bekanntlich — wie auch seine Ausführungen über das uns beschäftigende Problem zeigen — das RStGB. gewissermassen als eine Novelle des badischen Strafrechts auf, und nimmt daher auf die übrigen deutschen Partikularlegislationen, namentlich auf die preussische als Quelle des RStGB.'s, kaum irgend welche Rücksicht. Vergl. l. c. S. 102 Note 4:

»Es mangelt eine Vorschrift, wie Bad. § 76, dass nämlich keine Unzurechnungsfähigkeit vorliegt, wenn sich der Thäter absichtlich durch Getränke oder andere Mittel in den Zustand der Willensunfreiheit versetzt hat, um während desselben eine im zurechnungsfähigen Zustande beschlossene Strafthat auszuführen. Da in solchem Falle die Fortwirkung des zurechenbaren Willens [— trotz der »Ausführung während des Zustandes der Willensunfreiheit«? — und wie steht es mit dem Satze: cogitationis poenam nemo patitur —?] vorliegt, so ist jene Bestimmung zwar richtig, aber überflüssig.«

Note 5: »Über verschuldete Trunkenheit enthält das RStGB. keine Bestimmung, also genügt auch sie zur Unzurechnungsfähigkeit [!!]; doch (?) ist die Bestrafung der in solcher verübten That als Fahrlässigkeit möglich, wenn der Thäter wusste, dass er in der Betrunkenheit zu Strafthaten der fraglichen Art geneigt ist, und wenn die That auch für den Fall der fahrlässigen Verübung mit Strafe bedroht ist.«

Schon zwei Jahre später tritt dann ein Schriftsteller auf, welcher zwar nur die vorsätzliche actio libera in causa mit Strafe belegen, die fahrlässige dagegen allerdings mit solcher verschonen will, aber sich dadurch vor den ihm vorangegangenen Autoren des RStGB.'s auszeichnet, dass er wenigstens jene bereits im »willensfreien Zustande« begangen werden lässt[103]).

Dieser Schriftsteller ist Otto, Aphorismen zum allgemeinen Teile des RStGB.'s in den sächsischen Annalen, Neue Folge B. 10; hier heisst es S. 94 Ziff. 4:

»— — es liegt kein Hindernis vor, eine bis zur Bewusstlosigkeit führende Trunkenheit als einen Strafausschliessungsgrund zu beurteilen; nur darf sich der Thäter nicht in der Absicht der Deliktsverübung geflissentlich in diesen Zustand versetzt haben; solchenfalls wäre anzunehmen, dass er das Delikt noch im willensfreien Zustande begangen und seine eigne willensunfreie Persönlichkeit gewissermassen als ein verbrecherisches fremdes Werkzeug benutzt habe.«

Wiederum zwei Jahre später fällt dann (wie bereits S. 260 Note 102 erwähnt) die erste Auflage des Meyer'schen Lehrbuches, und mit diesem Werke setzt — also schon fünf Jahre nach dem Erlasse unseres Gesetzbuches — der unaufhaltsame Siegeszug der gegnerischen Meinung ein, welcher die letztere dann schliesslich nahezu zu einer communis opinio doctorum macht. Ja, so vollständig war der Triumph der herrschenden Lehre, dass jene Auffassung der actio libera in causa, welche die Begehung derselben noch in den zurechenbaren Zustand verlegt, endlich sogar im vollen Gegensatze zu dem vor 1870 bestehenden Zustande allmählich und wenigstens bruchstückweise in die gesetzgeberischen Projekte eindringt. Diese Erscheinung wird besonders deutlich bei einer Vergleichung der beiden Trunksuchtsgesetzentwürfe (von 1881 bezw. 1892); mit einem kurzen Blick auf dieselben wollen wir daher den folgenden Paragraphen, den Schlussparagraphen unserer Arbeit, beginnen.

§ 40. Betrachtung einiger nach dem Jahre 1870 erschienener Gesetzentwürfe, sowie des BGB.

I. Wenn wir nunmehr in den letzten Paragraphen unserer Arbeit eintreten, so bin ich mir gar wohl bewusst, dass der

---

[103]) Insoweit bedarf daher der oben S. 26 ausgesprochene Satz, dass alle Vertreter einer Kompromissansicht die actio libera in causa durchweg in die Zeit der Unzurechnungsfähigkeit verlegten, der Berichtigung.

Inhalt desselben streng genommen völlig ausserhalb des eigentlichen Rahmens unserer Darstellung steht. Aber trotzdem dürften die hier unternommenen Ausblicke auch für die letztere nicht ohne Wichtigkeit sein; denn dieselben werden nicht nur — was bereits am Ende des vorigen Paragraphen angedeutet wurde — zeigen, wie sogar der Gesetzgeber sich der früher von ihm stets perhorrescierten Auffassung der actio libera in causa nähert, nein, sie werden andererseits auch erkennen lassen, dass trotzdem die Legislation noch lange nicht endgültig und bedingungslos in das Lager der herrschenden Meinung übergegangen ist, vielmehr in völlig systemloser, höchst unerquicklicher Weise zwischen den verschiedenen Ansichten hin und her schwankt. Beide eben gedachten Momente treten klar bei einer Betrachtung des »Entwurfes eines Gesetzes betreffend die Bestrafung der Trunkenheit« vom 23. Mai 1881 zu Tage. Hier nämlich finden wir zuerst — elf Jahre nach der Emanation des Bundesstrafgesetzbuches — eingekeilt in einen Wust polizeilicher Bestimmungen die dort so schmerzlich vermisste Strafnorm gegen die actio libera in causa. Es verordnete nämlich § 2 des gegedachten Entwurfes:

»[Abs. 1]. Wer sich in einen bis zur Ausschliessung der freien Willensbestimmung gesteigerten Zustand von Trunkenheit versetzt und in demselben eine Handlung begeht, welche, in freier Willensbestimmung begangen, seine strafrechtliche Verurteilung zur Folge haben würde, wird nach den nachfolgenden Bestimmungen bestraft.

[Abs. 2]. Die Strafe ist nach demjenigen Gesetze festzusetzen, welches auf die in freier Willensbestimmung begangene Handlung Anwendung finden würde.

[Abs. 3]. An Stelle einer hiernach angedrohten Todesstrafe oder lebenslänglichen Freiheitsstrafe tritt Gefängnisstrafe nicht unter einem Jahre. In den übrigen Fällen ist die Strafe zwischen einem Viertel des Mindestbetrages und der Hälfte des Höchstbetrages der angedrohten Strafe zu bestimmen, wobei an die Stelle einer Zuchthausstrafe Gefängnisstrafe von gleicher Dauer tritt. Soweit bei Freiheitsstrafen das Viertel des Mindestbetrages sechs Monate, und soweit die Hälfte des

Höchstbetrages fünf Jahre übersteigt, tritt eine Ermässigung auf die angegebenen Beträge ein.

[Abs. 4]. Die Vorschrift des vorstehenden Absatzes findet auf fahrlässig begangene Handlungen, sowie auf Übertretungen keine Anwendung. Ingleichen bleibt sie ausser Anwendung, wenn der Thäter in der auf Begehung der strafbaren Handlung gerichteten Absicht sich in den bezeichneten Zustand versetzt hat.[104])

[Vergl. Stenographische Berichte über die Verhandlungen des Reichstags. Vierte Legislaturperiode. — Vierte Session 1881. B. III Aktenstück 70 S. 401.]

Sehen wir uns nun einmal die »Begründung« zu diesem § 2 näher an, so steht diese zwar beinahe, aber doch noch nicht völlig auf dem Boden der herrschenden Lehre. Denn bereits verlegt sie hinsichtlich der vermittelst einer actio libera in causa begangenen Omissivdelikte unbedingt und ferner auch bezüglich der Begehungsverbrechen bei einer absichtlich herbeigeführten Unzurechnungsfähigkeit den Zeitpunkt der That in den imputabeln Zustand und will demgemäss für die gedachten Fälle der actio libera in causa trotz des Schweigens unseres Gesetzbuches die volle Bestrafung rechtfertigen können. Aber dennoch lässt sich eine gewisse Unsicherheit in den Ausführungen jener Motive nicht verkennen. Dahin gehört der eben schon gedachte Umstand, dass die »Begründung« die moderne Auffassung der actio libera in causa nicht unbedingt anerkennt, dahin gehört ferner die nachdrückliche Berufung auf die Doktrin, welche fast den Verdacht erweckt, als ob der Verfasser des fraglichen Entwurfes das, was er als lex lata ausgiebt, im tiefstem Herzensgrunde doch nur für lex ferenda gehalten habe (vergl. hierüber l. c. S. 402f.), dahin gehört aber vor allem die Thatsache, dass überhaupt eine Bestimmung wie der hier besprochene § 2 in den Entwurf hat Aufnahme finden können. Denn ein konsequenter Anhänger der herrschenden Lehre muss doch in einer ausdrücklichen Strafbestimmung gegen die actio

---

[104]) In diesen Fällen (also im wesentlichen bei den actiones liberae in causa) hat es demnach bei der Norm des Abs. 2 sein Bewenden.

libera in causa ein bares Superfluum erblicken (vergl. auch v. Liszt, Deliktsobligationen S. 50)[105]).

Wie aber steht es mit diesen »Mängeln« in dem nicht ganz elf Jahre später (am 15. Januar 1892) dem Reichstag vorgelegten »Entwurfe eines Gesetzes betreffend die Bekämpfung der Trunkenheit«? — Nun, zur Freude meiner Gegner muss ich zugeben: Jene »Mängel« sind vollständig verschwunden, so vollständig sogar, dass eine Bestimmung wie der § 2 des zuletzt besprochenen Entwufes garnicht aufgenommen ist. Und der Grund für diese merkwürdige Änderung? — Ich glaube, trotz des Schweigens der Motive (vergl. Stenographische Berichte über die Verhandlungen des Reichstages. Achte Legislaturperiode. Erste Session 1890—1892. Anlagenband V S. 345 ff.) werden wir denselben unschwer feststellen können: In den verflossenen Jahren hatte sich die herrschende Lehre in ihrer dominierenden Stellung so befestigt, hatte namentlich auch das Reichsgericht (vergl. das oben S. 11 citierte Urteil des II. Strafsenats vom 13./10. 1882) derselben in der Praxis Anerkennung verschafft, so dass der hier in Frage stehende Entwurf bereits ohne eine besondere Bestimmung gegen die actio libera in causa auskommen zu können vermeinte. Aber obwohl — wie selbst ich annehme — der Verfasser des an dieser Stelle besprochenen Projektes (das übrigens wie das letztbehandelte nur

---

105) Übrigens möchte ich noch auf eine Äusserung der »Begründung« hinweisen, die wieder einmal (vergl. auch die auf S. 77 und S. 192 f. gemachten Ausführungen) einen Beleg dafür bietet, wie die Praxis sich fast stets gegen die Adoption der herrschenden Lehre gesträubt hat. Es heisst nämlich l. c. S. 402: »Thatsächlich lässt sich eine in einem derartigen Falle [d. h. bei der vorsätzlichen actio libera in causa] eingetretene Strafverfolgung [muss richtig wohl heissen: Bestrafung] nicht nachweisen [!!].« — Ferner bemerkt die Begründung in Bezug auf die fahrlässige actio libera in causa S. 403: »Allein dieser in der Theorie fast allgemein anerkannte Satz [nämlich die Strafbarkeit der erstern] hat in der Praxis häufige Anwendung nicht gefunden.« [Und dieser Satz wird näher erläutert durch Note 4:] »Einen Fall aus dem Gebiete des preussischen Rechtes enthält das Erkenntnis des preussischen OTr.'s vom 9./11. 1860 (GA. 9, S. 69 — vergl. oben S. 133); weitere Fälle haben sich in den Sammlungen von Entscheidungen nicht ermitteln lassen« [!!]. — [Seit 1881 hat allerdings — wie oben S. 11 f. dargelegt — das RG. zweimal die fahrlässige actio libera in causa mit Strafe belegt.]

Projekt blieb) völlig auf dem Standpunkte der herrschenden Lehre steht, so hat dieselbe doch noch nicht auf der ganzen Linie gesiegt. Nein, dass vielmehr der Gesetzgeber — wie schon oben bemerkt — noch immer nicht endgültig und unwiderruflich sich jener Lehrmeinung angeschlossen hat, zeigt deutlich die Behandlung, welche die actio libera in causa im BGB. und dessen Entwürfen erfahren hat. Die Betrachtung der erstern soll den Schlussstein unserer Arbeit bilden.

II. Die Stellung, welche die Entwürfe zum BGB. und das letztere selbst zu unserm Probleme eingenommen haben, sind der herrschenden Lehre ein Dorn im Auge. Konnte dieselbe doch schwerlich schroffer abgelehnt werden, als dies in den gedachten Projekten und namentlich dem Gesetzbuche selbst geschehen ist. Denn Gesetz und Entwürfe stehen noch auf der stolzen Höhe jener alten Partikularlegislationen, welche die Lösung unseres Problemes als eine ausschliesslich dem Gesetzgeber zustehende Aufgabe betrachteten, welcher die Bestrafung bezw. Schadensersatzpflicht wegen einer actio libera in causa (als Ausnahmen[106]) von den Grundsätzen des »peinlichen« sowohl wie des »bürgerlichen Unrechtes«) frei nach seinem eignen Zweckmässigkeits- bezw. Billigkeitsgefühl normieren darf. So hat denn auch § 708 des ersten Entwurfes die Entschädigungspflicht nur für die in verschuldeter Trunkenheit begangene actio libera in causa anerkannt.

»Hat eine Person, während sie des Vernunftgebrauches beraubt war, einem andern einen Schaden zugefügt, so ist sie hierfür nicht verantwortlich. Sie ist jedoch für den Schaden verantwortlich, wenn der Vernunftgebrauch durch selbstverschuldete Betrunkenheit ausgeschlossen war.«

Betrachten wir jetzt die Motive zu § 708, so legen dieselben ein beredtes Zeugnis dafür ab, dass der deutsche Gesetz-

---

[106]) Denn auch die ältere Civillegislation ging davon aus, dass bei einer actio libera in causa die zum Schadensersatze verpflichtende Handlung erst im nicht imputabeln Zustande begangen werde. Vergl. ALR. I, 6 § 40: »Wer sich selbst in einen vorübergehenden Zustand, in welchem er seiner Vernunft nicht mächtig ist, versetzt hat, muss auch den in diesem Zustande unwillkürlich verursachten Schaden ersetzen.«

geber sich keineswegs definitiv unter die herrschende Lehre gebeugt hat. Enthalten die erstern doch in geradezu klassischer Reinheit eine Darstellung des Wesens der actio libera in causa, welche durchaus den hier verfochtenen Sätzen entspricht[107]). Vergl. Motive B. II S. 732:

»Für das gemeine Recht, wie in der modernen Gesetzgebung, wird anscheinend allgemein, mindestens für einen Zustand vorübergehender Unzurechnungsfähigkeit die volle Verantwortlichkeit dann ausgesprochen, wenn die betreffende Person sich selbst schuldhafter Weise in jenen Zustand versetzt und während desselben den Schaden zugefügt hat. Es handelt sich hier jedoch um eine positive Vorschrift, und es besteht kein Grund und wäre auch nicht unbedenklich, sie auf alle Fälle auszudehnen, wo die Unzurechnungsfähigkeit auf ein Verschulden zurückzuführen ist; nicht einmal für alle Fälle, in welchen der fragliche verschuldete Zustand (z. B. heilbare Geisteskrankheit) ein vorübergehender ist, besteht das Bedürfnis einer solchen Bestimmung. Das praktische Bedürfnis [sic!] erheischt vielmehr, nur für den Fall die Verantwortlichkeit eintreten zu lassen, wenn der Vernunftgebrauch durch selbstverschuldete Betrunkenheit ausgeschlossen war.«

---

[107]) Erwähnen möchte ich bei dieser Gelegenheit jedoch, dass man verschiedentlich mir die Berufung auf das BGB. und dessen Materialien durch die Bemerkung zu verleiden gesucht hat: Die Vorschriften der §§ 823/853 BGB. bewiesen, dass die Verfasser des letztern eine ungenügende strafrechtliche Schulung besessen hätten. — Ich traue mir nun, offen gestanden, eine viel zu geringe Kenntnis der einschlägigen Vorgänge zu, um diesen Einwand an sich widerlegen zu können. Nur glaube ich, dass derselbe gerade unserm Problem gegenüber nicht statthaft ist. Denn jene Kontroverse, deren Beantwortung die Grundlage für die Lösung desselben bildet, die Frage nämlich: »Wann wird im Falle einer actio libera in causa die strafbare bezw. zum Schadensersatz verpflichtende Handlung begangen?« ist m. E. weder eine speziell straf-, noch eine speziell civilrechtliche —; wurde die erstere daher bei einem so wichtigen Gesetze wie dem BGB. in dem hier vertretenen Sinne von dem Gesetzgeber beantwortet, so bietet diese Entscheidung trotz der hinsichtlich der Trunksuchtsgesetzentwürfe konstatierten Vorgänge ein nicht ganz bedeutungsloses Indiz auch für die Stellung des RStGB.'s zu unserm Probleme dar.

III. Bereits in der zweiten Lesung erhielt dann die hier fragliche Vorschrift sachlich dieselbe Fassung wie der § 827 des Gesetzbuches. Vergl. § 750 des vorläufigen Entwurfes 2. Lesung:

»Wer im Zustande der Bewusstlosigkeit oder in einem die freie Willensbestimmung ausschliessenden Zustande krankhafter Störung der Geistesthätigkeit einem Anderen Schaden zufügt, ist für den Schaden nicht verantwortlich. Hat sich jemand durch geistige Getränke oder ähnliche Mittel in einen vorübergehenden Zustand dieser Art versetzt, so ist er für einen in demselben widerrechtlich verursachten Schaden in gleicher Weise verantwortlich, wie wenn ihm Fahrlässigkeit zur Last fiele, es sei denn, dass er ohne Verschulden in den Zustand geraten ist.«

Weist nun auch der § 750 gegenüber dem § 708 I. Entwurfes erhebliche Änderungen auf, nämlich: Einschränkung der Schadensersatzpflicht auf die Normen der Culpahaftung und andererseits Ausdehnung derselben nicht nur auf die im Rausche, sondern auch auf die in einer »durch ähnliche Mittel« wie die geistigen Getränke hervorgerufenen Bewusstlosigkeit etc. begangenen actio libera in causa —, so stimmen doch beide Entwürfe in dem grundlegenden Gesichtspunkte, der Frage nach dem Augenblicke der Begehung jener zum Schadensersatze verpflichtenden Handlung, durchaus überein[108]). Und es ist daher auch nicht zu verwundern, wenn die auf § 750 bezüglichen »Protokolle der Kommission für die zweite Lesung des Entwurfes des BGB.'s« im wesentlichen die gleichen Gedanken, wie die oben citierten Ausführungen der Motive wiedergeben. Vergl. l. c. B. 2 S. 590:

»Eine Vorschrift über die Haftung desjenigen, welcher in einem selbstverschuldeten Zustande sinnloser Trunkenheit andern Schaden zufüge, sei nicht zu entbehren[109]) [II]; die Trunkenheit führe häufig zur Beschädigung anderer. — — Es gehe deswegen

---

[108]) Vergl. § 750 — — »ein in demselben [d. h. dem an sich unzurechenbaren Zustande] widerrechtlich verursachter Schaden« —; noch deutlicher BGB. § 827: »Schaden, den er in diesem Zustande widerrechtlich verursacht —«

[109]) Vergl. der Antithese halber v. Liszt, Deliktsobligationen S. 50: »die an sich »überflüssige« Rechtsregel des § 827 S. 2.« —

nicht an, denjenigen, der sich in einen Zustand von Trunkenheit versetzt habe, in welchem er einem andern gefährlich werde, damit zu entschuldigen, dass dieser Zustand ihn unzurechnungsfähig gemacht habe. Das Gesetz müsse vielmehr die Pflicht aussprechen, dass man sich nicht zum Schaden anderer in einen solchen Zustand versetzen dürfe, dass man im Genuss geistiger Getränke Mass halten müsse. — — Die Ausdehnung der Vorschrift auf andere Fälle eines durch berauschende oder betäubende Genussmittel herbeigeführten Zustandes vorübergehender Ausschliessung der freien Willensbestimmung rechtfertige sich durch die Gleichheit der Sachlage.«

Und nunmehr wollen wir schliesslich noch die hier fragliche Vorschrift in der Redaktion wiedergeben, die sie im BGB. selbst erhalten hat. Es bestimmt nämlich § 827:

»Wer im Zustande — — [wie oben § 750 Entwurf II] — verantwortlich. Hat er [der Handelnde] sich durch geistige Getränke oder ähnliche Mittel in einen vorübergehenden Zustand dieser Art versetzt, so ist er für einen Schaden, den er in diesem Zustande widerrechtlich verursacht, in gleicher Weise verantwortlich, wie wenn ihm Fahrlässigkeit zur Last fiele. Die Verantwortlichkeit tritt nicht ein, wenn er ohne Verschulden in den Zustand geraten ist.«

Dass freilich diese Bestimmung den Zorn der Vertreter der herrschenden Lehre erregt hat [vergl. z. B. v. Liszt, Deliktsobligationen S. 50f.], ist begreiflich. Ob dieselbe aber doch nicht ein wenig auf die künftige Kriminaljudikatur einwirken und die letztere vor allzu groben Fehlgriffen bewahren wird? — Ich glaube fast, diese Frage zu meinem Bedauern verneinen zu müssen. Macht sich doch auch jetzt schon, wenn auch vorläufig noch recht schüchtern, gegenüber dem § 827 S. 2 dieselbe Tendenz geltend, die wir so ziemlich gegenüber allen Gesetzbüchern haben konstatieren können, welche nicht die unbedingte Strafbarkeit der actio libera in causa vertreten. Vergl. v. Liszt, Deliktsobligationen S. 50:

»Es ist mir mehrfach in mündlichen Auseinandersetzungen die Ansicht entgegengetreten, dass, wenn jemand absichtlich sich in einen Zustand dieser Art versetzt, um in diesem Zustande durch eine unerlaubte Handlung einem andern Schaden zuzufügen, trotz des Wortlautes des Gesetzes Haftung wegen Vorsatzes angenommen werden müsse [!!].«

Freilich nimmt v. Liszt gegenüber diesen Auslegungskunststückchen dieselbe Stellung ein, wie etwa v. Wächter in seinem Lehrbuche des sächsischen Strafrechtes (vergl. oben S. 189f.) gegenüber den Bemühungen Krugs, die Strafbarkeit der actio libera in causa auch unter der Herrschaft des sächsischen Strafgesetzbuches von 1855 wenigstens für die Omissivdelikte zu retten (vergl. Krug, Kommentar Abt. I S. 164f. — oben S. 186ff.). v. Liszt fährt nämlich l. c. S. 50f. fort:

»Ich halte diese Auslegung für unmöglich. Das Gesetz spricht ganz allgemein und kennt keine Unterscheidung. Es geht über die der Auslegung gewährten Befugnisse hinaus, durch eine dem Gesetz fremde Unterscheidung in einzelnen Fällen Haftung für Vorsatz eintreten zu lassen, wenn das Gesetz allgemein nur Haftung für Fahrlässigkeit kennt.«

Ob nicht aber in Bälde ein »schneidigerer« Vertreter der herrschenden Lehre in ausführlichen Deduktionen die Vorsatzhaftung in den § 827 S. 2 BGB. hineininterpretieren wird? —

FSC
www.fsc.org
MIX
Papier | Fördert gute Waldnutzung
FSC® C083411

Kolibri 360 GmbH
Ferdinand-Jühlke-Straße 7
99095 Erfurt, Deutschland
produktsicherheit@kolibri360.de